高质量发展与评价研究系列丛书

U0958842

知识产权高质量发展研究

ZHISHICHANQUAN
GAOZHILIANG FAZHAN YANJIU

张振亮 编著

中国社会出版社
国家一级出版社 · 全国百佳图书出版单位

目　录

第一章

导 论

党的十八大以来，党中央、国务院对知识产权作出一系列重大决策和部署，出台一系列政策措施，推动我国知识产权事业取得历史性成就。2019 年，党的十九届四中全会指出："健全以公平为原则的产权保护制度，建立知识产权侵权惩罚性赔偿制度，加强企业商业秘密保护。"2009 年 11 月，中共中央办公厅、国务院办公厅印发了《关于强化知识产权保护的意见》，为新时代全面加强知识产权保护提供了基本遵循。《中华人民共和国国民经济和社会发展第十四个五年规划和二〇三五年远景目标纲要》对知识产权高质量发展和保护提出了明确要求：实施更大力度的研发费用加计扣除、高新技术企业税收优惠等普惠性政策；拓展优化首台（套）重大技术装备保险补偿和激励政策；鼓励金融机构发展知识产权质押融资；实施知识产权强国战略，实行严格的知识产权保护制度，完善知识产权相关法律法规，加快新领域新业态知识产权立法；加强知识产权司法保护和行政执法，健全仲裁、调解、公证和维权援助体系，健全知识产权侵权惩罚性赔偿制度，加大损害赔偿力度；优化专利资助奖励政策和考核评价机制，更好保护和激励高价值专利，培育专利密集型产业；改革国有知识产权归属和权益分配机制，扩大科研机构和高等院校知识产权处置自主权；完善无形资产评估制度，形成激励与监管相协调的管理机制；构建知识产权保护运用公共服务平台。随着我国经济社会发展水平不断提高，知识产权保护工作在推动经济高质量发展、构建新发展格局方面日益发挥更加重要的作用。2021 年，中共中央、国务院印发《知识产权强国建设纲要（2021—2035 年）》，国务院印发《"十四五"国家知识产权保护和运用规划》，面向未来知识产权事业发展作出重大顶层设计。

走新时代中国特色社会主义道路，要不断推进理论创新、实践创新、制度创新、文化创新以及其他各方面创新，知识产权制度保障不可或缺。创新是经济发展的基本现象。从理论上讲，创新是指人们在生产力、生产关系和上层建筑全部领域中进行的创造性活动，既包括知识创新（含科技创新、文化创新、产业创新、产品创新），也包括制度创新（含法律创新、政策创新、体制与机制创新等）。在发展理论中，经济增长、知识创新与法治建设是一个相互作用、相互促进的协调机制。经济增长对社会变革起着决定性作用，它带来了社会物质财富的快速增长，也引起了社会生活方式的巨大变化。在知识创新、经济发展、法治建设的协调体制中，经济处于中轴的地位，知识与法律为之进行曲线偏向摆动。知识进步是经济增长的驱动机制，法治建设则是经济增长的保障机制。

第一节　创新发展战略与知识产权高质量发展

一、创新与创新发展战略

《中华人民共和国国民经济和社会发展第十四个五年规划和二〇三五年远景目标纲要》强调指出，坚持创新在我国现代化建设全局中的核心地位，把科技自立自强作为国家发展的战略支撑，面向世界科技前沿、面向经济主战场、面向国家重大需求、面向人民生命健康，深入实施科教兴国战略、人才强国战略、创新驱动发展战略，完善国家创新体系，加快建设科技强国。并把“坚持创新驱动发展，全面塑造发展新优势”摆在各项规划任务的首位，进行专章部署。这充分表明党和国家将科技创新提升到了前所未有的重要位置。2020 年中央经济工作会议将“强化国家战略科技力量”列为 2021 年我国经济工作八大重点任务之首。

党的十八大提出要实施创新驱动发展战略，强调科技创新是提高社会生产力和综合国力的战略支撑，必须摆在国家发展全局的核心位置。党的十八届五中全会把创新作为五大发展理念之首，提出创新是引领发展的第一动力，必须把发展基点放在创新上，塑造更多依靠创新驱动、更多发挥先发优势的引领型发展。党的十九大提出创新是引领发展的第一动力，党的十九届五中全会提出加快建设科技强国，科技创新之所以重要，就在于科技发展、创新驱动将是现代化征程中最核心的推动力。

最早提出“创新是经济发展根本动力”的是美籍奥地利经济学家熊彼特。熊彼特认为，创新是“对生产要素实现新组合”，而创新来自有活力的企业家，企业家创新的动力是获得超值利润。企业家的特质是勇于尝试，敢于冒险。而正是企业家追求利润的渴望，带领着人们突破日常活动的界限，打破原有的平衡，将资源从原来简单重复的活动中转移到新的活动中，由新的经济形态代替原来的经济形态。这种“创造性的毁灭”成为经济持续增长的真正动力。熊彼特的创新类型，包括产品创新、工艺创新、市场或服务创新、供应来源创新和组织形式创新。熊彼特创新多样性的观点已经为我们所广泛接受。因此，自那时起，在新制度经济学派那里，“技术进步和制度演变都被看成是一种创新过程”。

随着中国特色社会主义进入新时代，新一轮科技革命正在兴起，科研范式发生深刻变革，科技创新正成为驱动经济社会发展的强大引擎，我国经济社会发展比过去任何时候都更需要科学技术解决方案。科学技术孕育了发展的新机遇。我们可以从新的领域中赢得先机，掌握主动权。科技发展带来了竞争新焦点。以创新驱动为主要特征的科技产业正逐渐成为推动全球经济复苏和增长的主要动力，成为衡量一个国家科技创新和综合实力的重要标志。新科技革命和产业变革已然成为竞争新焦点，抓住了就是机遇，抓不住就是挑战。科技发展构筑了经济新动能。基础研究、高技术研发和应用研究的边界日益模糊，前沿科学与经济的结合越发紧密，科技创新将成为构筑经济发展新动能、提高社会生产力和综合国力的战略支撑。

2016 年 5 月 20 日，中共中央、国务院发布《国家创新驱动发展战略纲要》（以下简称《纲要》）。《纲要》提出，创新驱动就是创新成为引领发展的第一动力，科技创新与制度创新、管理创新、商业模式创新、业态创新和文化创新相结合，推动发展方式向依靠持续的知识积累、技术进步和劳动力素质提升转变，促进经济向形态更高级、分工更精细、结构更合理的阶段演进。《纲要》提出，实施创新驱动发展战略要以科技创新为核心推动全面创新，坚持把科技创新摆在国家发展全局的核心位置，以科技创新带动和促进管理创新、组织创新和商业模式创新等全面创新，打造创新驱动发展新引擎，大幅度提高科技对经济社会发展的支撑引领能力，使创新成为引领发展的第一动力。《纲要》提出了实施创新驱动发展战略三个阶段的目标，与我国现代化建设“三步走”战略目标相互呼应、提供支撑。第一步，到2020年进入创新型国家行列，有力支撑全面建成小康社会目标的实现；第二步，到2030年跻身创新型国家前列，为建成经济强国和共同富裕社会奠定坚实基础；第三步，到2050年建成世界科技创新强国，为我国建成富强民主文明和谐的社会主义现代化国家、实现中华民族伟大复兴中国梦提供强大支撑。同时，《纲要》明确了实施创新驱动发展战略的总体部署，强调要“坚持双轮驱动、构建一个体系、推动六大转变”：“双轮驱动”就是科技创新和体制机制创新两个轮子相互协调、持续发力。抓创新首先要抓科技创新，补短板首先要补科技创新的短板，要明确支撑发展的方向和重点，加强科学探索和技术攻关，形成持续创新的系统能力。体制机制创新要调整一切不适应创新驱动发展的生产关系，统筹推进科技、经济和政府治理三方面体制机制改革，最大限度释放创新活力。“一个体系”就是建设国家创新体系。要建设各类创新主体协同互动、创新要素顺畅流动、高效配置的生态系统，形成创新驱动发展的实践载体、制度安排和环境保障。明确企业、院所、高校、社会组织等各类创新主体功能定位，构建开放高效的创新网络；改进创新治理，进一步明确政府和市场分工，构建统筹配置创新资源的机制；完善激励创新的政策体系、保护创新的法律制度，构建鼓励创新的社会环境，激发全社会创新活力。“六大转变”就是发展方式从以规模扩张为主导的粗放式增长向以质量效益为主导的可持续发展转变；发展要素从传统要素主导发展向创新要素主导发展转变；产业分工从价值链中低端向价值链中高端转变；创新能力从“跟踪、并行、领跑”并存、“跟踪”为主向“并行”“领跑”为主转变；资源配置从以研发环节为主向产业链、创新链、资金链统筹配置转变；创新群体从以科技人员的小众为主向小众与大众创新创业互动转变。

2021年，我国国内生产总值（GDP）比上年增长8.1%，在全球主要经济体中名列前茅；经济规模突破110万亿元，达到114.4万亿元，稳居全球第二大经济体。2021年，按年平均汇率折算，我国经济总量达到17.7

万亿美元，预计占世界经济的比重超过18%，对世界经济增长的贡献率达到25%左右。数据显示，2021年我国人均GDP达到80976元，按年平均汇率折算达12551美元，超过世界人均GDP水平。我们在经济社会各方面都取得了巨大的成就，但下一步推进高质量发展，问题依然不少。境外新冠肺炎疫情在不断蔓延，国际环境中的不稳定、不确定性因素仍旧存在；国内部分领域面临的结构性风险挑战也值得关注。当前我国经济发展进入新常态，实现从传统要素驱动向创新驱动的转变，克服经济发展中的矛盾和问题，提高发展的质量和效益，是适应和引领经济发展新常态的应有之义。我们要准确把握新发展阶段的特征，真正建立好新发展格局，切实贯彻落实好新发展理念，确保我国现代化发展进程蹄疾步稳。

今后几年是百年未有之大变局的加速重构期，是我国跨越“中等收入陷阱”、步入高收入国家行列的实现期，是顺应新趋势、形成新格局的关键期，是中国发展战略深化和转换期。面对外部环境的加速重构和深刻变化，我们面临的环境更为复杂、任务更为艰巨，必须要保持战略定力，坚持好创新发展战略。

二、知识产权制度与知识产权高质量发展

知识产权制度作为财产“非物质化革命”的法律文明，表明了“制度创新”的本质属性。在近代法的发展过程中，知识产权制度与企业法人制度的建立，是现代产权制度建立的标志。知识产权法律作为制度创新的产物，在经济学意义上是一种激励和规制创新活动的新制度“供给”，而在法律层面被喻为私权领域的财产“非物质化革命”，其基本功能是：为创新活动进行产权界定并提供激励机制；为创意产业进行资源配置并提供交易机制；为创造性成果进行产权保护并提供市场规范机制。

知识产权制度是创新发展的基本保障，具有实现“知识创新”的法律价值目标。知识产权制度在一个国家的法律体系中，起着激励和保护知识创新、促进和推动创意产业发展的重要功能，所以很多学者称之为“创新之法”“产业之法”。创新这一概念是对知识经济全面而精要的解释，可以视为知识产权制度的基本价值范畴。创新价值体现在知识产权政策制定与立法活动之中。知识产权制度以基于创新所产生的社会关系为主要调整对

象，体现了尊重创新、保护智力成果、规制知识经济市场秩序的主旨。创新价值目标的实现，在法律规范设计中主要表现在以下三个方面：第一，是知识产权保护与私人创新激励机制。知识产权制度是一种对知识产品有效的产权制度选择。这一制度通过授予发明创造者以私人产权，为权利人提供了最经济、有效和持久的创新激励，保证了创新活动在新的高度上不断向前发展，从而促进了创新成果所蕴藏的先进生产力的快速增长。第二，知识产权限制与社会创新发展机制。知识产权的限制，是对权利人专有权利的行使限制，其功能在于通过对产权的适度限制，平衡权利人与社会公众之间的利益，确保社会公众接触和利用知识产品的机会。第三，知识产权运用与创新成果交易机制。知识产权运用是连接知识产品创造者、传播者和使用者之间的法律纽带，旨在规制不同主体的产权交易行为，促进知识产品的动态运用和精神财富的流动增值，其主要制度就是授权使用、法定许可使用和合理使用。

党的十九大为当代中国发展作出了准确的科学判断，中国特色社会主义进入了新时代。从经济上看，经济新常态表面上是经济增长减速换挡，但是从本质上则是发展动力的转换和重塑，一个显著的变化就是要素的规模驱动力减弱，经济增长将会更多地依赖科学技术的进步。

近年来，我国科研投入大幅提升，自主创新能力不断提高，科技进步对于经济发展的驱动作用也正在加强。2020 年，我国研究与试验发展（R&D）经费支出 24426 亿元，占 GDP 的比重达 2. 4%；2021 年，我国研究与试验发展（R&D）经费支出 27864 亿元，比上年增长 14. 2%，占 GDP 的比重达 2. 44%。创新扶持力度加大，大众创业万众创新向纵深发展。截至 2021 年底，国家科技成果转化引导基金累计设立 36 只子基金，资金总规模达 624 亿元。2021 年，专利授权量比上年增长 26. 4%，年末每万人口高价值发明专利拥有量达 7. 5 件。我国基础前沿领域取得重大原创成果，“祖冲之二号”“九章二号”成功研制，在超导量子和光量子两种物理体系上实现量子计算优越性。战略高科技取得新进展，“天问一号”开启火星之旅，“海斗一号”全海深自主遥控潜水器打破多项世界纪录。2021 年我国国家创新能力综合排名上升至世界第 12 位。2021 年，规模以上高技术制造业增加值比上年增长 18. 2%，快于规模以上工业 8. 6 个百分点；战略性新兴服务业企业营业收入比上年增长 16. 0%；新能源汽车、集成电路产量分别比上年增长 152. 5%、37. 5%。2021 年，全国万元国内生产总值能耗比上年下降 2. 7%，重点耗能工业企业单位电石综合能耗下降 5. 3%，万元国内生产总值二氧化碳排放下降 3. 8%。同时，清洁能源消费占比上升，污染物排放下降。截至 2021 年末，正在运行的国家重点实验室 533 个，纳入新序列管理的国家工程研究中心 191 个，国家企业技术中心 1636 家，大众创业万众创新示范基地 212 家。国家级科技企业孵化器 1287 家，国家备案众创空间 2551 家。全年共签订技术合同 67 万项，技术合同成交金额 37294 亿元，比上年增长 32. 0%。以知识产权为核心的创新指标得到较快发展：科技创造能力提升，跻身于发明专利申请大国，连续数年位居世界第一；品牌创建能力提高；文化创新能力增强，版权产业发展势头良好，对经济发展的贡献率逐年增长。我国信息技术、生物医药、高端装备制造、新能源等新兴产业迅速崛起，在国际市场的份额逐渐提高。打造中国经济升级版，实现从世界大国向世界强国的转变，关键在于改变经济发展动力、提高经济发展质量，其基本路径就是发挥知识产权激励和保障创新发展的制度功能，建设知识产权强国。

习近平总书记在党的十九大报告中指出：“世界正处于大发展大变革大调整时期，和平与发展仍然是时代主题。”新时代要有新发展、新作为，建设知识产权强国，作为建设经济强国的一个重要组成部分，在创新发展的新时代具有更加重要的意义。习近平总书记在党的十九大报告中提出“倡导创新文化，强化知识产权创造、保护、运用”，是建设知识产权强国的重点所在。

创新资源的配置，创新成果的价值实现，创新者合法权益的保护，都离不开知识产权的创造、运用、保护、管理、服务等环节的支撑作用。创新驱动发展的过程就是知识产权创造、运用、保护的过程，创新驱动发展就是知识产权驱动发展。中共中央政治局于 2020 年 11 月 30 日就加强我国知识产权保护工作举行第二十五次集体学习，习近平总书记在主持学习时强调，知识产权保护工作关系国家治理体系和治理能力现代化，只有严格保护知识产权才能完善现代产权制度，深化要素市场化改革，促进市场在资源配置中起决定性作用，更好发挥政府作用。知识产权保护工作关系高质量发展，只有严格保护知识产权，依法对侵权假冒的市场主体、不法分子予以严厉打击，才能提升供给体系质量，有力推动高质量发展。知识产权保护工作关系人民生活幸福，只有严格保护知识产权，净化消费市场，维护广大消费者权益，才能实现让人民群众买得放心、吃得安心、用得舒心。知识产权保护工作关系国家对外开放大局，只有严格保护知识产权，才能优化营商环境，建设更高水平开放型经济新体制。知识产权保护工作关系国家安全，只有严格保护知识产权，才能有效保护我国自主研发的关键核心技术，防范化解重大风险①。全面建设社会主义现代化国家，必须从国家战略高度和进入新发展阶段要求出发，全面加强知识产权保护工作，促进建设现代化经济体系，激发全社会创新活力，推动构建新发展格局。创新是引领发展的第一动力，保护知识产权就是保护创新。党的十九届五中全会通过的《中共中央关于制定国民经济和社会发展第十四个五年规划和二〇三五年远景目标的建议》对加强知识产权保护工作提出明确要求。党的十九届六中全会通过的《中共中央关于党的百年奋斗重大历史成就和历史经验的决议》专门写到“强化知识产权创造、保护、运用，加快建设创新型国家和世界科技强国”，这是知识产权首次写入党的重大决议，彰显了知识产权在党和国家事业发展大局中的地位和作用。当前，我国正在从知识产权引进大国向知识产权创造大国转变，知识产权工作正在从追求数量向提高质量转变。我们要认清我国知识产权保护工作的形势和任务，总结成绩，查找不足，提高对知识产权保护工作重要性的认识，从加强知识产权保护工作方面，为贯彻新发展理念、构建新发展格局、推动高质量发展提供有力保障。

在新形势下，知识产权的有效运用，对于提高经济发展质量、转变经济发展方式具有特别的意义和作用。知识产权作为激励和保障创新的制度产品，其本身只是一种独占性的法律授权。知识产权只有与市场经济相结合，进行转化和运用，才能成为企业和产业经营中的“正资产”，产生经济社会发展的正能量。

中国知识产权保护成效得到各国创新主体和国际社会广泛认可。国家

① 习近平．全面加强知识产权保护工作激发创新活力推动构建新发展格局［J］．求是，2021（3）：4.

知识产权局发布的数据显示，我国知识产权保护社会满意度由 2012 年的 63. 69 分提高到了 2020 年的 80. 05 分，再到 2021 年的 80. 61 分。各类群体知识产权保护满意度均有提升，权利人满意度得分最高。世界知识产权组织（WIPO）发布的《2021 年全球创新指数报告》显示，中国从 2020 年的第 14 位上升至第 12 位，是前 30 名中唯一的中等收入经济体。这也从一个方面说明，我国已成为名副其实的知识产权大国，具备了向知识产权强国迈进的坚实基础。世界知识产权组织新任总干事邓鸿森在第 17 届上海知识产权国际论坛开幕式上表示，在短短几十年里，中国建立了高效的现代知识产权体制，促进了中国经济社会发展。中国知识产权保护成效显著，已经成为专利合作条约（PCT）体系中国际专利申请量最多的国家。中国美国商会最新发布的《2020 年中国商务环境调查报告》显示，69%的受访美国在华企业认为中国的知识产权保护得到改善，创历史新高。中国欧盟商会《商业信心调查 2020》显示，67%的受访欧盟在华企业将中国知识产权保护法律法规的有效性评价为“出色”或“充分”。

“十三五”期间，我国知识产权创造能力稳步提高，国内每万人口发明专利拥有量从“十二五”末的 6. 3 件增加到 15. 8 件，专利、商标、版权、植物新品种等知识产权数量位居世界前列，质量稳步提升。知识产权运用效益持续提高，交易运营更加活跃，转移转化水平不断提升，专利密集型产业增加值占 GDP 的比重超过 11. 6%，版权产业增加值占 GDP 的比重超过 7. 39%。知识产权保护力度明显加大，保护体系不断完善，保护能力持续提升。知识产权公共服务体系进一步健全，知识产权服务业加快发展。知识产权人才队伍不断壮大，全社会尊重和保护知识产权意识明显提升。知识产权国际合作不断深化，与世界知识产权组织、共建“一带一路”国家和地区、金砖国家、亚太经合组织等的知识产权合作扎实推进，形成“四边联动、协调推进”的知识产权国际合作新局面。

《“十四五”国家知识产权保护和运用规划》（以下简称《规划》）指出，当今世界正经历百年未有之大变局，新一轮科技革命和产业变革深入发展，国际力量对比深刻调整，国际环境日趋复杂，不稳定性不确定性明显增加，新冠肺炎疫情影响广泛深远。我国正处于实现中华民族伟大复兴的关键时期，经济已由高速增长阶段转向高质量发展阶段，创新驱动发展战略深入实施，现代产业体系建设加快推进，高水平对外开放不断深化。创新是引领发展的第一动力，保护知识产权就是保护创新。知识产权保护工作关系国家治理体系和治理能力现代化，关系高质量发展，关系人民生活幸福，关系国家对外开放大局，关系国家安全。

当前，知识产权对激励创新、打造品牌、规范市场秩序、扩大对外开放正发挥越来越重要的作用，但我国知识产权工作还面临不少问题和短板，主要表现为：关键核心技术领域高质量知识产权创造不足，行政执法和司法衔接机制不够完善，知识产权侵权易发多发和侵权易、维权难的现象仍然存在，知识产权转移转化成效有待提高，知识产权服务供给不够充分，海外知识产权纠纷应对能力不足，知识产权制度促进经济社会高质量发展的作用需要进一步发挥等。“十四五”时期，做好知识产权工作要统筹国内国际两个大局，增强机遇意识和风险意识，在危机中育先机、于变局中开新局，充分发挥知识产权制度在推动构建新发展格局中的重要作用，为全面建设社会主义现代化国家提供有力支撑。

《规划》中明确：到2025年，知识产权强国建设阶段性目标任务如期完成，知识产权领域治理能力和治理水平显著提高，知识产权事业实现高质量发展，有效支撑创新驱动发展和高标准市场体系建设，有力促进经济社会高质量发展。第一，知识产权保护迈上新台阶。知识产权保护法治化水平不断提高，知识产权保护衔接机制更加完善，知识产权侵权惩罚性赔偿制度有效实施，侵权易发多发现象得到有效遏制，知识产权保护社会满意度达到并保持较高水平，关键核心技术领域高质量知识产权更多涌现，有效提升产业链供应链现代化水平，知识产权制度激励创新的基本保障作用充分发挥。第二，知识产权运用取得新成效。知识产权转移转化体制机制更加完善，知识产权归属制度更加健全，知识产权流转更加顺畅，知识产权转化效益显著提高，知识产权市场价值进一步凸显，专利密集型产业增加值和版权产业增加值占GDP比重稳步提升，推动产业转型升级和新兴产业创新发展。第三，知识产权服务达到新水平。知识产权信息化、智能化基础设施建设取得显著成效，知识产权保护实现线上线下融合发展，知识产权公共服务体系进一步完善，知识产权服务业有序发展，服务机构专业化水平明显提升，进一步促进创新成果更好惠及人民。第四，知识产权国际合作取得新突破。我国在全球知识产权治理体系中的作用更加凸显，知识产权国际协调更加有力，“一带一路”知识产权合作实现新进展，海外知识产权获权维权能力进一步提高，有力推进高水平对外开放。

在知识产权各领域，专利通过技术创新、方法创新、产品创新等途径，对提升现实生产力水平的作用最为直接和突出。实施创新发展战略的实质在于发挥科技对经济增长的第一驱动力作用，关键之处在于把以深化专利为代表的知识产权运用作为主线，将创新型科技成果尽快转化为现实生产力，推动经济高质量发展。知识产权的运用是知识产权高质量发展的核心问题。知识产权的运用，首先是指知识产权的产业化。其含义是指将知识产权所保护的知识、技术、信息等应用到生产经营活动之中，使之转化为有益的生产力，成为企业有价值的无形资产。产业创新须以科技创新为前提，科技创新应以产业创新为目的。知识产权的产业化，意味着科技创新成果与现实生产力的有机结合，这是实现创新驱动发展和建设知识产权强国的必然要求。知识产权的生命在于实施，知识产权的产业化是以知识、技术、信息的充分实施为基础。无论是研发者的自行实施，多个研发者以及研发者与投资者的共同实施，还是研发者将创造成果转让他人实施，都是实现知识产权产业化的重要途径。其次，知识产权的运用在于强调知识产权的商业化。主要是指将知识产权作为商品转让给他人或者许可他人使用，是知识产权转化运用的一种间接方式，也是知识产权转化为经济效益的重要途径，其主要表现为知识产权转让和知识产权许可两种交易模式。在知识产权的商业化过程中，创造成果的交易价格往往由自身价值、买方因素、卖方因素和权利转让方式四大类因素所决定，其中创造成果的自身价值无疑是核心要素。最后，知识产权的运用聚焦于知识产权的资本化，助推知识产权向现实生产力转化。即为知识产权投资和知识产权收购的运营问题，目前主要表现为专利运营。在专利资本化的过程中，专利不再仅仅是技术和权利的代名词，更是市场主体的一种竞争资本。近年来，随着企业间专利交易的不断发展，一种新的专利经营主体——非专利实施实体（NPE）在专利运营中扮演重要角色，该类实体本身不进行产品的生产或销售，而是投资创新和收购专利，专门从事专利的资本化运营活动。

我们需要调整知识产权构成要素，强调以高质量发展为核心的知识产权政策导向，要更多地强调质量和水平，考虑结构和布局，着力强化运用，体现效益。一些具体指标，可作为知识产权制度产品的重点“供给”，其中包括：核心技术专利的拥有量、发明专利的域外布局、专利的应用率、产业化率；版权产品在国际市场的占有率、版权产业对 GDP 的贡献率；商标的附加值构成、知名品牌的拥有量及其在国际市场的影响力等。总体来说，知识产权的“供给”，应致力于提升创新型国家的综合发展实力。

知识产权制度建设的本身，就是一场以制度创新促进知识创新、以法治建设保障创新发展的伟大社会实践。在经济新常态下，知识产权制度被赋予推动国家创新发展的功能和使命。走进新时代，引领新常态，齐心建强国，共圆中国梦，是当前和今后一个时期创新发展的大趋势。因此，围绕着经济新常态，知识产权事业发展的各项工作，包括知识产权的制度建设和战略实施，都需要与时俱进，作出相应的调整和充实。知识产权事业新常态，即是以法治化国家建设和创新型国家形成目标，依托知识产权强国建设，强化知识产权质量、数量、效益、能力、水平，不断提高国家科技创新力、文化软实力、经济发展力和国际核心竞争力。因此，必须按照党的十九大指引的方向，以习近平新时代中国特色社会主义思想为指南，不忘初心，牢记使命，加快建设有中国特色、世界水平的知识产权强国，为全面建设社会主义现代化强国、奋力实现中华民族伟大复兴中国梦作出新的贡献。

第二节　知识产权发展与保护的理论及历史回顾

创新是推动人类社会发展的不竭动力，坚持以创新推动经济发展是世界上多数国家的选择。实现创新驱动发展的关键在于以尊重人的首创精神为前提，以保护创新者合法权益为基础。加快创新驱动发展，持续激励社会大众的创新热情，必须加强知识产权保护。知识产权制度是通过为知识产权创造、运用、保护、管理、服务等运行系统提供支撑，以促进科技创新成果不断在市场转化为现实生产力。加快创新驱动发展，不仅需要实施严格的知识产权保护制度，更需要构建起包括政府、企业、高校院所、个人等多元社会主体共同参与的现代知识产权保护体系。

一、知识产权发展与保护的基本理论

（一）知识产权的概念界定

知识产权是一项重要的民事权利，体现创造性智力成果权利人的利益诉求，也是现代社会中关系国家发展的重要战略性资源和衡量国际竞争力的核心要素。知识产权概念的界定范围决定了知识产权保护的范围。知识产权的重要性已为人们普遍认可，但是学界对于知识产权的概念存在诸多不同的看法与观点。吴汉东教授认为知识产权这一概念在17世纪为法国人卡普佐夫最先提出，后为比利时法学家皮卡帝所发展。自1967年《建立世界知识产权组织公约》签订后，知识产权这一概念在国际上得到了广泛认同①。余俊教授认为关于知识产权这一称谓的来源，至少可以分为德国说、法国说、瑞士说，呈三足鼎立之势②。对我国来说，知识产权是个外来语，在知识产权之前，智慧产权的说法也曾十分流行。有的学者主张从知识产权的范围了解该概念，有的学者认为应当用概括式给知识产权下定义，还有的学者建议在民法学研究中建立大于知识产权范围的无形财产权体系。

一是客体说或列举说。这种学说主要是对知识产权概念进行范围的限定或者列举，这种观点的主要依据是世界知识产权组织（Word Intellectual Property Organization ，WIPO）《建立世界知识产权组织公约》第2条（8）款与世界贸易组织（WTO）《与贸易有关的知识产权协议》（TRIPS）第1部分第1条。上述两个国际公约关于知识产权范围的划定，是当今世界各国知识产权法律制度的通例，“迄今为止，多数国家的法理专著、法律，乃至国际条约，都是从划定范围出发，来明确知识产权这个概念，或给知识产权下定义的”。按照《建立世界知识产权组织公约》第2条（8）款规定的知识产权定义，知识产权包括下列权利：与文学、艺术及科学作品有

---

① 吴汉东．知识产权总论［M］．3版．北京：中国人民大学出版社，2013：3.

② 余俊．知识产权称谓考［M］．中国知识产权评论（第三卷），北京：商务印书馆，2008：2.

关的权利，即版权或著作权；与表演艺术家的表演活动、与录音制品及广播有关的权利，即邻接权；与人类创造性活动的一切领域的发明有关的权利，即专利权（包括发明专利、实用新型和非专利发明的权利）；与科学发现有关的权利；与工业品外观设计有关的权利；与商品商标、服务商标、商号及其他商业标记有关的权利；与防止不正当竞争有关的权利；一切其他来自工业、科学及文学艺术领域的智力创作活动所产生的权利。按照《与贸易有关的知识产权协议》（TRIPS）第 1 部分第 1 条规定，该协定所保护的知识产权是指该协定第 2 部分第 1 节至第 7 节中所列的著作权与邻居权、商标权、地理标记权、外观设计权、专利权、集成电路布图设计权和商业秘密权。

二是概括说或抽象说。我国不少学者采用以概括式的抽象方法对知识产权进行界定。如郑成思教授在《知识产权法教程》所下定义为：知识产权指的是人们就其智力创造的成果依法享有的专有权利；如张平教授《知识产权法详论》对知识产权的定义：知识产权所有人对其从事智力活动而创造的智力成果依法享有的权利；如刘春田教授在《知识产权法》中将知识产权定义为：基于创造性的智力成果和工商业标记依法产生的权利的统称。

三是无形财产权说或新型财产权说。吴汉东教授在其著作中多次提到，以知识产权名义统领下的各项权利，并非都是来自知识领域，亦非都是基于智力成果而产生，知识产权的“知识”一词似乎是名不副实。因此应当参照无形资产的类别，在民法学研究中建立一个大于知识产权范围的无形财产权体系，以包容一切基于非物质形态（包括知识经验形态、商业信誉形态、经营资格形态）所产生的权利。该无形财产权包括创造性成果权、经营性标记权和经营性资信权三类权利。

知识产权是由“知识”与“产权”组成的复合词汇。无论是“知识”还是“产权”，本身的内涵就异常丰富。这导致对知识产权概念界定存在较大难度。

“知识”一词，一般认为“就它反映的内容而言，是客观事物的属性与联系的反映，是客观世界在人脑中的主观映象。一般来说，个体的知识以从具体到抽象的层次网络结构（认知结构）的形式存储于大脑之中。

“产权”一词在中文里使用带有很大的模糊性，这主要是由于它所对应的英文词“Property”包含多种含义。在英文中，Property既可指财产、资产和所有物的总称；也可指地产、房地产；还可指财产权和所有权，包含“所有”的意思。因此，“Property Right”，可以译为财产所有权、财产权，亦可简称为产权。经济学一般认为，产权不是一个权利，而是一组权利，或是一种权利的复合体，因此，它的英文对应词是Property Rights。“知识产权”是一个法律上的用语。从权利的角度而言，它是现代私法中一个十分重要的权利；从性质和范畴来看，知识产权属于与物权、债权、人身权、继承权并列的一种民事权利。《中华人民共和国民法典》第一百二十三条规定，民事主体依法享有知识产权。知识产权是权利人依法就下列客体享有的专有的权利：（一）作品；（二）发明、实用新型、外观设计；（三）商标；（四）地理标志；（五）商业秘密；（六）集成电路布图设计；（七）植物新品种；（八）法律规定的其他客体。

在知识产权概念的基础之上，知识产权保护是指保护知识产权的行为。对知识产权的保护是知识产权制度中极为重要的内容，对于知识产权的有效行使及知识产权人合法利益的维护至关重要。知识产权是伴随着商品知识化和知识商品化进程中而产生的一种法律现象，知识产权的制度功能在于通过对权利人专有权利保护，激励社会创新，引导各类资源向社会创新聚集，推进各类创新成果向现实生产力转化，从而成为连接创新成果生产转化与经济发展动力之间的纽带。而在对知识产权的保护中，国家公权力无疑发挥着关键性的作用，无论是在所涵盖的范围、使用的领域，还是在对抗侵权时所取得的成效方面，国家公权力的保护相对于私权利的保护来说都是知识产权保护的主要途径。

在国家公权力所进行的知识产权保护中，依据其所依靠的国家公权力性质的不同，又可以区分为行政保护与司法保护两种。知识产权的行政保护与司法保护虽然同属于国家公权力的保护，但两种制度在具体的内容、相关的程序，以及效力等很多方面具有极大的差异，各有优劣之处，这为在两者之间进行协调从而提高知识产权保护的整体水平和效果提供了相当大的空间。从狭义上讲，知识产权保护通常被理解为通过司法和行政执法来保护知识产权的行为。而从广义上看，知识产权保护是指依照现行法律，对侵犯知识产权的行为进行制止和打击的所有活动的总和。

我国的知识产权保护相对于国外发达国家来说开始较晚。20 世纪 80 年代，中国才开始知识产权保护的法制建设。我国知识产权保护的立法体系，是根据国民经济发展的客观需要，并通过借鉴国际公约、条约的规定和其他发达国家在知识产权保护立法方面的先进经验，不断建立和完善的。目前，我国的知识产权保护法律体系主要由法律、行政法规和部门规章这三个部分组成，建立了相对完善的知识产权保护法律体系，得到了世界各国及国际组织的普遍认可。我国的知识产权法律保护体系以民法典为统领，以著作权法、专利法、商标法、反不正当竞争法为主干，以行政法规、地方性法规为补充，同时辅之以其他行政规章、司法解释等规范性文件。我国知识产权法律体系已基本形成，但还需要适应新时代发展要求进一步完善。要紧紧围绕提高立法质量和立法效率，继续加强和改进立法工作，坚持科学立法、民主立法、依法立法，坚持立改废释并举，增强法律法规的及时性、系统性、针对性、有效性，提高法律法规的可执行性、可操作性。

在不断健全和完善国内知识产权保护的法律体系建设的同时，我国也相继参加了一些主要的知识产权保护的国际公约、条约及有关协定。从 1980 年中国加入《建立世界知识产权组织公约》起，已经先后加入了《保护工业产权巴黎公约》《商标国际注册马德里协定》《保护文学艺术作品伯尔尼公约》《世界版权公约》《保护音像制作者防止非法复制公约》《国际专利合作公约》《商标注册用商品和服务国际分类尼斯协定》等各种关于知识产权保护的协议或条约。

（二）知识产权保护的理论与现实依据

科学技术与文学艺术是推动人类社会进步的两翼，它们既是人们智慧的结晶，也是财富的源泉。知识产权法律制度是人类的一大发明，它以荣誉、社会地位和财富为杠杆，谋求知识产权人利益与社会公众利益的平衡，并将此作为原则贯穿整个知识产权法的解释和适用过程，激发每个人生命中最为可贵的创造本能，为生生不息的创造之火添加利益的柴薪，激励人们奉献出更多更好的精神产品，以推进人类的进步。

首先，从权利保护理论来看，根据洛克的自然权利理论，劳动是获得私人财产的重要途径以及劳动是人们获得私人财产权的合理性。洛克明确指出：其一，劳动归劳动者所有。每个人对他自己的人身享有一种所有权，因此每个人的身体所从事的劳动和他的双手所进行的工作，是正当地属于他的。所以只要他使任何东西脱离自然所提供的和那个东西所处的状态，他就已经掺进他的劳动，在这上面掺加他自己所有的某些东西，因而使它成为他的财产。其二，财产是一种物化的劳动。洛克认为，谁把橡树下拾得的橡实或树上摘下的苹果果腹时，谁就确已把它们拨归己用。劳动使它们同公共的东西有所区别，劳动在万物之母的自然所已完成的作业上面加些东西，这样它们就成为他的私有权利了。推及知识产权之上，智力成果是创造者的智力劳动，其成果当然应当由劳动者所享有。但是如何用法律手段对这种所有权进行保护呢？答案就是知识产权保护制度。通过知识产权保护合理地分配权利，达到既保护知识产权创造人充分利用自己的智力成果获得报酬的权利，又保护社会公众能够充分合理接触到知识，从而在前人知识的基础之上继续创造的权利。

其次，从成本收益理论来看，同样可以说明知识产权保护的正当性和合理性。具有代表性的是考特、尤伦的公共产品理论。美国经济学家考特和尤伦在其经典著作《法和经济学》一书中系统地阐述了知识的公共产品问题：第一，知识产品的个人消费并不影响其他人的消费，无数个人可以共享某一公开的信息资源。如同一辆公共汽车，出资者与未出资者都在乘车，公共汽车公司必须为每个人提供便利。换言之，无形的知识产品以有形的载体形式公开，即可构成经济学意义上的“公用性”。第二，知识产品的生产是有代价的，但知识产品的传递费用相对较小，对于知识产品的生产者来说，难以通过出售知识产品来收回成本。一旦生产者将其知识产品出售给某个消费者，那个消费者就会变为原生产者的潜在竞争对手，或是其他消费者成为享用该知识产品的搭便车者。后者在知识产权领域即是无偿仿制或复制他人知识产品的情形。第三，知识产品的生产者很难控制知识创新的成果。如果创造者将其知识产品隐藏起来，那么他的创新活动就不会被承认，从而失去社会意义。如果创造者将知识产品公之于众，他对知识这一无形资源事实上又难以有效控制。在这种情况下，私人市场提供的公共产品（包括知识产品）数量可能小于最优值，即出现信息不足现象。第四，鉴于消费者对知识产品的需要，政府有必要在市场上进行干预，即采取特殊的公共政策，以增加所生产的信息数量。信息市场的政府干预表现在两个方面：一是政府自己提供知识产品，二是政府对私人生产知识产品给予补贴。后者的重要举措就是通过知识产权制度授予知识产品的生产者以独占权。在这个意义上说，著作权就是为了发给作者奖金而对读者征的税。考特和尤伦的公共产品理论，从公共产品与私人产权相互关系的角度，阐述了知识产权制度的社会功用在于解决公共性资源的"搭便车"问题，以保障生产者收回对知识产品所付出的投资；建立知识产权制度的经济动因在于对财产权的法律保护有其创造有效使用资源的诱因。正是农夫能够获得土地作物的财产权，才有诱因促使农夫支付并尽可能节约耕种土地所需要的成本；正是创造者能够取得无形财产的垄断权，才有诱因激励其在知识、信息的生产方面的投资。

最后，知识产权法可以被看成是一种调节知识产品创造者的个人利益与社会公众对知识产品合理分享的公共利益之间的平衡工具。耶林曾经将利益分为个人利益和社会利益等部分，促使利己主义和利他主义、个人利益和社会利益相结合，使它们之间保持平衡的手段和工具就是法律。知识产权是一种垄断私权与社会公权的混合，对知识产权的保护的重要特征为"知识是公开的，权利是垄断的"，因此必须对这两者的关系进行协调。否则，将产生一个悖论，即没有足够的垄断就没有足够的发明产生出来；有了足够的垄断，发明又不会被充分地使用。这对于实现知识产权制度设置的最终目的，即实现整个人类社会文明的进步是没有益处的，因此，必须存在知识产权制度来调解社会公权与个人私权的矛盾。

二、知识产权保护的历史

（一）世界知识产权的历史与发展

知识产权制度最早萌芽于文艺复兴时期的意大利，随着资本主义生产关系的确立发展而兴起，是市场经济体制的建立与完善、近现代科学技术发展与运用以及私权观念普及等多元因素共同作用的结果。

综观知识产权制度在世界史上演进的轨迹可知，知识产权并非起源于任何一种民事权利，而是起源于封建社会的"特权"。以重刑轻民、神事重于人事为特征的封建法律往往视科技成果的传播和应用为私人琐事，很少以国家的名义直接进行调控。因此当时知识产权并未产生。尽管在封建社会的晚期，出现有印刷专有权或专营、专卖权，但这是一种封建特许权，而不是资本主义式的财产权。其受益者主要是印刷商、企业主以及颁发许可证的统治者，而不是从事智力创造活动的作者、发明者。在有的情况下，封建统治阶级还通过特许制度限制先进思想传播，迫害进步作者和发明者。直到后来商品经济和科学技术不断发展，知识产权成为一种私人享有的无形财产权，才得以被资本主义国家普遍认可和严格保护，并逐渐形成一种独立而严密的法律制度。

知识产权从“特权”到“立法”，是工业革命和科技发展的必然结果。1624 年《英国专利法》、1857 年法国商标法的颁布，奠定了现代工业产权的基础；1709 年英国版权法的颁布，则标志着近代著作权制度的产生。其中，专利法最先问世，1624 年英国制定了其第一部专利法《垄断法规》，是近代专利保护制度的起点。在专利制度确立的同时，著作权制度也产生了。世界上第一部成文的版权法当推英国于 1709 年颁布的《为鼓励知识产权创作而授予作者及购买者就其已经印刷成册的图书在一定时期内之权利法》，即《安娜女王法》。该法规定，作者是第一个应当享有作品中的无形产权的人。印刷出版者或书商与作者各自应享有不同的专有权：印刷出版者或书商依法对他们印制与发行的图书享有翻印、出版、出售等专有权；作者对已印制的书在重印时享有专有权，对创作完成但尚未印制的作品也享有同意或禁止他人“印刷出版”的专有权。由于英国较早建立了知识产权制度，大大推动了纺织、冶炼、采矿、机械加工、交通运输等产业的迅猛发展，在不到一百年的时间里，其创造的财富超过了以往历史年代的总和。

在英国之后，18 世纪末，欧洲大陆各国和美国相继实行了知识产权制度。1790 年，美国依照《安娜女王法》的模式，制定了《联邦著作权法》。19 世纪初，法国更是率先建立起来了商标法制度。1803 年，法国在《关于工厂、制造场和作坊的法律》中将假冒商标按私造文书处罚，确立了对商标权的法律保护。1857 年，法国制定的《关于以使用原则和不审查原则为内容的制造标记和商标的法律》是世界上第一部具有现代意义的商标法。随后欧美等国家相继制定了商标法，商标保护制度逐步发展起来。各国对商标、专利和作者作品在立法与执法上给予保护，由此知识产权法律制度应运而生。这一制度的建立，在客观上极大地调动了人们进行创新的积极性，促进了重大发明的产业化和广泛应用，为人类科学技术的不断发展与进步提供了一种制度上的保障。曾对工业革命产生巨大影响的专利发明，如珍妮纺车、瓦特蒸汽机、电话、电灯、汽车、静电复印术、晶体管等，都是得益于专利技术而获得成功，并且在专利制度的保护下得到广泛应用。世界著名的德国西门子公司、美国贝尔公司、英国邓禄普公司的创始人，都是得益于知识产权的发明家。可以说，如果没有近代知识产权制度，所谓蒸汽和钢铁时代的第一次技术革命就不可能到来；同样，作为电气、化学和汽车工业时代的第二次技术革命也不可能在没有知识产权保护的条件下迅速实现。

随着各国知识产权保护制度的建立，知识产权国际化的脚步也开始迈进。为了克服知识产权地域性与知识、技术国际性需求之间的矛盾，各主要欧洲国家寻求建立知识产权国际保护体系，先后签订了一系列保护知识产权的国际公约。其中，最重要的是 1883 年的《保护工业产权巴黎公约》和 1886 年的《保护文学艺术作品伯尔尼公约》。在工业产权领域共有 15 个国际公约，主要有《保护工业产权巴黎公约》《商标国际注册马德里协定》《专利合作条约》等。在版权领域共有 10 个公约，主要有《保护文学艺术作品伯尔尼公约》《世界版权公约》《保护表演者、录音制品著作者与广播组织公约》等。此外还有《科学发现的国际登记条约》《保护奥林匹克会徽条约》和《关于集成电路知识产权条约》。在知识产权的国际保护领域，还有一些地区性公约起着独特的作用，如《专利申请形式要求欧洲公约》《欧洲专利权授予公约》等。知识产权法律制度从兴起至今已有三百多年，它不断推动现代科学技术和国民经济发展，现在已成为各国法律体系中的重要组成部分。

自 20 世纪下半叶以来，以微电子技术、生物工程技术与新材料技术为代表的新技术革命对社会发展特别是经济成长带来巨大的影响。世界各国为谋求发展高新技术，相继制定了有关发展战略或计划，如美国的战略防御计划、日本的科技振兴基本政策、中国的新技术革命对策等。各国的科技进步政策推动一大批高新技术群的崛起，引发了高技术含量的知识产品的大量涌现。面对新技术革命给知识产权领域带来的新的课题和任务，各国立法者不断探索对高新技术产品保护的法律途径：一是边缘保护法，即采用工业产权与著作权中的若干规则，创设一种新的制度即工业版权来保护新技术成果；二是单独保护法，即为信息产品设定信息产权，给予准专利或类似其他知识产权的保护；三是传统保护法，即沿用原有的著作权、专利权制度，但扩大保护范围，修改若干规则。这些做法使得传统的知识产权保护范围不断扩大。著作权法从印刷版权时代进入电子版权时代。新的财产权权项和新的财产权制度陆续出现，例如与集成电路技术有关的布图设计专有权、与现代生物工程技术有关的新植物品种权等。与近代法所涵盖的著作权、专利权、商标权相比，现代知识产权已是一个十分庞大的法律体系，借用《成立世界知识产权组织公约》的规定来表述，它是一切在工业、科学、文学或艺术领域由于智力活动所产生的权利制度的总和。

当前，知识产权保护进入新的时代。网络技术、基因技术、人工智能等对知识产权构成了新的巨大的挑战。互联网改变了人类的生活方式，而且对现行的法律制度构成了挑战。突出的是网络版权、网络标记、网络传播及电子商务问题引发了研究热潮。基因技术被认为是21世纪最伟大的技术之一，人类可能正处在基因可以解释和决定一切的时代的开端。如基因食物、基因药品、基因疗法，以及对动植物基因乃至对人类基因的其他开发、利用，将会导致人类本身以及与人类生存环境相关的一系列变化。尽管对基因技术存在着民族习俗、社会道德以及宗教等方面的争议，但许多国家趋于对这一新兴技术给予专利与其他知识产权的保护。基因专利、大数据、人工智能相关问题也是当代知识产权保护的热点问题。

（二）中国知识产权保护的历史与发展

我国知识产权制度也起源于古代君主及其代表颁授的有关特权。如著作权观念的初始状态与欧洲国家一样，以官府为出版商提供行政保护措施为特点，官府保护的权利主体不是作者，而是出版商，保护的权利也不是现代意义上的著作权，而只是出版权、复制权。

就专利制度而言，早在两千多年以前，西周厉王时代就有“谋欲专利之事”；《国语》有“匹夫专利，犹谓之盗，王而行之，其归鲜矣”的记载。1859 年，太平天国时期的领导者提出了设立专利制度的建议。但我国第一部专利法的雏形应为清“戊戌变法”中光绪皇帝颁布的《振兴工艺给奖章程》，后来这部章程虽然被废除，但是“惟专利制度仍在各省扎根”。而发展到民国，第一部专利法的雏形为 1911 年 12 月 12 日由工商部颁布的《奖励工艺品暂行章程》。该章程已揭示了“先申请原则”“权利转让”“法律责任”等重要理念。1932 年颁布的《奖励工业技术暂行条例》以及其实施细则、《奖励工业技术审查委员会规则》等构成了比较完整的专利法体系，也成为国民政府专利法框架的基础。而商标雏形在我国形成的也比较早，早在北宋时期，济南“刘家功夫针铺”就使用了“白兔儿商标”。鸦片战争后，对注册商标的法律保护则始于对外国商标的保护，当时帝国主义列强强迫清政府在对外通商条约中签订了不少保护外国商标的条款，1904 年，清政府颁布的第一部商标法《商标注册试办章程》，就是由时任中国海关总税务司的英国人赫德起草的。1923 年，北京政府颁布了 4 条商标法，同年又颁布了 37 条实施细则，这是我国第一部付诸实施的商标法。我国古代对版权进行保护的萌芽始于宋朝，宋神宗继位之前，朝廷曾颁布有“禁擅携”的命令。我国第一部著作权法是 1910 年清政府颁布的《大清著作权律》。其后，北洋政府于 1915 年颁布了《著作权法》，国民政府于 1928 年颁布了《著作权法》。

1949 年新中国成立，我国知识产权保护制度的发展可分为三个历史时期。

第一个时期是从 1949 年到 1958 年。在商标和专利方面，如 1950 年颁布的《商标注册暂行条例》及其实施细则、《政务院关于奖励有关生产的发明、技术改进及合理化建议的决定》《保障发明权与专利权暂行条例》等。在保护文学艺术作品和科学著作方面，如 1950 年 9 月全国出版工作会议通过的《关于改进和发展出版工作的决议》；同年 10 月发布的《政务院关于改进和发展全国出版事业的指示》；1952 年出版总署颁布的《关于国营出版社编辑机构及工作制度的规定》等。这些单行法规和条例，初创了我国新型的知识产权管理制度。

第二个时期是从 1958 年至 1979 年。1963 年政府颁布了《发明奖励条例》和《技术改进条例》代替了《保障发明权和专利权暂行条例》，彻底废弃了专利权；同年还颁布了《商标管理条例》，该条例强调实行商标全面注册，全面管理，没有注册的商标一律不准使用，在该条例中没有提到商标权的保护。

第三个时期是从 1979 年至今。我国开始着手知识产权保护制度的建设，并且在改革开放的40年间，先后制定、颁布了一系列知识产权保护的法律以及细则、条例等配套法规，主要有：《中华人民共和国著作权法》《中华人民共和国著作权法实施条例》；《计算机软件保护条例》；《中华人民共和国专利法》《中华人民共和国专利法实施细则》；《中华人民共和国商标法》《中华人民共和国商标法细则》以及《驰名商标认定和管理暂行规定》《集体商标、证明商标注册和管理办法》；《中华人民共和国民法典》民事权利及合同编相关部分；《中华人民共和国反不正当竞争法》以及《企业名称登记管理规定》《关于禁止仿冒知名商品特有的名称、包装、装潢的不正当竞争行为的若干规定》《关于禁止侵犯商业秘密行为的若干规定》。随着国内知识产权制度的完善，在知识产权国际保护方面，我国也逐渐开始加入一系列国际条约，包括《世界知识产权组织公约》《保护工业产权巴黎公约》《商标国际注册马德里协定》《关于集成电路知识产权条约》《保护文学艺术作品伯尔尼公约》《世界版权公约》《保护唱片制作者防止唱片被擅自复制日内瓦公约》《专利合作条约》等，此外，还参加了一些著作权、著作邻接权、专利、商标等专门公约。随着我国成功加入世界贸易组织，我国严格按照《与贸易有关的知识产权协议》要求，先后对著作权法、商标法、专利权法、计算机软件保护条例等知识产权保护法律法规进行了修订，而且制定了新的法律条例。通过对知识产权法律法规的修改和制定，我国知识产权保护法律得到了进一步完善，并全面达到了世贸组织《与贸易有关的知识产权协议》的有关要求，与《与贸易有关的知识产权协议》更趋一致。

第三节 知识产权高质量发展与知识产权强国战略

建设成为知识产权强国是我国深入实施创新驱动发展战略，实现世界科技创新强国建设目标的根本前提和战略选择。但知识产权强国建设并不仅仅是一个战略宣示，更是我国知识产权事业发展的中长期战略。我国应当根据面向2035年的新的国家知识产权战略纲要，推动知识产权高质量发展，明确新形势下知识产权强国建设的战略任务与措施，制定有效的配套政策和实施文件。

一、知识产权强国的基本内涵与知识产权高质量发展评价要素

（一）知识产权强国的基本内涵

中共中央、国务院印发的《知识产权强国建设纲要（2021—2035年）》（以下简称《纲要》）于2021年9月22日发布，这是继《国务院关于新形势下加快知识产权强国建设的若干意见》和《国家知识产权战略纲要（2008—2020年）》后，我国知识产权事业发展的重要纲领性文件，对指导我国建设知识产权强国具有重大战略意义。《纲要》明确了预期的发展目标：到2025年，知识产权强国建设取得明显成效，知识产权保护更加严格，社会满意度达到并保持较高水平，知识产权市场价值进一步凸显，品牌竞争力大幅提升，专利密集型产业增加值占GDP比重达到13%，版权产业增加值占GDP比重达到7.5%，知识产权使用费年进出口总额达到3500亿元，每万人口高价值发明专利拥有量达到12件。到2035年，我国知识产权综合竞争力跻身世界前列，知识产权制度系统完备，知识产权促进创新创业蓬勃发展，全社会知识产权文化自觉基本形成，全方位、多层次参与知识产权全球治理的国际合作格局基本形成，中国特色、世界水平的知识产权强国基本建成。

实施知识产权强国战略，回应新技术、新经济、新形势对知识产权制度变革提出的挑战，加快推进知识产权改革发展，协调好政府与市场、国内与国际，以及知识产权数量与质量、需求与供给的联动关系，全面提升我国知识产权综合实力，大力激发全社会创新活力，建设中国特色、世界水平的知识产权强国，对于提升国家核心竞争力，扩大高水平对外开放，实现更高质量、更有效率、更加公平、更可持续、更为安全的发展，满足人民日益增长的美好生活需要，具有重要意义。

知识产权强国是指就知识产权事业的国际比较而言，具有强大知识产权综合能力的国家；是知识产权制度优越、知识产权相关产业发达、企业

知识产权竞争力强，对国际知识产权制度变革具有强势话语权和决定性影响力的国家。以推动高质量发展为主题，以深化供给侧结构性改革为主线，以改革创新为根本动力，以满足人民日益增长的美好生活需要为根本目的，立足新发展阶段，贯彻新发展理念，构建新发展格局，牢牢把握加强知识产权保护是完善产权保护制度最重要的内容和提高国家经济竞争力最大的激励，打通知识产权创造、运用、保护、管理和服务全链条，更大力度加强知识产权保护国际合作，建设制度完善、保护严格、运行高效、服务便捷、文化自觉、开放共赢的知识产权强国。

知识产权强国应当是知识产权能力强的国家，也应当是运用知识产权增强国家综合实力和国际竞争力的国家。建设知识产权强国的基本要求如下：

第一，知识产权强国要建立门类齐全、结构严密、内外协调的知识产权法律体系。在严格执行民法典相关规定的同时，加快完善相关法律法规。做好专利法修改后有关实施细则的修订，开展商标法新一轮修改调研论证，加快《地理标志产品保护规定》的修订，并做好地理标志专门立法调研。推动知识产权审查授权标准、侵权判断标准、行政执法标准和司法裁判标准的有机统一，加强专利、商标行政执法指导，更好发挥行政执法保护作用。

第二，知识产权强国要求对知识产权实施严格保护。要打造公正高效、管辖科学、权界清晰、系统完备的司法保护体制和便捷高效、严格公正、公开透明的行政保护体系以及统一领导、衔接顺畅、快速高效的协同保护格局，实施高水平知识产权审判机构建设工程，加强审判基础、体制机制和智慧法院建设；依法科学配置和行使有关行政部门的调查权、处罚权和强制权，建立统一协调的执法标准、证据规则和案例指导制度；坚持党中央集中统一领导，实现政府履职尽责、执法部门严格监管、司法机关公正司法、市场主体规范管理、行业组织自律自治、社会公众诚信守法的知识产权协同保护机制。

第三，知识产权强国要求知识产权市场运行高效。通过完善以企业为主体、市场为导向的高质量创造机制和健全运行高效顺畅、价值充分实现的运用机制及建立规范有序、充满活力的市场化运营机制，以质量和价值为标准，改革完善知识产权考核评价机制，加强专利密集型产业培育，建立专利密集型产业调查机制提高知识产权代理、法律、信息、咨询等服务水平，支持开展知识产权资产评估、交易、转化、托管、投融资等增值服务。

第四，知识产权强国要求知识产权公共服务便捷。加强覆盖全面、服务规范、智能高效的公共服务供给。实施知识产权公共服务智能化建设工程，完善国家知识产权大数据中心和公共服务平台，拓展各类知识产权基础信息开放深度、广度，实现与经济、科技、金融、法律等信息的共享融合。加强公共服务标准化、规范化、网络化建设。明晰知识产权公共服务事项和范围，制定公共服务事项清单和服务标准。统筹推进分级分类的知识产权公共服务机构建设，大力发展高水平的专门化服务机构。建立数据标准、资源整合、利用高效的信息服务模式。加强知识产权数据标准制定和数据资源供给，建立市场化、社会化的信息加工和服务机制。

第五，知识产权强国建设促进知识产权高质量发展的人文社会环境。塑造尊重知识、崇尚创新、诚信守法、公平竞争的知识产权文化理念。加强教育引导、实践养成和制度保障，培养公民自觉尊重和保护知识产权的行为习惯，自觉抵制侵权假冒行为。构建内容新颖、形式多样、融合发展的知识产权文化传播矩阵。大力发展国家知识产权高端智库和特色智库，深化理论和政策研究，加强国际学术交流。营造更加开放、更加积极、更有活力的知识产权人才发展环境。完善知识产权人才培养、评价激励、流动配置机制。进一步推进中小学知识产权教育，持续提升青少年的知识产权意识。

第六，知识产权强国要求积极深度参与全球知识产权治理。坚持人类命运共同体理念，深度参与世界知识产权组织框架下的全球知识产权治理，推动完善知识产权及相关国际贸易、国际投资等国际规则和标准，推动全球知识产权治理体制向着更加公正合理的方向发展。加强知识产权对外宣传，在国际上进一步树立我国依法严格保护知识产权的良好形象。认真研究疫情防控环境下的“一带一路”知识产权合作新机制新模式，更好支撑“一带一路”建设①。

---

① 申长雨．全面加强我国知识产权保护工作［N］．人民日报，2020-12-09（14）．

（二）知识产权强国战略视野下的知识产权高质量发展评价要素

综合分析当前世界主要知识产权强国，可以发现，建设知识产权强国必须建设以下几个方面的能力，知识产权高质量发展评价应紧紧围绕以下几个方面进行。

第一，知识产权治理能力。体现在体制机制高效、法律制度完善、审查质量高等方面。其中，在体制机制上应当建立高效一致的知识产权行政管理体制和司法保护体制，知识产权和产业、行政管理、技术行政管理职能统一，工业产权审查和行政管理职能统一，知识产权司法体系统一。在法律制度上建立相互衔接的知识产权法律体系和科技创新法律体系，知识产权法包括最基本的制度，如信息公开制度、强制许可制度、职务发明激励制度、权利救济制度、中小企业优惠制度、惩罚性侵权赔偿制度、发明人保护制度。在知识产权审查上，审查质量高，审查速度快，在推动国际知识产权组织和条约变革中具有主导权或重要发言权。

第二，知识产权创造能力。能创造出适应创新发展需要的足够数量的高水平、高质量的知识产权。一是创造和拥有足够数量的产业关键核心知识产权。二是创造的知识产权质量高，能支撑区域、企业、产业和国家创新发展的需要。

第三，知识产权运用能力。知识产权能有效转化为生产力。首先表现为知识产权商业化运用的商业模式先进，工科类高校和科研机构普遍建立内部技术转移机构，专利池运营公司成为企业和中介机构重要的运营模式。其次表现为商业化运用效益好，高校科研机构和高校有效知识产权转移转化率高，国家知识产权使用费对外依存度低。此外，知识产权对产业发展具有影响力和控制力，专利与技术标准结合较好。

第四，知识产权保护能力。知识产权保护水平能有效激励创新发展。一是建立统一高效、标准一致的知识产权法院体制，知识产权行政执法至少要包括边境保护、调查处理和贸易保护职能。二是实际保护效果好，反映在专利侵权平均实际赔偿标准较高，对知识产权侵权具有强大威慑力，知识产权保护水平较高。

第五，知识产权管理能力。政府知识产权管理能力强主要体现在政府制定知识产权战略规划与政策和完善的知识产权行政管理职能上。战略规划主要是指中长期的发展战略规划，政策主要涵盖知识产权财政投入政策、财政收费政策、税收优惠政策和金融政策。财政投入政策主要指是否具有支持知识产权创造和运用的引导基金、优先支持资金，财政收费政策是指是否能有效支撑知识产权申请质量提升的收费政策、支持运用的费用减免政策、支持市场失灵主体的费用减免政策。税收优惠政策包括支持知识产权创造和运用的增值税政策、研发支出税前加计扣除政策、技术转移企业所得税政策、个人奖励股权所得税优惠政策、创投企业知识产权投资抵免政策等。金融政策包括支持知识产权创造运用的银行贷款、创业投资、保险和担保政策。知识产权行政管理职能主要包括行政执法、公共信息服务、人才培养、商业化促进、外交职能等。

第六，知识产权环境能力。知识产权发展环境优，建立起公平竞争的市场机制，市场化程度高，企业家精神得到充分发挥，并建立起“崇尚创造、积极运用、守法诚信、科学管理”的知识产权文化。

第七，知识产权支撑能力。知识产权有效支撑经济社会发展，知识产权产业发达，知识产权经济对经济贡献率高，通过知识产权人均劳动生产率得到显著提高，知识产权能有效促进就业、环境保护、文化发展，工业企业万元 GDP 能耗和碳排放较低。

二、深刻认识知识产权强国战略的重大意义

创新驱动发展战略是促进我国经济社会发展的根本战略，也是实现中华民族伟大复兴中国梦的基本战略。知识产权强国建设是我国深入实施创新驱动发展战略，实现科技创新强国目标的重大战略选择，具有极为重要的理论和实践意义。

第一，知识产权强国建设是实现技术跨越，占据价值链高端的根本途径。近年来，我国创新能力有了显著提升，但我国创新能力指数在全球的排名仍需进一步提升，特别是科技创新能力还不强。我国已成为世界第一知识产权大国，进入国际技术标准的高质量专利数量仍有提升空间。我国科技成果和知识产权转化为生产力的能力还有待进一步增强。科技成果及其知识产权转化为生产力是获取创新价值的重要途径，也是占据世界产业

价值链高端的重要手段。我国要实现技术追赶和技术跨越，占据产业价值链的高端，必须加强知识产权创造运用，努力掌握产业核心技术和知识产权，运用知识产权形成价值链的控制力，除此之外别无他法。建设知识产权强国，最关键的是要强化产业的知识产权创造和运用能力。

第二，知识产权强国建设是优化升级产业结构，实现创新驱动发展的必然选择。发展高技术产业和战略性新兴产业是我国优化和升级产业结构的主要政策手段。我国产业转型升级中的自主创新能力需要进一步加强，要进一步提升知识产权对经济发展和就业的贡献率。在此形势下，如何实现从要素驱动、投资驱动为主向创新驱动为主的转变，对知识产权强国建设提出了新的要求。创新驱动发展的核心是高水平、大规模知识产权的创造和有效运用，知识产权驱动已成为创新驱动的主要动力。实现创新驱动发展必须实现知识产权驱动型发展，必须加快知识产权强国建设。

第三，知识产权强国建设是营造良好制度环境，有效激励大众创业万众创新的根本保障。2018 年 9 月 26 日国务院发布的《关于推动创新创业高质量发展　打造“双创”升级版的意见》，提出大众创业万众创新持续向更大范围、更高层次和更深程度推进，创新创业与经济社会发展深度融合，对推动新旧动能转换和经济结构升级、扩大就业和改善民生、实现机会公平和社会纵向流动发挥了重要作用，为促进经济增长提供了有力支撑。推进大众创业万众创新是深入实施创新驱动发展战略的重要支撑，深入推进供给侧结构性改革的重要途径。随着大众创业万众创新蓬勃发展，创新创业环境持续改善，创新创业主体日益多元，各类支撑平台不断丰富，创新创业社会氛围更加浓厚，创新创业理念日益深入人心，取得显著成效。打造“双创”升级版，推动创新创业高质量发展，有利于进一步增强创业带动就业能力，有利于提升科技创新和产业发展活力，有利于创造优质供给和扩大有效需求，对增强经济发展内生动力具有重要意义。促进创新创业的顺利开展，必须加强知识产权保护。缺乏知识产权保护，就会造成低水平重复和简单模仿，侵害创新者的权益，最终导致创新创业失败。

第四，知识产权强国建设是引领中国跨越“中等收入陷阱”，实现伟大复兴中国梦的根本要求。“中等收入陷阱”指在经济发展初期，低收入国家在某一段时间内通过较快的经济增长进入中等收入国家行列，而在进入中等收入区间以后，失去经济增长动力，被锁定在中等收入区间的现象。世界上最早陷入“中等收入陷阱”的国家主要集中在拉美地区。经济增长不稳定、金融体系脆弱、收入差距过大、公共服务短缺、创新能力不足等是“中等收入陷阱”国家的基本特征。日本、韩国和新加坡在跨入中等收入经济体行列后，通过技术创新与科技进步，转变经济增长方式，使国内产业从资本密集型向技术密集型转换，实现了产业结构的升级，从而成功跨越“中等收入陷阱”。而马来西亚、泰国、印度尼西亚和菲律宾则在迈入中等收入经济体行列后，科技创新能力不足，不能及时从以要素驱动为主的经济增长转向以创新驱动为主的增长，从而导致产业升级困难，先后落入“中等收入陷阱”。2020 年，面对肆虐的新冠肺炎疫情，中国成为全球唯一实现经济增长的大型经济体。但是我们仍必须深化改革，扩大开放。中国如何跨越“中等收入陷阱”，成长为高收入经济体，国务院发展研究中心研究员张来明提出七个方面的对策：促进产业转型升级，加快技术进步和创新，加大人力资本投资，保障金融体系安全，加快市场化改革和政府治理改革，缩小收入分配差距，继续扩大对外开放①。

建设知识产权强国是进入创新驱动发展阶段的根本途径。通过知识产权强国建设，完善知识产权制度，加强知识产权保护和运用，建立价值为导向的收益分配机制，使创新者得到合理回报，通过应用体现创新价值，通过转化创造财富，从而优化消费结构，推动内需升级，不断形成经济发展的新动力。通过知识产权强国建设和创新驱动发展，不断为经济社会发展提供原动力，推动生产效率的提升，改变由要素驱动导致红利逐渐消失、生产效率下降等可能带来的“中等收入陷阱”。

第四节　知识产权高质量发展研究的重要意义

中国经济发展进入新常态，国家也据此提出了建设创新型国家的目标。发展知识经济、建设创新型国家，其主要特征就是以智力创新推动社

---

① 张来明. 中等收入国家成长为高收入国家的基本做法与思考［J］. 管理世界，2021（2）.

会经济的发展。与此相应，对于智力创新成果给予保护的知识产权，日益成为国家发展的战略性资源和国际竞争力的核心要素，成为建设创新型国家的重要支撑和掌握发展主动权的关键。在知识产权保护日趋完善、知识产权保护水平不断提升的同时，国际贸易争端中知识产权摩擦和压力也与日俱增。那么，我们如何科学衡量知识产权保护水平，继而如何评估知识产权保护的高质量发展呢？这些问题无疑就是本书努力探索的方向。

一、知识产权高质量发展研究面临的主要问题

一是现实实践问题：知识产权保护水平到底有多高。加入世贸组织以前，人们总觉得中国知识产权保护水平不够高。随着知识产权制度的完善、执法力度的加强，中国知识产权制度建设、保护水平和应用水平不断提升。知识产权保护水平究竟有多高？知识产权保护水平提升到了一种什么样的程度？这需要用定性或定量的分析来研讨。

二是理论阐释问题：如何衡量知识产权高质量发展。知识产权保护与知识产权限制是一枚硬币的两面。利益平衡理论为知识产权保护中平衡权利人、使用人与社会公众之间的利益提出了衡平的理念。如何衡量知识产权高质量发展，知识产权保护水平究竟在多大程度上能够与经济、社会、科技发展相适应，能够达到帕累托最优？

三是国际贸易问题：随着经济全球化、技术全球化以及互联网的影响，“地球村”里国与国之间的经济与社会交往越加频繁，国际贸易中的知识产权摩擦越来越多。中国对外贸易的增长中伴随着知识产权摩擦的增长，中国面临知识产权保护的压力也越来越大。如何科学合理地评估中国或各地的知识产权保护水平，需要一套明确、科学的评估指标体系。

四是强国战略问题：我国发布了知识产权强国战略纲要，知识产权的创造、保护、管理、运用成为知识产权战略的四个环节，各地也相继制定并发布了区域性知识产权战略纲要，提出了一系列知识产权保护、发展的远景规划与目标、措施等。如何评估各地区、各领域的知识产权保护发展水平，也成为今后一个时期中我们面临的现实问题。

二、知识产权高质量发展评价研究的理论与现实价值

第一，全面深化改革和推进依法治国要求改革知识产权体制机制。党

的十八大提出实施创新驱动发展战略，并特别强调要实施知识产权战略。党的十八届三中全会作出了全面深化改革的战略部署，明确要求“加强知识产权运用和保护”。党的十八届四中全会着重解决推进依法治国问题，强调要“完善激励创新的产权制度、知识产权保护制度和促进科技成果转化的体制机制”。2015 年中共中央、国务院发布的《关于深化体制机制改革 加快实施创新驱动发展战略的若干意见》，特别提出“实行严格的知识产权保护制度”，为我国知识产权体制机制改革指明了方向。推进知识产权强国建设，是全面深化改革和推进依法治国的重大举措，必须改革和完善知识产权创造和运用的政府管理体制、法律制度与机制，构建以知识产权创造和运用为主的政策体系。

第二，深入实施创新驱动发展战略要求，加强知识产权创造和运用能力建设。我国已成为知识产权大国，但支撑我国经济高质量发展所急需的知识产权尤其是产业关键核心知识产权还存在不足，总体知识产权质量、企事业单位运用知识产权提升竞争力的能力以及知识产权转化为现实生产力的能力需要进一步提升。建设知识产权强国是实现创新驱动发展的必由之路，必须着力解决知识产权转化为现实生产力和提高竞争力的基础条件支撑，必须强化知识产权创造和运用能力建设。

第三，新发展理念要求从重视知识产权数量转变为数量和质量并重。当前和今后相当长一段时期内，世界经济将保持缓慢增长态势。为刺激经济发展，各国会继续普遍使用通货膨胀手段，世界经济滞胀的态势将持续较长时间。在世界经济疲软的大环境下，我国出口对经济增长的贡献将持续降低，通过积极货币政策进行大规模投资的可能性虽然存在但并不会有较大幅度的增长，基本饱和的消费也很难在较短时间内有大幅提升。我国经济进入中低速增长甚至低速增长的新常态将会是一个较长的过程。因此，研发经费投入增速也将进入新常态。在此情况下，我国必须更加注重经济增长的质量，产业结构优化升级的压力会不断增大。建设知识产权强国，必须创造满足经济社会发展需要的足够数量的知识产权，必须改变粗放的管理方式，着力掌握一大批高质量核心知识产权和知识产权组合。

第四，新科技革命和产业革命要求必须加强知识产权基础条件建设。以人工智能、机器人、量子通信、基因计算机等为代表的信息通信技术已取得显著进展，大数据和互联网的快速发展将显著改变生产和生活方式，以基因工程、干细胞等生命科学为代表的科学技术已呈群体突破态势。2030 年前后，世界有可能迎来以生命科学和人工智能为代表的新科技革命和产业革命。新科技革命和产业革命将带来经济范式和世界经济版图的重大调整，将对中国经济发展带来重大的历史性机遇。科技革命的产生依赖于科技创新基础条件的建设，产业革命的产生则有赖于知识产权基础设施条件的发展。建设知识产权强国，抓住新科技革命和产业革命的历史机遇，必须加强知识产权信息、代理、法律、咨询、培训、商用化服务业和知识产权园区等基础条件的建设。

第五，激励大众创业万众创新要求建立良好的知识产权发展环境。推动形成大众创业万众创新的良好局面，要求未来一段时期，必须充分重视制度环境的营造。完善的知识产权管理体制，各具特色和优势互补的知识产权司法保护与行政执法两条途径是保障“双创”的必要条件。建立知识产权质量、效益和价值识别体系，完善知识产权价值发现的方法和机制，是促进“双创”的重要条件。拓宽知识产权质押融资渠道，大力发展创投和风投是促进“双创”发展的客观要求。还要充分发挥行政管理的作用，通过监测发布区域知识产权保护水平指数和将知识产权保护列为地方国民经济和社会发展考核指标，积极引导全社会“崇尚创造、积极运用、守法诚信、科学管理的知识产权文化”建设，推动“双创”环境的不断改善优化。

本书立足于全方位、多学科、多角度地系统考察和研究知识产权高质量发展及其评价。通过对国内外有关高质量发展评价的基本理论进行深入研究，以及对我国知识产权保护的历史演进及发展趋势的考察，指出需要建立以结果导向、过程管理、外部责任、多元参与为特征的知识产权高质量发展评价体系。研究目标在于通过对知识产权保护的全面分析，确立知识产权高质量发展评价指标体系，从类型化角度分析不同种类知识产权到底适合何种保护模式，着眼于知识产品产生到知识产权保护全过程中，从区域化角度进行类型化研究，以及探讨如何实现知识产权保护程序的合理衔接，最终为确立与国情相适应的合理的知识产权保护水平及采取何种执法手段提供政策建议，以最大限度地实现权利人与社会公众利益的平衡，并服务于建设创新型国家的战略目标。

知识产权高质量发展研究如果不加以量化很容易虚化，因而需要建立起一个可以测评的指标体系和系统。在微观层面上，指标及数值要求应该具体而客观，要为确立合理知识产权保护水平的政策及立法提供科学、准确、全面的数据；在宏观层面上，指标体系的建立，应该是一个全方位的目标要求，服务于国家知识产权战略大局和建设创新型国家的重大战略目标的实现。知识产权高质量发展评价本身也构成一项复杂的社会系统工程，本书立足于研究知识产权创造、运用、保护和服务等各环节的实证分析，通过确立知识产权高质量发展评价指标体系，分析知识产权保护的不同特点，并从类型化角度分析不同种类知识产权到底适合何种保护模式，着眼于知识产品产生到知识产权保护全过程，从区域化角度进行类型化研究；探讨如何实现知识产权保护程序的合理衔接，最终为确立与国情相适应的合理的知识产权保护水平及采取何种执法手段提供政策建议，通过建立服务型、责任型国家机关，最大限度地实现权利人与社会公众利益的平衡，对服务于建设创新型国家的战略目标，具有重大的理论价值和现实意义。

知识产权高质量发展评价指标体系遵循《规划》《纲要》提出的逻辑框架，将知识产权高质量发展评价体系的一级指标分为高质量知识产权创造、知识产权高效益运用、知识产权高标准全链条保护、知识产权新业态知识产权保护、知识产权高水平公共服务、知识产权高素质人才队伍建设、高度融合的知识产权金融发展、深化知识产权国际合作和竞争、知识产权领域坚决维护国家安全工作九个方面，综合考虑知识产权相关工作的数量、质量和效益等因素，通过衡量创造、运用、保护、环境四个方面的内容，力图以全面、科学的评价体系反映全国以及各地区的知识产权发展状况。

第二章

激励和保护知识产权高质量创造

知识产权研发创造是知识产权运用的基础。实现创新驱动发展，建设知识产权强国，必须创造出足够数量的高水平、高质量关键核心知识产权。要创造高水平和高质量关键核心知识产权，必须面向知识产权运用系统优化科技创新政策及知识产权政策，重点是优化知识产权费用税前加计扣除政策，制定核心知识产权创造政策、知识产权组合创造政策和高质量知识产权创造政策。

近年来，我国知识产权高质量创造取得重大进展①。

2020 年，我国发明专利授权 53.0 万件，同比增长 17.1%。实用新型专利授权 237.7 万件，同比增长 50.2%。外观设计专利授权 73.2 万件，同比增长 31.5%。截至 2020 年底，我国发明专利有效量为 305.8 万件，同比增长 14.5%。其中，国内（不含港澳台地区）发明专利有效量 221.3 万件，每万人口发明专利拥有量达到 15.8 件。实用新型专利有效量为 694.8 万件，同比增长 32.0%。外观设计专利有效量为 218.7 万件，同比增长 22.2%。专利审查周期保持稳定，高价值专利审查周期压缩至 14 个月。2020 年共受理依据《专利合作条约》提出的国际专利申请 7.2 万件，同比增长 18.6%，其中，6.7 万件来自国内，同比增长 17.9%。

2020 年共受理集成电路布图设计登记申请 14375 件，同比增长 72.8%；予以登记公告并发出证书 11727 件，同比增长 77.3%。截至 2020 年底，累计受理集成电路布图设计登记申请 4.6 万件，予以登记公告并发

① 国家知识产权局知识产权发展研究中心．2020 年中国知识产权发展状况评价报告．[OL]．https：//new.qq.com/rain/a/20211018A06MIW00 2021-11-05.

出证书共计 3.9 万件。2020 年共受理专利复审请求 54670 件，同比下降 1.2%。其中，对驳回发明专利申请决定不服的复审请求为 49988 件，占当年受理总量的 91.4%；对驳回实用新型专利申请决定不服的复审请求为 4073 件，占当年受理总量的 7.5%；对驳回外观设计专利申请决定不服的复审请求为 609 件，占当年受理总量的 1.1%。复审请求结案共 48046 件，同比增长 28.9%。其中，涉及发明专利申请 37771 件，涉及实用新型专利申请 9868 件，涉及外观设计专利申请 407 件。截至 2020 年底，累计受理专利复审请求 325311 件，结案 266263 件，结案周期平均为 14.1 个月。

2020 年，我国商标注册量为 576.1 万件。截至 2020 年底，商标累计注册量达 3447.5 万件。2020 年共审理 398 件含县级以上行政区划地名的区域品牌集体证明商标注册申请，其中，“佛山陶瓷”“崇礼好礼”等 43 件区域品牌集体商标获得注册。商标注册平均审查周期压缩至 4 个月。2020 年，共受理国内申请人提交的马德里商标国际注册申请 7553 件，同比增长 16.4%，在马德里联盟中排名第三。截至 2020 年底，累计有效注册量达 44223 件。2020 年，外国申请人指定中国的马德里领土延伸申请 24524 件（一件商标多个类别），完成马德里领土延伸申请实质审查 62651 类，审查周期缩短至 4 个月。2020 年共办理商标质权登记申请 1807 件，质押金额 621.4 亿元。其中地方受理点办理 1522 件，涉及质押金额 442.1 亿元，分别占比 84.23% 和 71.15%。2020 年共受理商标异议申请量为 134326 件，同比减少 6.54%；异议审查量为 149000 件，同比增长 64.66%。商标异议成立率为 38.0%，部分成立率为 9.2%。2020 年累计受理各类商标评审案件申请 36.7 万件，同比增长 1.67%；累计审结各类评审案件 35.8 万件，同比增长 7.82%。其中，驳回复审案件平均审理周期压缩在 6 个月以内（法定审限为 9 个月）。

2020 年，我国著作权登记快速增长，登记总量为 503.9 万件，同比增长 20.37%。其中，作品登记为 331.6 万件，同比增长 22.75%；计算机软件著作权登记量为 172.3 万件，同比增长 16.06%。全年共办理著作权质权登记 384 件，涉及主债务金额 40.6 亿元。

地理标志、特殊标志、官方标志及植物新品种等地理标志保护不断加强。截至 2020 年底，累计批准地理标志产品 2391 个，核准及备案专用标志使用企业 9479 家，累计将地理标志作为集体商标、证明商标注册 6085 件。2020 年受理地理标志产品保护申请 10 件，批准保护地理标志产品 6 个，地理标志作为集体商标、证明商标注册 765 件，核准使用地理标志专用标志企业 1052 家。农业植物新品种权申请受理量继续增长。农业植物新品种权授权量达 2549 件，同比增长 11.4%；其中境内主体占 94.2%，境外主体占 5.8%。截至 2020 年底，累计受理农业植物新品种权申请 4.1 万余件，授予农业植物新品种品种权 16508 件。林草植物新品种权申请量和审查量大幅上升。2020 年共受理林草植物新品种权申请 1047 件，同比增长 30.5%；完成 1224 件初步审查、277 个现场审查、119 件田间测试，授予林草植物新品种权 441 件。截至 2020 年底，累计受理林草植物新品种权 5566 件，授予林草植物新品种权 2643 件。

此外，知识产权海关保护备案申请量和审结量稳步提升。2020 年共审结 15424 件。核准备案 15163 件，同比增长 15.9%。其中，国内权利人备案数量为 9412 件，同比增长 14.9%。办理注销备案申请 460 件，办理备案撤销 58 件；受理知识产权海关保护系统权利人用户注册申请 2804 件，审核通过备案用户 2648 件。

第一节　研发税费激励政策与知识产权创造

近年来，随着国际政治经济格局的剧烈变化，知识产权经济快速发展，知识资本已成为一国经济发展的主要资本。知识资本包括软件数据库在内的可计算信息，主要包括研发、著作权、许可、财务新产品、新建筑架构和工程设计在内的创新产权，以及包括品牌广告、市场研究、工人培训、管理咨询、组织资本在内的竞争经济力。税收是政府影响研究开发和创新创业决策的一个重要政策工具，许多国家制定了促进研究开发（R&D）的税收激励政策，以提升国家竞争力和创新吸引力，促进科技成果和知识产权的创造和转化运用。

一、知识产权创造加计扣除制度

研究开发税收激励有多种形式，有以支出为基础的税收抵免、税收补贴和研发工资税收抵免，有以收入为基础的基于知识产权的应税所得优惠。美国主要实行研发支出税收抵免政策。英国对不同类型的企业分别实行研发支出所得税免除政策、抵免政策和加计扣除政策。与其他生产要素相比，知识产权更容易受到税收激励的影响。实行税收优惠政策会增加无形资产数量，平均税收优惠 1%，则会增加 1.6%的无形资产数量。在研发税收激励政策中，激励研发活动的重要政策之一是研究开发支出企业所得税加计扣除政策，该政策具有客体明确、激励手段间接、激励力度大、具有普适性等特点，因此为许多国家所采用。

从创新过程看，许多国家采取的研发支出加计扣除政策主要针对的是基础研究、技术开发和工程化环节，该政策是激励可商业化的高水平研发成果创造的重要政策。研发成果创造和商业化的实质是创造类知识产权的创造和运用。从保护角度看，知识产权是研发活动顺利进行的基本条件，是研发成果创造和转化的根本保障。获取和拥有知识产权，加强知识产权保护和管理，不仅有利于提高研发活动的效率，而且有利于提高研发成果转化的效率；不仅有利于对研发成果的高水平创造，而且有利于研发成果的顺利转化。知识产权事务费是知识产权权利获取和维持的成本，涵盖从研究开发到成果转化应用的全过程。1999 年以来，我国不断完善研究开发支出加计扣除政策和法规，开始将知识产权费用列入加计扣除范围。

涉及知识产权的企业研发创造税收政策法规主要是《中华人民共和国企业所得税法》和《中华人民共和国企业所得税法实施条例》。企业所得税法规定，企业所得税的税率为 25%，非居民企业适用税率为 20%。企业开发新技术、新产品、新工艺发生的研究开发费用等支出可以在计算应纳税所得额时加计扣除。在计算应纳税所得额时，企业按照规定计算的无形资产摊销费用，准予扣除，但自行开发的支出已在计算应纳税所得额时扣除的无形资产、自创商誉等不得计算摊销费用扣除。企业的固定资产由于技术进步等原因确需加速折旧的，可以缩短折旧年限或者采取加速折旧的方法。

企业所得税法条例规定，企业所得税法所称研究开发费用的加计扣除，是指企业为开发新技术、新产品、新工艺发生的研究开发费用，未形成无形资产计入当期损益的，在按照规定据实扣除的基础上，按照研究开发费用的50%加计扣除；形成无形资产的，按照无形资产成本的150%摊销。无形资产按照直线法计算的摊销费用，准予扣除，无形资产的摊销年限不得低于10年。除国务院财政、税务主管部门另有规定外，企业发生的职工教育经费支出，不超过工资薪金总额2.5%的部分准予扣除，超过部分准予在以后纳税年度结转扣除。固定资产计算折旧的最低年限：房屋、建筑物为20年，飞机、火车、轮船、机器、机械和其他生产设备为10年，与生产经营活动有关的器具、工具、家具等为5年，飞机、火车、轮船以外的运输工具为4年，电子设备为3年。可以采取缩短折旧年限或者采取加速折旧方法的固定资产，包括由于技术进步，产品更新换代较快的固定资产。采取缩短折旧年限方法的，最低折旧年限不得低于规定折旧年限的60%；采取加速折旧方法的，可以采取双倍余额递减法或者年数总和法。

由于各种科技成果都可以表达为知识产权，科技成果也是知识产权的保护对象，因此可以说，科技创新的核心是知识产权的创造和运用。知识产权与研究开发紧密相关，知识产权费用支出是研究开发支出的重要科目。但知识产权费用又具有不同于其他研发支出的新特点。

根据德勤（2015）的调查，研发支出加计扣除政策中主要有三个方面的知识产权费用政策。

一是享受加计扣除政策的研发支出符合本国知识产权要求。许多国家要求研发活动必须有知识产权才能享受税收优惠政策，一些国家还要求有本国知识产权。如比利时125%研发加计扣除政策允许发生在国外的研发支出列入加计扣除范围，但应在比利时有相应的知识产权，自创专利或者改进他人专利都可以申请税收优惠政策。印度要求有本国知识产权才能享受200%加计扣除政策。拉脱维亚要求可享受政策的研发支出必须有3年本国的专利权，包括获得许可的专利。爱沙尼亚规定享受300%加计扣除政策的企业必须拥有知识产权或部分权利。荷兰160%加计扣除政策要求符合条件的无形资产必须为本国企业拥有，如果是本国企业知识产权，签订的海外分合同也可以享受政策。荷兰于2007年开始实行的专利盒子政策认定的符合条件的无形资产包括纳税人在荷兰或国外授权的专利形成的无形资产和经济事务部承认的研发活动产生的无形资产。俄罗斯150%加计扣除政策规定如果纳税人有知识产权，则相关支出乘以1.5的系数。一些国家要求知识产权不一定是本国的，如巴西要求享受加计扣除政策的企业必须获得知识产权授权，但知识产权不一定是本国的。英国专利盒子政策还将人类和兽医药品、植物育种和作物品种作为知识产权，并将“符合要求的知识产权”等同于“符合条件的开发活动”，开发活动可以是对申请专利发明的创造或有显著贡献的创造，也可以是对申请专利发明的大力开发，申请专利的发明应嵌入产品或方法。

二是知识产权获取成本列入加计扣除范围。美国没有实行加计扣除政策，但允许获得专利和软件开发的成本列入研发支出扣除范围。意大利企业可列支购买知识产权成本的150%。英国对中小企业实行175%的税前扣除，并放宽了专利、商誉等无形资产的费用扣除的限制。希腊对专利成本、工业设计成本实行130%加计扣除政策。匈牙利允许对在国外获得知识产权的成本享受200%税前扣除政策。斯洛伐克125%~150%加计扣除政策的支出成本包括专利成本。

三是允许对外购知识产权成本实行摊销或加计摊销政策。如巴西、土耳其允许对研发中使用的无形资产摊销。美国规定外购或被许可的知识产权应在15年内摊销。捷克、斯洛伐克允许研发中购买的专利实行150%~225%的加计摊销政策。一些国家还实行快速摊销政策，如丹麦规定无形资产摊销期为7年。俄罗斯150%加计扣除政策规定知识产权相关支出可在两年摊销完。荷兰专利盒子政策规定符合条件的无形资产包括荷兰或国外授权的专利形成的无形资产，经济事务部承认的研发活动产生的无形资产；软件相关无形资产和商业秘密也可以作为研发活动的无形资产；但是纳税人必须是至少30%专利收入或预期相关无形资产收入的拥有者，其他知识产权贡献必须不低于70%，市场无形资产或品牌不能列入。

二、中国知识产权费加计扣除制度

我国现行所得税税前加计扣除政策研究主要集中于研发经费的加计扣除。研发经费加计扣除政策最早是国家税务总局1999年印发的《企业技术开发费税前扣除管理办法》。该办法第三条规定，技术开发费是指纳税人在一个纳税年度生产经营中发生的用于研究开发新产品、新技术、新工艺的各项费用。包括：新产品设计费、工艺规程制定费、设备调整费、原材料和半成品的试制费、技术图书资料费、未纳入国家计划的中间试验费、研究机构人员的工资、研究设备的折旧，与新产品的试制和技术研究有关的其他经费，委托其他单位进行科研试制的费用。根据国家税务总局 2008 年 12 月 10 日发布的《企业研究开发费用税前扣除管理办法（试行）》规定，研究开发活动是指企业为获得科学与技术（不包括人文、社会科学）新知识，创造性运用科学技术新知识，或实质性改进技术、工艺、产品（服务）而持续进行的具有明确目标的研究开发活动。创造性运用科学技术新知识，或实质性改进技术、工艺、产品（服务），是指企业通过研究开发活动在技术、工艺、产品（服务）方面的创新取得了有价值的成果，对本地区（省、自治区、直辖市或计划单列市）相关行业的技术、工艺领先具有推动作用，不包括企业产品（服务）的常规性升级或对公开的科研成果直接应用等活动（如直接采用公开的新工艺、材料、装置、产品、服务或知识等）。该办法第四条规定，企业从事规定项目的研究开发活动，其在一个纳税年度中实际发生的下列费用支出，允许在计算应纳税所得额时按照规定实行加计扣除。（1）新产品设计费、新工艺规程制定费以及与研发活动直接相关的技术图书资料费、资料翻译费；（2）从事研发活动直接消耗的材料、燃料和动力费用；（3）在职直接从事研发活动人员的工资、薪金、奖金、津贴、补贴；（4）专门用于研发活动的仪器、设备的折旧费或租赁费；（5）专门用于研发活动的软件、专利权、非专利技术等无形资产的摊销费用；（6）专门用于中间试验和产品试制的模具、工艺装备开发及制造费；（7）勘探开发技术的现场试验费；（8）研发成果的论证、评审、验收费用。该办法第 7 条规定，企业根据财务会计核算和研发项目的实际情况，对发生的研发费用进行收益化或资本化处理的，可按下述规定计算加计扣除：（1）研发费用计入当期损益未形成无形资产的，允许再按其当年研发费用实际发生额的 50%，直接抵扣当年的应纳税所得额；（2）研发费用形成无形资产的，按照该无形资产成本的 150%在税前摊销。除法律另有规定外，摊销年限不得低于 10 年。2019 年新修订的《中华人民共和国企业所得税法实施条例》第九条规定，研究开发费用的加计扣除，是指企业为开发新技术、新产品、新工艺发生的研究开发费用，未形成无形资产计入当期损益的，在按照规定据实扣除的基础上，按照研究开发费用的50%加计扣除；形成无形资产的，按照无形资产成本的150%摊销。

财政部、国家税务总局、科技部于2015年11月3日印发《关于完善研究开发费用税前加计扣除政策的通知》（以下简称《通知》）。《通知》首先明确了研发活动及研发费用归集范围："研发活动，是指企业为获得科学与技术新知识，创造性运用科学技术新知识，或实质性改进技术、产品（服务）、工艺而持续进行的具有明确目标的系统性活动。"其次，《通知》规定了允许加计扣除的研发费用；包括（1）人员人工费用。即直接从事研发活动人员的工资薪金、基本养老保险费、基本医疗保险费、失业保险费、工伤保险费、生育保险费和住房公积金，以及外聘研发人员的劳务费用。（2）直接投入费用。包括研发活动直接消耗的材料、燃料和动力费用。用于中间试验和产品试制的模具、工艺装备开发及制造费，不构成固定资产的样品、样机及一般测试手段购置费，试制产品的检验费；用于研发活动的仪器、设备的运行维护、调整、检验、维修等费用，以及通过经营租赁方式租入的用于研发活动的仪器、设备租赁费。（3）折旧费用。即用于研发活动的仪器、设备的折旧费。（4）无形资产摊销。即用于研发活动的软件、专利权、非专利技术（包括许可证、专有技术、设计和计算方法等）的摊销费用。（5）新产品设计费、新工艺规程制定费、新药研制的临床试验费、勘探开发技术的现场试验费。（6）其他相关费用。即与研发活动直接相关的其他费用，如技术图书资料费、资料翻译费、专家咨询费、高新科技研发保险费，研发成果的检索、分析、评议、论证、鉴定、评审、评估、验收费用，知识产权的申请费、注册费、代理费，差旅费、会议费等，此项费用总额不得超过可加计扣除研发费用总额的10%。同时，规定下列活动不适用税前加计扣除政策：企业产品（服务）的常规性升级；对某项科研成果的直接应用，如直接采用公开的新工艺、材料、装置、产品、服务或知识等；企业在商品化后为顾客提供的技术支持活动；对现存产品、服务、技术、材料或工艺流程进行的重复或简单改变；市场调查研究、效率调查或管理研究；作为工业（服务）流程环节或常规的质量控制、测试分析、维修维护；社会科学、艺术或人文学方面的研究。

财政部、国家税务总局、科技部于2018年6月25日印发《关于企业委托境外研究开发费用税前加计扣除有关政策问题的通知》，主要规定了企业委托境外进行研发活动发生的研究开发费用企业所得税前加计扣除有关政策：委托境外进行研发活动所发生的费用，按照费用实际发生额的80%计入委托方的委托境外研发费用。委托境外研发费用不超过境内符合条件的研发费用2/3的部分，可以按规定在企业所得税前加计扣除。上述费用实际发生额应按照独立交易原则确定。委托方与受托方存在关联关系的，受托方应向委托方提供研发项目费用支出明细情况。委托境外进行研发活动应签订技术开发合同，并由委托方到科技行政主管部门进行登记。相关事项按技术合同认定登记管理办法及技术合同认定规则执行。企业应在年度申报享受优惠时，按照《国家税务总局关于发布修订后的〈企业所得税优惠政策事项办理办法〉的公告》的规定办理有关手续，并留存备查以下资料：（1）企业委托研发项目计划书和企业有权部门立项的决议文件；（2）委托研究开发专门机构或项目组的编制情况和研发人员名单；（3）经科技行政主管部门登记的委托境外研发合同；（4）“研发支出”辅助账及汇总表；（5）委托境外研发银行支付凭证和受托方开具的收款凭据；（6）当年委托研发项目的进展情况等资料。企业如果已取得地市级（含）以上科技行政主管部门出具的鉴定意见，应作为资料留存备查。企业对委托境外研发费用以及留存备查资料的真实性、合法性承担法律责任。

财政部、国家税务总局于2021年3月31日发布了《关于进一步完善研发费用税前加计扣除政策的公告》，对企业研发费用税前加计扣除政策有关问题予以公告：制造业企业开展研发活动中实际发生的研发费用，未形成无形资产计入当期损益的，在按规定据实扣除的基础上，自2021年1月1日起，再按照实际发生额的100%在税前加计扣除；形成无形资产的，自2021年1月1日起，按照无形资产成本的200%在税前摊销。本条所称制造业企业，是指以制造业业务为主营业务，享受优惠当年主营业务收入占收入总额的比例达到50%以上的企业。制造业的范围按照《国民经济行业分类》（GB/T 4754—2017）确定，如国家有关部门更新《国民经济行业分类》，从其规定。收入总额按照企业所得税法第六条规定执行。企业预缴申报当年第3季度（按季预缴）或9月份（按月预缴）企业所得税时，可以自行选择就当年上半年研发费用享受加计扣除优惠政策，采取“自行判别、申报享受、相关资料留存备查”办理方式。符合条件的企业可以自行计算加计扣除金额，填报《中华人民共和国企业所得税月（季）度预缴纳税申报表（A类）》享受税收优惠，并根据享受加计扣除优惠的研发费用情况（上半年）填写《研发费用加计扣除优惠明细表》（A107012）。《研发费用加计扣除优惠明细表》（A107012）与相关政策规定的其他资料一并留存备查。企业办理第3季度或9月份预缴申报时，未选择享受研发费用加计扣除优惠政策的，可在次年办理汇算清缴时统一享受。

三、知识产权费用计扣范围

《关于完善研究开发费用税前加计扣除政策的通知》扩大了研发费用支出加计扣除范围，但总体来看，该政策还存在一些问题和不足。从专利、商标、著作权和集成电路布图设计各项收费来看，知识产权事务费主要包括以下费用。

申请阶段费用：包括申请费、申请审查或评审费、申请审查维持费、宽限费、异议费、优先权要求费，还包括国际阶段知识产权的申请费、检索费、审查费、翻译费、传送费、手续费等。将申请阶段知识产权费用列入加计扣除范围，有利于激励企业将研发成果进行国内外知识产权布局，扩大保护范围，也有利于提升研究开发活动的针对性和效率。

权利获取阶段费用：包括年费、登记或注册费、证书费、续展费、认定费、延长期限请求费。将授权阶段知识产权费用列入加计扣除范围，有利于企业获得知识产权，有利于企业利用知识产权保护研发成果，形成竞争优势。

权利救济阶段费用：包括复审费、无效请求费、撤销费、权利恢复费、诉讼费。将救济阶段费用列入加计扣除范围，既有利于激励企事业单位维护自身知识产权权益，也有利于提高知识产权质量。

许可转让阶段费用：包括转让或许可费及请求费。将转让许可阶段费用列入加计扣除范围，有利于激励企事业单位转化运用知识产权的积极性，搞活知识产权交易，促进知识产权产业的快速发展。

其他附加费：主要指专利说明书页数和权利要求数超项附加的费用。将其他附加费用列入加计扣除范围有利于激励企业撰写更加充分公开的说明书和更多权项的权利要求书，企业不仅可以更好地公开和保护各种技术方案从而形成垄断优势，而且有利于促进专利信息的扩散。

知识产权服务费：主要包括知识产权检索分析费、代理费、咨询论证鉴定费等。将知识产权检索分析费、代理费、咨询服务费等列入加计扣除范围有利于企事业单位提升知识产权的质量，有利于服务业提高服务能力和水平。

职务发明人法定现金奖励与报酬：将奖励报酬列入加计扣除范围，有利于企业加大对科研人员的激励，提升企业的自主创新能力。

转化保险担保费：包括知识产权质押贷款利息、知识产权保险费、知识产权转化担保费等费用。保险费包括知识产权侵权保险费、知识产权执行保险费、知识产权代理保险费、知识产权转移转化保险费。将这些费用列入加计扣除范围，有利于企业更好地运营知识产权，提高我国知识产权对经济发展的贡献度。

四、关于优化知识产权费用加计扣除政策的建议

（一）扩大知识产权费用范围

除了将知识产权检索分析费、代理费、咨询费等在内的服务费等列入加计扣除范围外，还应将下列知识产权费用列入加计扣除范围：（1）申请阶段的申请费、申请审查或评审费、申请维持费、宽限费、异议费、优先权要求费，以及国际阶段知识产权的申请费、检索费、审查费、翻译费、传送费、手续费等；（2）权利获取阶段的年费、登记或注册费、证书费、续展费、认定费、延长期限请求费；（3）权利救济阶段的年费、复审费、无效请求费、撤销费、权利恢复费、诉讼费；（4）许可转让阶段的转让或许可费及请求费；（5）专利说明书页数和权利要求数超项的附加费；（6）职务发明人法定现金奖励报酬；（7）质押贷款利息费，包括知识产权代理、执行、侵权和商业化的保险费、担保费等。

（二）无形资产知识产权相关费用的加计摊销

根据知识产权是否形成无形资产，将形成无形资产的知识产权代理费、年费、登记或注册费、证书费、续展费、认定费、延长期限请求费、复审费、无效请求费、撤销费、权利恢复费、诉讼费、转让或许可费及请求费实行150%加计摊销政策。

（三）对知识产权费用形成的无形资产实行加速摊销政策和低于一定额度列入当期费用的政策

无论法律规定或合同约定与否，允许在5年内摊销知识产权费用，允许低于一定数额的知识产权费用，如20万元及以下，一次性摊销，以降低企业实际的负担。

（四）相关知识产权费用的摊销计扣

对企业自主研发产生的知识产权等无形资产，允许按照公允价值、市场同类知识产权价值或者形成无形资产成本（证书费、年费、律师费、服务费）的合理倍数实行150%加计摊销，但一般不超过同类知识产权市场价格的1.5倍。

第二节　知识产权高质量创造政策评价

知识产权高质量创造中最重要的是高质量专利创造。专利质量是被授权的专利满足法定授权条件的程度，即满足新颖性、创造性、实用性、可实现性和信息的披露程度，是专利符合法律规定的程度，包括新颖性、非显而易见性和说明书撰写。可实施性是指专利的一组关于专利独占属性满足要求的程度，是授权专利满足或超过法定授权标准的程度，是达到或超过专利法定要求，并具有最终能商业化或者转化为促进社会、环境进步的合理前景，是专利法律上符合基本的法定可专利性要求，是知识产权局授予专利的可专利性条件的程度。

高质量专利包含几个方面的含义，“技术水平高，具有开创性意义，处于同行业领先地位”，以及“专利申请文件撰写水平较高，能够清晰地描述技术现状与权利要求范围”，并且“具有较强的法律稳定性，被无效掉的可能性较小”，或“技术水平不一定很高，但能够带来较大的市场收益”。

一、我国高质量专利申请存在的主要问题及建议

（一）专利质量与发明创造专利授权条件

《中华人民共和国专利法》第二章规定了授予专利权的条件。第二十二条规定：“授予专利权的发明和实用新型，应当具备新颖性、创造性和实用性。新颖性，是指该发明或者实用新型不属于现有技术；也没有任何单位或者个人就同样的发明或者实用新型在申请日以前向国务院专利行政部门提出过申请，并记载在申请日以后公布的专利申请文件或者公告的专利文件中。创造性，是指与现有技术相比，该发明具有突出的实质性特点和显著的进步，该实用新型具有实质性特点和进步。实用性，是指该发明或者实用新型能够制造或者使用，并且能够产生积极效果。”第二十三条规定了外观设计的授权条件：“授予专利权的外观设计，应当不属于现有设计；也没有任何单位或者个人就同样的外观设计在申请日以前向国务院专利行政部门提出过申请，并记载在申请日以后公告的专利文件中。授予专利权的外观设计与现有设计或者现有设计特征的组合相比，应当具有明显区别。授予专利权的外观设计不得与他人在申请日以前已经取得的合法权利相冲突。”

在专利授权条件中，新颖性、创造性和实用性是发明和实用新型专利质量的决定性指标。由于专利新颖性主要依赖检索，专利申请要么有新颖性，要么没有新颖性，存在专利申请有无质量的问题，但不存在专利质量高低的问题。而专利的创造性不同，发明创造与现有技术相比所具有的实质性特点突出程度和进步大小决定了专利质量的高低。因此，可以认为，新颖性是决定专利申请质量的必要条件，创造性是决定专利申请质量的主要指标，实用性是专利申请质量的目的性指标。

我国专利质量问题与有些地方对专利数量的追求以及相关资助奖励政策有着一定的关系。一个地区产生的专利数量在一定程度上反映了该地区技术创新的活跃程度，促进科技创新的国家战略往往被分解量化为各地专利数量等政绩指标，激励各地政府竞相资助和奖励本地专利的产生。此类措施虽然能刺激企业和个人更踊跃地提出专利申请，却也导致了一些低质

专利申请的产生。这是因为企业和个人的创新研发和为发明寻求专利保护原本是市场经济中的寻利行为，只有在发明得到保护的预期未来收益高于研发和寻求保护的成本时才会发生，但如果资助和奖励人减少了这些行为的成本，等于降低了申请门槛，削弱了专利申请成本原来应起到的过滤低价值专利的作用。政府可以补贴奖励专利的申请，也可把政策激励与专利的授权数量挂钩，如给予获得专利授权的企业或个人税收返还、税收减免、专利研发费用在税前扣除等。专利奖励政策虽然增加了专利申请量和授权量，却导致了专利平均质量的下降；在若干负面效应上，专利奖励政策比对于专利申请费补贴政策更为显著。

（二）专利质量与专利申请的文件质量

《中华人民共和国专利法》第三章对专利申请文件的要求作出了明确规定。第二十六条规定："申请发明或者实用新型专利的，应当提交请求书、说明书及其摘要和权利要求书等文件。"发明和实用新型专利文件的质量主要指说明书和权利要求书的文件质量，"请求书应当写明发明或者实用新型的名称，发明人的姓名，申请人姓名或者名称、地址，以及其他事项。说明书应当对发明或者实用新型作出清楚、完整的说明，以所属技术领域的技术人员能够实现为准；必要的时候，应当有附图。摘要应当简要说明发明或者实用新型的技术要点。权利要求书应当以说明书为依据，清楚、简要地限定要求专利保护的范围。依赖遗传资源完成的发明创造，申请人应当在专利申请文件中说明该遗传资源的直接来源和原始来源；申请人无法说明原始来源的，应当陈述理由"。

（三）知识产权代理质量与知识产权质量

根据相关研究，在全部或部分无效决定中，因说明书达不到清楚完整要求被无效的比例为3.68%，因权利要求达不到清楚简要要求被无效的比例为4.91%，因文件修改不符合规定被无效的比例为3.37%，因独立权利要求达不到规定被无效的比例为3.68%。我国发明专利的权利要求项数和说明书页数远远低于国外。上述研究中我国国内申请的权利要求数量国内为11.59项，而国外申请为18.41项；说明书页数国内申请为9.06页，而国外申请为15.33页。代理机构在撰写阶段对文献检索的深度和广度上也做得很不够，缺乏对新颖性和创造性的充分判断。审查结论为全部无效的决定（128 件）以及涉及以新颖性无效的决定为 114 件，占绝大部分，其余 14 件分别涉及说明书不清楚完整 6 件、说明书不支持权利要求书 4 件、修改不符合要求 2 件、独立权利要求不符合要求 1 件和不符合手续规定 1 件。

这就要求我国在代理机构管理政策上要进一步加强管理和指导，必须进一步加强对代理人的培训，使代理人掌握具有新颖性和创造性专利文件撰写的技能。我国有必要引入充分的市场竞争机制以实现优胜劣汰，建立健全专利代理质量评价指标体系和信誉档案，引导代理行业健康发展。

（四）专利质量与审查质量

专利审查质量具有重要的保障和引导作用。审查质量高，会引导专利申请质量提高；而审查质量低，就会带动专利质量降低。专利审查质量欠佳、审核能力不足问题凸显了加强专利审查队伍建设的必要性。要进一步加强审查能力建设，进一步压缩审查周期、强化源头保护。要在保证专利审核质量的前提下，达到压减审查周期的目标。对于专利审查人员的培养和队伍建设，要合理安排审查人员的工作量，确保审查质量，提高查筛效率，优化审查信息处理的流程和标准，采取审查外包、同行评审、异议复审等多种方法，克服审查信息不足和信息不对称的瓶颈。

二、核心专利创造政策分析

我国早在 2006 年发布的《国家中长期科学和技术发展规划纲要（2006—2020 年）》（以下简称《纲要》）提出："我国要在激烈的国际竞争中掌握主动权，就必须提高自主创新能力，在若干重要领域掌握一批核心技术，拥有一批自主知识产权，造就一批具有国际竞争力的企业。"《纲要》配套政策的第六部分是创造和保护知识产权政策，该政策提出要掌握关键技术和重要产品的自主知识产权。

国家知识产权局于 2011 年 11 月发布的《全国专利事业发展战略（2011—2020 年）》提出了 12 个方面的战略重点和保障措施，针对"核心专利拥有数量不足，市场主体专利运用能力不强"，提出到 2015 年"企事业单位专利管理制度进一步健全，重点培育一批拥有核心专利、熟练运用专利制度、国际竞争力较强的知识产权优势企业”，并提出“在国家科技重大专项、重点产业振兴规划与战略性新兴产业中，在关键技术领域超前部署，掌握一批核心技术的专利，并进行合理的海内外布局，形成核心竞争力”，还提出“通过税收等优惠政策，积极鼓励企业生产拥有核心专利权的高附加值的产品，促进企业转变发展方式”，“鼓励和支持企业将我国优势领域拥有专利权的核心技术和关键技术上升为国家标准和国际标准”，但并没有提出核心专利的定义、测度方法和支持政策。

我国许多政策也提出要培育核心专利的要求。2015 年国务院发布的《关于新形势下加快知识产权强国建设的若干意见》提出，加强重点产业知识产权海外布局规划，“研究制定标准必要专利布局指南”，并“实施产业规划类和企业运营类专利导航项目”。2016 年 7 月 8 日，国务院办公厅印发《〈国务院关于新形势下加快知识产权强国建设的若干意见〉重点任务分工方案》，对标准专利培育和专利导航工作进行了分工。

根据专利的价值及其重要性可以将专利归纳为四个层次：一般专利、重要专利、关键专利和核心专利。一般专利是指在结构、技巧等方面进行改进或提高的专利。重要专利是指那些较为独特的、能有效阻止他人非法使用的专利。关键专利是指在某一技术领域中处于关键地位、对技术发展具有突出贡献、对其他专利或者技术具有重大影响且具有重要经济价值的专利。核心专利是指在某技术领域拥有绝对话语权的数量极少而分量很重的专利，往往是核心技术的标志，通常都具备领域技术核心和产业经济核心两个显著特征，这些特征也是识别核心专利的主要依据。核心专利是真正能使一个企业在某一个领域拥有绝对话语权的专利，是在某一技术领域中占据不可替代的地位，并具有显著的技术特征和效果，能为企业带来丰厚的经济利益和竞争力的专利技术。

美国司法部反垄断司提供了评价核心专利的两类标准：一是该专利在技术上是核心的，即专利必须与某个产品的生产规格或技术核心要求直接相关；二是该专利在商业上是核心的，即为了避开某项具有核心竞争价值或者基础性专利，需要付出很大的代价或者成本投入才能绕开。Alberta 等（1991）和 Harhoff（1999）等提出将专利被引频次作为确认企业重要专利的指标，专利被引计数越高，越说明该发明创造是一项比较核心的技术。

当前，人们使用较多的 Innography 是 Dialog 公司推出的以挖掘核心专利、进行专利质量评估的专利分析工具，Innography 可以提供专利强度分析和相似专利分析。专利强度分析指标包括：专利权利要求数量、引用先前技术文献数量、专利被引用次数、专利及专利申请家族数、专利申请时长、专利年龄、专利诉讼及其他指标。该方法可以从海量专利数据中筛选出核心专利，强度 80~100 的一般是核心专利，30~80 的为重要专利，而 0~30 的为一般专利。

核心专利是覆盖产业技术的核心产品与服务或产品与服务的核心部分的专利，是对产业技术发展具有控制力和影响力的专利。核心专利不一定都是基础专利。核心专利是制造产品和提供服务正在使用的专利，有可能是在基础专利基础上改进的专利。

核心专利是设计和制造产品时不可缺少的标准专利，并且权利要求是衡量核心专利的决定因素，权利要求数量在衡量专利价值和确定专利标准中起关键作用。基础专利不一定是核心专利。基础专利是指在产品技术发展中处于基础性地位的专利，对于产业技术发展路线来说，基础专利有可能是技术发展中较早的专利，但产品制造离不开基础专利，如数字音视频技术的编码技术，任何代别的通信技术都离不开。

核心专利一般是必要专利。必要专利是指如果不使用就无法实施标准或制造产品的专利，是标准实施或制造产品必然造成侵权的专利。必要专利可以覆盖产品及其部件或服务的全部或某一方面，是一个技术方案，核心专利也是一个技术方案。核心专利的支持政策应包括五个方面：一是开展产业核心专利分析。尤其是对高新技术产业和战略性新兴产业进行专利检索分析，掌握现有专利的分布情况，明确核心专利战略布局的方向和重点。二是加强核心专利研究开发。针对分析出的产业专利战略布局，加大研发资金投入。针对专利少的技术领域进行原始创新，支持企事业单位掌握原创核心专利。针对专利较多的领域支持企事业单位进行再创新，形成改进专利，支持企事业单位进行集成创新，申请组合专利，不断增强竞争优势。三是对于无法绕开的核心专利，支持企业利用税收优惠政策等通过购买、许可或兼并方式掌握核心专利权。四是加强核心专利保护，支持企业将核心技术及时申请专利等知识产权，并通过知识产权资助政策支持企业有目的地向海外布局知识产权。五是加强审查政策对核心专利的支持。鼓励地方政府通过加快针对拥有核心专利的产业技术领域专利申请的审查。

三、高价值知识产权培育与创造

高价值发明专利是指符合国家重点产业发展方向、专利质量较高、价值较高的有效发明专利，主要包括 5 种情况：一是战略性新兴产业的发明专利，二是在海外有同族专利权的发明专利，三是维持年限超过 10 年的发明专利，四是实现较高质押融资金额的发明专利，五是获得国家科学技术奖或中国专利奖的发明专利。其中战略性新兴产业领域的有效发明专利，是面向国家重大发展需求、推动产业创新发展的重要资源，其他 4 个方面的有效发明专利，具有专利稳定性强、价值较高的特点。大力倡导培育高价值发明专利，有利于引导创新主体和市场主体更加注重专利质量和效益，聚焦核心关键技术领域，促进专利转化运用，进一步加强海外专利布局，从而提升经济竞争力。在中国经济转型升级的今天，鼓励培育高价值发明专利并积极促进其转换为经济成果，是我们立足新发展阶段，贯彻新发展理念，构建新发展格局，聚焦聚力高质量发展的必然之举。“十四五”规划和 2035 年远景目标纲要首次将“每万人口高价值发明专利拥有量（件）”纳入经济社会发展主要指标，提出由 2020 年的 6.3 件，到 2025 年达到 12 件。作为预期性指标，每万人口高价值发明专利拥有量的发展主要依靠市场主体发挥作用。如何进一步加强政策引导，优化体制机制，持续发力纠正以往在发明专利上片面追求数量的倾向，更大地激发市场主体动力，促进高价值发明专利的产生和转化，是我们今后面临的重要任务。高价值专利具有以下特点。

首先，高价值专利是高质量专利。高质量专利是权利稳定的授权专利或专利申请，专利必须或能满足法定授权条件，能经得起审查、无效和诉讼程序，能使普通技术人员不用花费额外的创造性劳动实施。不符合专利授权条件是造成我国专利质量较低的突出问题。专利质量主要包括发明创造质量、文件撰写质量、审查质量和经济质量。

其次，高价值专利是低风险专利。专利风险主要表现在侵权风险和无法有效保护主导产品的风险。侵权风险产生的主要原因在于由于专利的纵向交叉和横向互补关系造成专利在运用中造成对他人专利的侵权。无法保护主导产品的风险主要是专利保护范围过窄，或者专利缺乏足够的实施例，容易被人优选方案改进。如有很多中小企业技术先进，企业成长速度很快，但存在核心产品专利保护范围过窄，缺乏创造性，很容易被规避设计，或者很容易被挖洞优选，从而造成无法有效保护产品等问题。

再次，高价值专利是必要专利。必要专利是生产销售产品和提供服务无法避开的专利，是不侵权就无法生产的专利，是没有其他技术解决方案的专利。如果产品或服务是产业的核心技术产品或服务，或者产品、服务的核心部分，必要专利就是核心专利。如果产品和服务为技术标准产品或服务，则必要专利就为标准必要专利。但是我国多数标准专利占比很低，造成大量专利对产业创新发展没有产生控制力和贡献，多数知识产权分析机构也不重视技术标准必要专利的分析。

最后，高价值专利是高于平均价格的专利。价值主要有两层含义：一是以社会必要劳动时间表征的商品价格或交换价格；二是正面或积极的作用。由此出发，专利价值就包括专利的市场价格、专利的积极作用。专利市场价格表现为转让许可和实施获得的收益，积极作用表现在能为企业产生垄断或防御作用，保持竞争优势从而获取高于一般水平企业的利益。由此出发，专利价值主要是专利的经济价值。因此，本研究认为，高价值专利主要是在产品中经济价值贡献较平均专利价值高的专利。高价值专利主要通过三类途径表征：第一类是在企业生产制造销售中获取以工业增加值和利润为主要表征的收益较平均水平高；第二类是在专利转让许可中获得转让许可费较平均水平高；第三类是在侵权诉讼中获得的经济赔偿额较平均水平高。

高价值专利既可以是现在价值高的专利，也可以是潜在价值高的专利。没有高经济价值或者潜在高经济价值的专利不是高价值专利。不能把高价值专利等同于高质量专利、核心专利、基础专利、标准必要专利。由于受各种因素的影响，这些专利不一定能取得高于平均水平的经济价值。即使高质量专利的价值能够实现，也不一定成为高价值专利。但高质量专利是高价值专利的基础和前提，质量低的专利不可能成为高价值专利。核心专利和基础专利、标准必要专利具有成为高价值专利的较大可能性。

识别高价值专利需要测度该专利在产品全部必要专利中的积极作用大小，即对企业产品利润贡献的大小。在产品利润中，第一步，是要区分不同要素的贡献，包括资本、人力、技术和管理。这也是确定技术许可费率的基础，一般用技术的收益/总收益计算专利和非专利技术的许可费率。第二步，是要识别产品的全部必要专利，结合产品技术标准和制造工艺，剔除非必要专利和问题专利。第三步，是对必要专利和有质量的专利的积极作用的大小进行两两比较。主要比较：（1）专利是不是产品或其核心部件的必要专利或基础专利；（2）核心专利或基础专利在产品形成价值过程中作用的大小。这可以通过专利在产品必要专利技术功效矩阵中的价值得分实现。第四步，计算专利平均价值得分，将高于平均得分的核心或基础专利作为高价值专利。

要培育高价值专利，就要开展高水平的发明创造，研究开发活动要面向产业关键核心技术问题进行集中投入。最重要的是要充分利用技术预见和技术预测的结果有针对性地进行研究开发和专利的战略布局，使专利布局与研究开发重点和技术预见或技术预测的技术发展方向相一致。要撰写高水平的专利文件，只有符合法定授权条件，保护范围和权利要求体系设计恰当、权利稳定，不容易被规避和挖洞优选的专利才是高水平撰写的专利。为此，要建立代理质量公开制度、代理质量监督制度、代理责任追求制度，要强化专利审查对代理质量的引导。要建立科学的专利价值评估系统和方法。基于大数据和技术经济分析，确定底层参数，并选择合适的评估方法，开发多主体的在线知识产权价格评估系统。要构建专利组合或专利池。发挥群体优势，构建专利组合，形成高价值专利组合，将专利与产业技术标准或产品技术标准结合，成为标准必要专利或者产品必要专利，并构建专利池。各类科技创新项目立项与验收政策的重点转向专利检索分析、知识产权全过程管理、专利质量、专利实施许可收益等指标。企事业单位创新能力评价政策重点转向发明专利占比、授权率、被引用率、权利要求项数、维持率和实施率等指标。人才评价和职称晋升政策重点转向发明专利数、专利稳定性、专利被引用率、专利实施等指标。

第三节　知识产权高质量组合创造与高质量管理服务

一、知识产权高质量组合创造政策评价

专利组合是指处于一个共同控制之下、具有明显区别但又相关的单项专利的战略性集合。专利组合的价值远远大于一个个单独的专利价值之和。1911 年，德国学者 Klause K. Broekhoff 就提出了专利组合的概念。专利组合理论来自投资组合管理，投资组合管理最早由美国经济学家 Harry Markowitz 在 1952 年提出，他基于投资分散和规避风险理论研究了投资组合管理以减小投资风险。20 世纪 90 年代，德国学者 Holger Ernst 提出了最早的专利组合模型，他认为专利组合是运用专利数据进行技术投资组合的方法，用来评估企业的专利配置并用于企业的战略及研发规划。专利存在“悖论”问题，所以需要专利组合。2005 年，美国学者 Parchomovsky 和 Wagner 系统地发展了专利组合理论。当今世界，专利的发展趋势正从单项专利竞争的战术竞争转向以专利组合为特征的战略竞争。

Holger Ernst（1998）推荐了一组专利组合分析指标，许多学者对该指标进行了补充和完善，如英国学者 Pilkington 对 Ernst 的方法进行了改进，在公司层面上发展了专利组合分析，建立了一系列指标用以测度专利质量和价值。一些学者增加了包括技术范围（申请专利 IPC 分类号数量）、国际范围（专利族规模与三方专利份额）指标。但总体来看，现有很多专利组合评价采用的是专利质量或专利价值的评价方法，评价指标主要包括被引次数、引文数量、专利维持年限、权利要求数量、专利族数量、技术生命周期、科学关联度、专利诉讼指标、非专利文献引用、专利技术范围、专利许可情况等。

专利组合最常见的是核心专利与外围专利的组合，但通常会包括互补专利、竞争专利、交叉专利，而不应当包括落后专利、前瞻专利。专利组合大致有三种类型：第一种是面向产品的部分必要专利的组合，这一般是一个机构的专利构成的组合；第二种是面向产品的专利组合，在一个大的产品系统中，面向一个可独立销售的产品建立的全部必要专利的组合；第

三种是面向技术标准的专利池，基于技术标准，构建标准产品全部必要专利的组合，即专利池。一般情况下，专利池是面向技术标准的某个标准产品的专利池，并不是技术标准全部必要专利的专利池。专利池通过将一组专利权进行组合，不仅可以有效提供某一领域的技术解决方案，而且还消除了基础专利权与从属专利权，以及互补专利权之间的障碍关系，专利池的价值比单个专利权价值或市场价值之和更大（Nielsen，2004）。

评价专利组合可从以下几点着手。

第一，要求评价单个专利的质量，评估该专利是不是技术标准或产品的必要专利，要剔除低质量专利和非必要专利。

第二，要评估专利之间的关系，如竞争性专利、互补性专利、落后专利、前瞻专利。要以互补性专利为基础，谨慎解决竞争性专利加入组合问题，要淘汰落后专利，不断评估前瞻专利是否有必要加入专利组合。

第三，要评估专利组合经济价值，无论专利组合如何强调 1+1>2 的效果，专利组合在产品生产、技术转移和侵权诉讼赔偿中仍然是一个整体，需要根据专利组合和其他技术，投资、劳动力和管理的贡献确定其份额和经济价值。

专利组合和专利池构建具有复杂性。由于我国当前的科技计划知识产权政策没有充分注意到专利组合问题，企业在研发过程中也很少注意到以专利组合或专利池构建来引导研究开发，我国很多研究开发项目形成的专利是碎片化的，无法产生 1+1>2 的价值，这也是导致我国的科研项目形成的科技成果转化难的重要原因之一。

在研发中形成专利组合应当以主导产品或者先进技术标准为依据，主要的步骤有六步：第一，检索分析该主导产品或技术标准的相关专利。第二，对检索出的专利进行评估，确定哪些是必要专利，哪些不是必要专利，哪些是潜在的必要专利。第三，对专利进行分析，找到研究开发的方向、重点，找到专利布局的领域。第四，申请专利，分别申请原创专利、改进专利和组合专利，形成覆盖产品或技术标准的核心专利或外围专利。第五，将专利进行组合，基于产品或技术标准的主体或主要部件或技术方案形成一个或多个专利组合。第六，评估专利组合的价值。

二、知识产权高质量管理服务激励政策

知识产权管理人员是保障知识产权高质量创造和知识产权组合创造的重要群体。知识产权管理人员是加强单位知识产权管理、提高科技创新效率的骨干队伍，也是促进科技成果知识产权转移转化的重要组成部分，在企事业单位知识产权创造中具有重要作用。1999 年 8 月 20 日，《中共中央、国务院关于加强技术创新，发展高科技，实现产业化的决定》提出要“完善科技人员管理制度，鼓励转化科技成果”，提出了一系列激励科研人员的政策，包括劳动用工、工资分配、技术职称、户籍、住房、子女入学等，还提出要“造就一批适应市场竞争、善于经营管理、勇于开拓创新的技术和经营管理人才”，“在职务科技成果转化取得的收益中，企业、科研机构或高等学校应提取一定比例，用于奖励项目完成人员和对产业化有贡献的人员”。

目前，我国高校和科研机构科技成果与知识产权转移转化人员属于管理岗位或支撑岗位人员。知识产权管理是引导科研人员高效率从事科研活动的基本手段，是保障知识产权研发创造质量、知识产权代理质量，以及将知识产权进行有效组合，从而促进科技成果转化的基本前提。但我国涉及人员的政策主要是激励科研人员的绩效管理政策和奖励报酬政策，缺乏支持知识产权管理人员加强管理的激励政策。

2015 年修订的《中华人民共和国促进科技成果转化法》第四十四条规定：“职务科技成果转化后，由科技成果完成单位对完成、转化该项科技成果做出重要贡献的人员给予奖励和报酬。科技成果完成单位可以规定或者与科技人员约定奖励和报酬的方式、数额和时限。单位制定相关规定，应当充分听取本单位科技人员的意见，并在本单位公开相关规定。”第四十五条规定：“科技成果完成单位未规定、也未与科技人员约定奖励和报酬的方式和数额的，按照下列标准对完成、转化职务科技成果做出重要贡献的人员给予奖励和报酬：（一）将该项职务科技成果转让、许可给他人实施的，从该项科技成果转让净收入或者许可净收入中提取不低于百分之五十的比例；（二）利用该项职务科技成果作价投资的，从该项科技成果形成的股份或者出资比例中提取不低于百分之五十的比例；（三）将该项

职务科技成果自行实施或者与他人合作实施的，应当在实施转化成功投产后连续三至五年，每年从实施该项科技成果的营业利润中提取不低于百分之五的比例。国家设立的研究开发机构、高等院校规定或者与科技人员约定奖励和报酬的方式和数额应当符合前款第一项至第三项规定的标准。国有企业、事业单位依照本法规定对完成、转化职务科技成果做出重要贡献的人员给予奖励和报酬的支出计入当年本单位工资总额，但不受当年本单位工资总额限制、不纳入本单位工资总额基数。”但在实践中，多数单位对知识产权相关人员没有给予激励。通过国际比较研究可以发现，国外高校科研机构技术转移办公室可以收取一定比例的转化收益，收益分配政策主要是针对发明人的奖励报酬政策，转移转化管理人员的激励主要通过劳动合同约定的工资薪金体现。我国出现了一些技术转移机构对转移转化管理人员给予绩效奖励报酬的做法，但仍比较少。对职务成果完成人给予奖励报酬既符合国际惯例也符合我国实际，对转移转化管理人员给予奖励报酬与内部技术转移机构建设并不矛盾。

此外，我国促进科技成果转化法规定，只有对完成和转化科技成果作出主要贡献的人员才能列入给予奖励报酬的范围。虽然从法律规定上说，知识产权管理运营人员可以给予奖励报酬，但事实上我国许多高校科研机构知识产权管理部门与技术转移部门是分开设置的，知识产权管理部门只负责知识产权申请维持等工作，并不负责知识产权转化运用事项，知识产权转移转化管理人员很难成为奖励报酬政策激励的对象。

对其他国家企业、科研机构和高校知识产权管理人才队伍的研究表明，国外先进企业和高校科研机构大多建立了一支由技术专家、知识产权法律专家和投资专家组成的知识产权管理运营人才团队。大多数知识产权管理运营人员是复合型人才，他们既拥有本领域的技术背景，又拥有知识产权、知识产权法律和经济管理或投资等方面的学位。知识产权管理运营部门人员一般超过 20 人，且经验丰富，实务能力强。知识产权管理运营人员深入科研机构和高校研究开发第一线，发掘可转移的有价值技术，并进行价值评估、市场分析、许可谈判和投资等。技术转移收入一般收取15%~30%作为知识产权管理运营机构的成本，包括知识产权申请维持、行政管理成本等。知识产权管理运营人员薪酬待遇主要根据合同约定。

要提高我国企事业单位知识产权的管理水平，提升科技创新的效率，必须充分发挥政策的引导作用，引导企事业单位建立先进的知识产权管理运营机构，建立知识产权管理人才团队，加大对管理人员的激励。一是要充分发挥政府财政资金的引导作用，通过资助和后补助等方式支持企业、高校科研机构建设内部知识产权管理与技术转移机构，通过机构建设带动知识产权管理运营人才的引进和培养。二是要组织开展知识产权管理运营人才培训，重点要加强具有技术背景的管理运营人员知识产权法律和投资方面的培训。三是要研究将专职知识产权管理运营人员、科技管理人员工资薪金等费用列入研发支出加计扣除范围。四是要明确对职务科技成果转化作出重要贡献的知识产权管理运营人员获得奖励报酬的比例和程序。

知识产权研发创造政策是极为重要的知识产权创造政策，但为科技政策、产业政策甚至知识产权政策所忽视。知识产权费用税前加计扣除政策、高质量知识产权创造政策、高价值知识产权创造政策、核心知识产权创造政策、知识产权组合创造政策、知识产权管理激励政策是促进知识产权创造的核心政策，但是却一直缺乏有效的政策手段。本章研究了知识产权高质量、高价值、核心、组合创造政策和知识产权管理激励政策的基本问题，提出了促进知识产权创造的政策建议。

制定有效的知识产权研发创造政策，重点是要进一步完善所得税法规和《企业会计准则》等政策。为全面激励知识产权研发创造，应扩大知识产权费用范围，尤其是有利于科技成果获取知识产权和加强知识产权管理的知识产权权利获取阶段费用、权利救济阶段费用、许可转让阶段费用、超项附加费等。为进一步激励知识产权高水平创造，还应将职务发明人现金奖励报酬、知识产权保险担保费等列入加计扣除范围，形成全环节和全链条的知识产权创造政策。为激励自主创新和自主知识产权创造，应优化无形资产摊销和加计扣除政策，尤其是要加大对自主研发产生的知识产权等无形资产的摊销和加计扣除力度。

为掌握高质量和高价值的知识产权，我国应开展产业核心专利和高价值专利分析，加强核心和高价值知识产权研究开发，支持企业运用税收优惠政策等，通过购买、许可或兼并的方式掌握核心和高价值的知识产权，引导企事业单位加强核心和高价值知识产权管理。

为充分挖掘知识产权价值，我国还应当制定科技创新项目知识产权构成专利组合的政策，以利于科技成果的实施或“一站式”转让许可，应制定项目各承担方必须同意开展非独占、非可再转让、非可撤销和不用付费许可的政策。应改革各类科技计划和项目的知识产权考核验收政策，增加专利质量第三方评估指标和知识产权授权量、有效量和转移转化量等指标。

关于知识产权高质量创造一级指标的评价应从知识产权创造的量与质两个方面设定二级评价指标，即“知识产权创造规模”与“知识产权创造质量”。其中在“知识产权创造规模”下设定三级指标，如“知识产权数量多”，可以从“发明专利授权量”“商标注册量”“著作权登记量”“植物新品种权授权量”“地理标志数量综合指数”“集成电路布图设计登记发证数量”等方面评价。在“知识产权创造质量”下设定三级评价指标，如“知识产权质量高”，可以从“每万人口发明专利拥有量”“每万人口商标拥有量”“每万人口版权拥有量”“发明专利平均维持年限”“PCT 国际专利申请受理量”等方面予以评价。

第三章

知识产权权利获取与知识产权高质量发展

知识产权审查授权政策是重要的知识产权权利获取政策，也是重要的知识产权创造政策。审查授权不仅关系到科技创新成果的知识产权保护，也关系到科技创新成果知识产权的转化运用。完善知识产权审查评价体系，需要面向创新型国家和知识产权强国建设的要求，重点完善知识产权审查标准、知识产权审查费用政策和知识产权审查质量管理体系。

第一节　世界部分国家专利审查体系

近年来，美国等发达国家对专利制度和审查体系进行了一系列改革，目的是通过专利制度改革激励和保护创新，促进产业发展和经济增长，以维护社会稳定、经济发展和科技创新的领导地位。

一、美国专利改革与专利审查

2011 年 3 月 8 日和 6 月 23 日，美国参议院、众议院分别通过了题为《美国发明人法案》的专利法改革提案，对现行美国专利制度实施重大改革，以提高专利审批效率，更好地保护发明创造者的权益。专利法改革提案在美国参众两院均获得通过，标志着自 2005 年以来，美国专利法改革终于取得实质性突破。从专利审查工作的角度来看，该法案主要进行了以下改革。

一是调整了获取专利权的条件，实行更公平的知识产权保护。该法案提出将“先发明制”改为“发明人先申请制”，并将美国以外专利申请公布文本与美国专利申请公布文本等同对待。要求保护的发明的“有效申请日”定义为申请的实际提交日。随之进行的相应修改是，现行的“抵触程序”（interference，确认谁为先发明人的程序）将会取消，取而代之的是“溯源程序”（derivation，确认先申请人的发明是否源自后提交申请的发明人）；“专利上诉及抵触委员会”将更名为“专利审判及上诉委员会（Patent Trial and Appeal Board）”。另外，改革提案要求“小型企业管理委员会”就取消先发明制的效果进行研究并向国会提交报告。世界上绝大多数国家都采用先申请制，唯有美国在2011年《美国发明人法案》通过前一直采用“先发明制”，即专利授予最先做出发明创造的发明人。鉴于专利法国际协调的要求，再加上美国越来越多的申请人在国外申请专利，已经熟悉和习惯了先申请制的要求，因此在2005年的改革法案中就提出将“先发明制”改为“先申请制”。事实上，美国对先申请制仍存有质疑，担心会影响小发明人的利益。尽管在改为先申请制的问题上美国争论不是很大，但提案仍要求对改革的效果提交报告。

二是调整了美国专利商标局的财务权限和收费标准，从而更好地适应审查资源配置和经济发展需要。该法案提出授予美国专利商标局更大的财政自主权，计划在3年时间内建立至少3个卫星局。根据新法案，美国专利商标局将专利的收费标准提高15个百分点，并对申请实施优先审查程序的申请人收取额外费用。此外，美国专利商标局还计划对申请专利的小型实体和微型实体进行扶持，分别减免50%和75%的专利费用。

三是调整专利诉讼的行政审查程序，降低专利司法诉讼成本。《美国发明人法案》修订了有关专利诉讼的行政审查程序，取消了沿用已久的双方复审程序，设立授权后异议程序和双方异议程序。其中，启动“授权后异议程序”的时间为专利授权之日起9个月以内，除发明人和专利所有人外的第三人可向美国专利商标局提出异议，以任何无效专利权的理由启动；而启动“双方异议程序”则需在专利授权9个月以后或者“授权后异议程序”终止之后方可提出，并且只能以专利或出版物为证据，以新颖性、非显而易见性为由提出异议。

四是强调对产业发展、经济增长和就业的支撑作用。法案指出，美国领先的多个关键产业，如生物技术、医疗器械、高端制造等产业都依赖于

"强大而健康"的知识产权制度。

为此，法案提出了5条措施以促进商业开发和帮助发明人、企业家。一是面向初创企业提供12个月内保证完成授权程序的高速通道；二是投入更多资源以减少专利申请积压；三是缩减根据最佳实施例无效的范围，从而减少企业家面临专利诉讼的概率和成本；四是优化专利授权的质量管理流程，并提供加快的授权后程序；五是协调国际专利制度，推动美国与其他国家专利制度接轨，目的是提高专利保护的效率和确定性，方便企业家实现产品在美国与国外的同步上市。

（一）美国专利商标局战略与审查管理

1. 专利商标局的定位和愿景

2006年8月，美国专利商标局颁布了《2007—2017年战略计划》，指出美国专利商标局的战略定位是"通过高质量和较短时间的专利商标申请审查，指导国内外知识产权政策，向全世界提供知识产权信息和教育，促进创新和竞争力提高"，其愿景是"在知识产权保护和政策上领先世界"，其战略目标包括提高专利和商标的质量、减少审查时间、促进知识产权保护和国内外执法等；保障措施是"建设高效的文化，变成雇员愿意选择的组织，保证资源管理责任明确"；指导原则是"确定性+效率+可得性=质量"。

美国2014年发布的《2014—2018年战略计划》提出了三大战略目标提升审查质量。针对专利质量，提出了多项措施：完善最优的未决期限、根据最优专利未决期提高专利审查能力、加强国际合作与工作分工、继续提高专利质量、确保向用户提供最优惠的信息技术服务、继续扩大利害关系人与公众的范围、提升专利审查和上诉委员会（PTAB）以提高质量和及时确权。提升专利质量的具体措施有四项：一是评估和细化专利质量数据；二是充分利用专利质量数据；三是评估账户系统和绩效评估计划的有效性，并作必要的调整；四是持续提供及时的技术和法律培训。针对商标质量的具体措施是：继续采取保持和改进审查质量措施；持续评估审查质量；针对质量问题提供针对性培训；提供法律培训和教育。

2. 建立专利质量指标体系，加强专利质量控制

在业务管理方面，美国历来重视专利质量的控制问题。1983年，美国

就建立了专利质量矩阵指标体系。2003年，美国科学院开始研究专利质量问题，反思低质量专利带来的危害，呼吁多关注专利保护宽度作为政策杠杆的重要作用，而不是创造性。2010年4月和5月，美国专利商标局分别组织了两次公众圆桌意见征求会。2011年4月，美国专利商标局在咨询了专利公众监督委员会后提出了包括6个指标的专利审查质量综合指标体系。2012年，美国专利商标局公布了包括7个方面指标的最终专利质量指标体系：（1）申请最终处理的质量；（2）审查过程的质量；（3）对申请人和执业者关于专利处理质量看法的外部调查；（4）审查员初始检索的质量；（5）基于最佳实践价值的一通符合度；（6）专利商标局全球数据精简性和诉讼鲁棒性的程度；（7）通过内部调查审查员关于专利诉讼质量的认识程度。美国专利商标局专利质量指标体系见表3-1。

表3-1　美国专利商标局专利质量指标体系

专利质量指标	指标含义
最终处理错误率	申请最终处理错误比例
处理过程评议错误率	诉讼过程中基于价值的专利局行动的正确程度
一通检索评估	检索符合专利局最佳案例的程度
全部一通价值评估	基于价值的申请一通对最佳案例的符合度
质量指数报告	申请诉讼质量相关事件的统计
外部质量调查	申请人和执业者关于专利局人事和审查问题的看法
内部质量调查	审查员关于内外部互动和有关问题的看法

2015年，美国专利商标局设立了专利质量委员会副主任职位，之后又建立了一个专门的部门管理专利质量。从2015年10月10日开始，美国专利商标局每月举办一次专利质量聊天活动。2016年，美国专利商标局制订了专利质量提升计划。该计划包括基于局内外利益相关者反馈的12个项目，主要有四类：一是检索与培训提升项目，包括自动化检索前导航，科技信息中心资源使用，对新法规和清晰审查的培训。二是审查提升项目，包括审查清晰导航、会晤专家系统、驳回导航、快速信息公开声明再评估。三是审查后提升项目，包括专利公开质量，授权后现有技术使用。四是评价提升项目，包括数据获取的清晰度和准确性、质量矩阵、案例研究

主题选择。其中，质量矩阵包括：（1）产品指标，指产品服务的正确度和清晰度，分别从专利质量保障办公室和导师评价调查表的调查得到，主要涉及《美国法典》（专利篇）102、103、112、201 条款；（2）程序指标，主要用于追踪内部程序的有效性和一致性，又包括授权决定一致性、再工作数量、再开放数量；（3）感知指标，通过对内部审查员和外部利益相关者的调查得出，包括对驳回感到满意（容易接受）的比例、审查质量好和优秀所占的比例、现有技术审查好和优秀的比例、一致性。

（二）利用外部资源缓解审查检索压力

在全球范围内，各主要国家专利局都面临着专利申请量的高速增长与专利审查人员有限的矛盾，且大部分（约 55%）在专利审查领域人员的工作经验不到两年。虽然美国专利商标局自 2005 年以来引进的审查员达 1200 多名，但在专利申请迅猛增加的背景下，专利积压问题仍然十分严重。

为此，2007 年 6 月 15 日，纽约法学院（New York Law School）与美国专利商标局联合推出了一个名为公众专利评议的网上试验平台。该平台首次允许公众在一定程度上参与专利审查过程，其主要宗旨是通过网络连接美国专利商标局与公众，特别是科技人员，以加强专利审查员与社会公众、外部科技人员之间的专利信息交流。这项制度受到了公众的欢迎，在实施仅两年的时间里，就吸引了来自 161 个国家（地区）的 74000 名访问者，其中 2600 多个访问者注册为公众评议员，共对 187 个专利申请提交了 438 条现有技术文献和 411811 页的讨论意见。

从人员构成来看，主要参与者有工程技术人员、科学家、专利律师、大学生和研究生等。

从动机来看，一方面，专利的利益相关人员出于竞争或者其他原因，会将所掌握的专利信息通过该平台与专利审查人员分享，避免审查人员基于信息偏差所导致的非理性审查和决策；另一方面，专利审查人员通过透明信息，接受公众的建议，不仅减少了工作量，而且也保证了最终所授权专利的质量。还有许多人以此作为参与实践的途径，或借此研究技术问题，建立个人声望等。

此项措施带来了良好效果。一是公众的参与和监督有助于发明人提交更清楚、更完善、质量更高的专利申请。二是平台确实能吸引专家和技术人员参与专利审查；三是公众的参与有利于专利审查员获得更多、更准确的技术信息，特别是在非专利文献方面。有研究指出，公众专利评议网站上226项专利申请提交的602篇现有文献中，公众评议人员提交的专利文献为286篇，占48%；非专利文献为316篇，占52%；而专利审查员引用的非专利文献大约只占全部现有技术参考文献的10%。

二、欧盟专利质量建设

近年来，欧洲一直致力于落实“创新2020战略”，通过有效的政策措施刺激研发与创新活动。欧盟近年来一直力推专利局一体化建设。2012年12月，欧洲议会通过了“欧盟统一专利体系”的发展规划，其中包括建立统一的专利制度，建立面向统一专利的语言体系，并建立统一的欧洲专利法院。2013年2月，欧盟27个成员国中的24个在布鲁塞尔签订协议，通过了建立“欧洲统一专利法院”的实施方案。

欧洲统一专利制度可以惠及申请人，降低专利权获取成本，也有利于激励创新，促进欧洲的经济增长，尤其是可以吸引更多创新主体在欧洲获取专利权和投资，一致的专利申请授权程序和异议、侵权审理程序可有效消除欧盟内部市场中因专利法律差异所带来的技术交流与合作的难度和风险，打破欧盟成员国之间新技术获取的壁垒，保障欧盟内部市场创新活动顺利开展，从而在一定程度上刺激欧洲的创新，还有利于欧盟内部跨国贸易的开展，促进欧盟内部高技术产品的流通。

欧洲专利商标局也十分重视专利质量问题。欧洲专利商标局于1979年就成立了“经济与科学咨询委员会”。2012年1月13日，欧洲专利商标局专门召开会议研究与专利相关的经济社会问题，尤其是创新和经济增长，来自美国、亚洲和欧洲的企业、科研机构和高校等的30多名专家参加了会议。2012年5月7日，欧洲专利商标局召开第一次经济与科学咨询委员会会议，专门讨论研究专利质量问题。2012年9月27日，欧洲专利商标局又在比利时列文召开第三次专家会议，研究了专利质量的解决方案。欧洲专利商标局经济与科学咨询委员会认为，高质量的专利应当具备几个条件：满足专利局法定可专利性条件，是授权专利，能经受专利局或法院的无效程序，能使普通技术人员不用花费额外的创造性劳动实施发明。2013年3月，欧洲专利商标局经济与科学咨询委员会发布专利质量研讨活动结果，提出专利体系改进的建议。2015年，欧洲专利商标局获得ISO9001授权后程序和专利信息的认证。欧洲专利商标局通过制定清晰的法律框架、高水平训练的审查员、三人审查一个申请和授权后ISO9001认证等方式提升专利质量。《知识产权资产管理》杂志在2016年对600人的调查中，有87%的NPE（非专利实施主体）、94%的个人、96%的企业人员认为欧洲专利商标局授权的专利是优秀、非常好和好的。2017年3月，欧洲专利商标局组织召开了经济与科学咨询委员会质量分委员会第一次会议。

欧洲专利商标局的质量政策主要包括7个方面：（1）法律稳定性，授予的专利和提供的决策高效而及时，完全符合欧洲专利公约和其他国际条约的法律规定；（2）为用户和欧洲社会提供可靠、高效和有效的服务；（3）持续改进，不断改进培训、工具、程序和流程，提高产品与服务的完整性、一致性和及时性；（4）参与，培育鼓励、授权管理人员和员工参与质量建设的文化；（5）明智决策，在可评议、具有挑战性和可行动的事实基础上，改善产品和服务，作出决策；（6）开放，与用户一起理顺流程，提高服务的质量与效率；（7）承诺，最高管理层致力于积极参与质量改进活动，追求建立在质量和优秀文化基础上的原则。

欧洲专利商标局建立的质量管理系统包括检索与审查、异议、限制与撤销、专利信息和授权后等程序。主要包括四个方面内容：（1）制订质量提升计划，高层管理者制定质量政策，确定总体战略，设立优先目标，提供基础条件与资源，使质量管理系统有效；（2）运作实施，实施组织，实施战略，将高层目标和用户需求转换成行动，分配资源；（3）评价质量体系，监测测度服务和进展，评价最高目标和用户需求实现状况，评价质量管理系统有效性，向管理层报告评价情况，监测资源利用；（4）行动，完成正确和预防性行动，提出改进措施，开展质量管理系统审计，开展管理评价。

欧洲专利商标局开发的专利审查质量指标包括：（1）客户满意度，包括检索与审查满意度、行政管理服务满意度；（2）授权程序及时性，包括检索、审查、异议、国际检索、加速审查的及时性；（3）客户服务满意度，包括电话询问反应和处理的及时性；（4）投诉，主要是注册的投诉、对检索审查等产品终端服务的投诉、投诉注册率、投诉20天内回答率。

三、日本的特许法修改与质量管理

日本现行特许法规定，发明保护期为20年，在一定的条件下，有关化学和医药领域的发明可以申请延长5年；实用新型的保护期为6年，2005年4月1日更改为10年；外观设计的保护期为15年。发明和实用新型的保护期从申请之日算起，而外观设计的保护期从登录日算起。申请人可以在授权以后主动申请对申请文件进行修改，即使未发生无效请求。如果满足一定的条件并且在某一时间段，发明、实用新型和外观设计之间可以相互转换，这一程序让申请人既可以在申请之前选择保护类型，也可以在申请之后选择或者改变保护类型，为申请人提供了灵活的保护手段。在日本，任何人都可以提出实审要求；如果是申请人之外的人提出实审请求，请求的费用由请求人负担；实审请求的期限是3年。公众可以对已经被日本特许厅（JPO）认可的专利权的延长保护提出无效审查的延长保护无效请求，该程序以及复审和无效程序在“日本特许厅审判部”进行。

近年来，日本特许厅主要从三个方面提升审查质量。一是特许厅内部制定质量控制措施。二是申请人或代理人配合特许厅改进说明书和权利要求书的质量，或者进行高质量的修改。三是通过公众努力改进专利质量。日本也开展了类似美国的公众评议专利的改革试验。

早在2007年4月，日本特许厅就在其行政事务部建立了质量管理办公室和跨部门的质量管理委员会，通过这两个机构维持质量管理系统的运行。2010年4月，日本特许厅又建立了质量管理部。日本主要通过两个途径维持和提高专利审查质量。一是对每个专利申请的审查质量进行控制。按每个技术单元，特许厅通过统一审查员的审查决定标准，根据审查指南对每个案件实施正确审查，这项工作主要通过几个审查员相互咨询和负责人检查实现。近年来，审查员之间的咨询数量增长很快，2010年达到了6500项。二是交叉部门质量管理。日本特许厅有内部的第三方机构对审查结果进行事后分析的评议，收集用户意见，分析相关统计信息。这些分析结果用于建立有关部门专利审查过程质量的措施；反馈到每个技术单元，以支持其质量控制；内部评议是通过对审查审结的案件和 PCT 案件检查来判断案件是否符合法律和指南，检查审查是否有效作出，申请人或指定专利局是否可得到或者使用国际检索报告与国际初审报告。2010 年，日本共对 288 个专利审查案件和 240 个 PCT 案件进行了评议。

2014 年，日本通商产业省产业机构理事会知识产权委员会成立了审查质量管理分委员会，包括企业、法律和学界专家，主要是评估专利质量管理目标实现情况和提出改进建议。委员会主任和副主任负责审查质量建设，在专利、设计、商标审查中指导质量建设，制定和修改质量政策与手册；策划行动计划，改进质量管理体系，通过通知的方式了解质量政策；识别质量问题；开展审计和分析原因，分析客户满意度调查结果。该委员会还实施了保持和改进审查质量提升行动计划、专利正确性提升行动计划。

四、韩国的专利质量管理

韩国知识产权局较早建立了审查质量办公室，其主要任务是制订专利质量管理综合计划；规划、诊断和分析审查质量并提出改进的方向；进行公平和有目的的审查，评估改进审查质量，增强客户信任；根据审查评估结果，通过分享典型和缺陷案例培训审查员；指导开展专利质量客户调查并分析其意义。

在知识产权局副局长的直接监督下，韩国主要通过审查质量办公室评估人员开展审查评估来保证专利审查质量。该办公室包括 12 个发明专利和实用新型评估员，其中 3 人负责机械、金属和建筑领域，3 人负责化学和生物技术领域，3 人负责电学和电子领域，3 人负责信息和通信领域，另有 4 个评估员负责商标和外观设计的评估工作。大多数评估员都有审查员或高级审查员等的经历。

一般是抽取每个审查员的 3 个发明专利或实用新型案例，每个商标或外观设计审查员的 20 个案例。韩国知识产权局在 2011 年发明专利和实用新型的抽样比例是 2.6%，商标与设计是 2.3%，PCT 是 6.7%。然后，根据审查评估指南进行评估，给出优秀、良好、鼓励、正常和缺陷几个级别，并用记分卡打分。这些分析和打分至少需要 3 个评估员的一致同意。

2011 年，发明专利和实用新型的审查错误率是 0.9%，商标与设计错误率是 0.8%。一旦确定了级别，审查员就会撰写审查评估报告，并将评估结果反馈给负责的审查员。为了防止争议，审查员可以向由 3 名审查员组成的争议委员会提出要求进一步评估的申请。

除此之外，每个审查部门的负责人也要评估审查的案例，并且也是以半年为基准，对已完成审查的案例进行抽样。他们根据《审查评估指南》进行评估，并将评估结果反馈给负责的审查员。审查质量办公室的审查评估结果要与绩效评估结果挂钩，这会影响每个审查员的绩效收入，并给予表现优秀的部门和人员以奖励。

韩国也有自己的审查质量指数。该指数包括 5 个要素：专利审查评估平均分、客户调查得分、针对驳回决定提出上诉的撤销发回重审率、与申请相比权利要求减少率、接受驳回理由的比例。通过测算，2011 年韩国审查质量指数为 101.1，超过了设定的 100 的目标。韩国知识产权局专利审查质量指标体系见表 3-2。

表 3-2　韩国知识产权局专利审查质量指标体系

指　标	权重	得分（分）	成绩率（achievementrate）
专利审查评估平均分（A）	55	99.63	0.06
客户调查得分（B）	15	71.43	0.08
针对驳回决定提出上诉的撤销发回重审率（C）	10	28.30	1.11
与申请相比权利要求减少率（D）	10	13.82	-0.69
接受驳回理由的比例（E）	10	24.43	2.78
总计	100	—	101.1

计算公式为：综合指数=100+成绩率（A）+成绩率（B）-成绩率（C）+成绩率（D）+成绩率（E）。

为了保证审查质量，审查质量办公室建立了审查质量预警系统，提供审查质量变化预警的基准和每个阶段的措施。在审查阶段，每月随机抽样 1%~2%的在审专利，并评估其缺陷性，如果超过上一月的平均值一定水平，就给出警报。

2015年，韩国知识产权局努力加强5个方面的措施提高审查质量。一是提高审查速度。将专利未决周期降为10个月，商标降为4.7个月，设计降为4.4个月。新雇用了84名审查员和10名商标审查员。审查质量保障委员会抽查了2.1%的专利审查和2.4%的商标审查案例。二是实施4个基本课程、16个法律课程、11个实践审查课程和20个能力提升课程，开展审查员培训和120个学时的前沿技术培训。开展审查员和审判官的在职培训，建立了公私联合咨询委员会改进专利审查质量；召开了两次会议讨论改进审查员能力的方法；与美国专利商标局联合审查，开展管理审查评估；举办专利技术论坛，邀请三星电子、LG电子和LG化学等大申请量企业介绍公司战略和主要前沿技术领域。三是开展定制化审查服务。实施"审查3.0"计划，将传统审查转向客户导向的审查和获取高质量专利的审查。2014年建立的预审查在2015年得到普遍应用，2015年建立了预修改评估机制。集体审查除了包括单项产品的专利、设计和商标外还包括研发项目。实施"三轨"专利新型审查，将审查周期缩短为2~4个月。实行商标和设计两规制审查，商标加速审查占2.4%，设计占6.8%。四是提升无效审判质量。从具有10年以上经验的审查员中选拔审判审查员，通过各种培训项目提升其技能。审判质量评估委员每季度会通过查找可能的错误评估一次无效的审查决定。五是建立知识产权点系统。对超过20项申请的单个发明人将审查费降低至20%~30%。改进申请注册系统，发布了《专利申请表格指导书》和《审查费减免指导书》，还引入当然系统（Exofficio system），申请人可以纠正笔误以加快审查。

五、绿色专利加速审查制度

由于全球范围内日益严重的气候变化和环境污染问题，同时面对金融危机的巨大压力，许多国家将绿色技术和相关产业的发展作为复兴本国经济、寻找新经济增长点的重要途径。预计全球清洁能源产业的产值将达1.6万亿欧元，成为继汽车工业和电子工业外的世界第三大工业。为了鼓励绿色创新技术的发展，目前，全球有10余个国家推出了旨在促进绿色创新的绿色专利快速审查制度，包括美国、英国、加拿大、澳大利亚、韩国、日本、以色列、巴西、拉脱维亚和中国等。

围绕绿色专利的政策问题，在《联合国气候变化框架公约》的讨论中，发达国家和发展中国家的立场并不一致。发达国家认为，专利是促进创新与技术传播的工具，因而主张加强知识产权保护。而发展中国家则认为，专利是技术转移的障碍，因而主张通过政策来弱化甚至消除绿色技术领域的知识产权。发达国家与发展中国家应对气候变化的知识产权之争，实质上是未来低碳经济的国际主导权之争。我国于 2012 年 8 月 1 日起施行《发明专利申请优先审查管理办法》，提出了对涉及低碳技术、节约资源等有助于绿色发展的重要专利申请实行优先审查。

英国是最早开展绿色专利快速审查项目的国家。从 2009 年起英国知识产权局就开辟了专利申请绿色通道（GCP），其目的是“为致力于绿色技术创新的英国企业提供更快地获取高质量专利授权的机会”。申请人只需声明其发明是绿色技术或环境友好技术，即可申请加快审查。英国知识产权局对于何谓绿色技术或环境友好技术并无特别限定，也未规定由专门的审查员对“绿色”技术进行特别审查。除此之外，英国知识产权局对于进入“绿色通道”的申请不设其他条件，也不收取额外费用，并可能在 9 个月之内获得专利授权。

韩国知识产权局于 2009 年 10 月推出了绿色技术超级加速审查程序，将绿色技术的审查期限缩短为 1 个月左右。绿色技术由政府以财政支持或认证的形式来认定，同时，以《低碳绿色发展基本法》《空气环境保护法》《专利审查指南》等法律政策为申请者提供绿色标准参考和指引。凡请求超级加速审查程序的专利申请，须满足以下三个条件：一是该申请应符合《专利审查指南》明确界定的绿色技术的范围；二是专利申请人应根据《专利法》规定提出现有技术检索，由政府指定的专门检索机构出具权威检索报告；三是申请人须使用电子申请程序。

日本特许厅自 2009 年 11 月起开始将“绿色发明专利申请”纳入专利加速审查和加速复审系统。日本规定，绿色发明是指具有节能效果、有助于减少二氧化碳排放的发明。申请加速审查免费，但申请程序需在日本境内进行。要求提交一份书面说明，公开现有技术文档。申请人还须进行现有技术检索，并说明所要求保护的发明与现有技术之间的差异。个人和中小企业申请人则不需要进行现有技术检索，仅简单披露其所知的任一在先技术即可。该制度将“绿色申请”的实审周期由原平均 29 个月大幅缩减为约 2 个月。

美国也曾开展过绿色专利的快速审查试点。但美国专利商标局认为，专利的审查质量和审查速度同样关键，必须保证专利的审查质量，防止垃圾专利横行反而阻碍绿色技术的发展。美国绿色技术试点项目的适用条件非常严格，必须具备 7 个条件才能申请适用“绿色技术”试点项目。这些条件对适用的专利种类、专利申请的时间、向项目提交申请的时间，以及专利的权利要求项数等都作了严格限制。另外，美国专利商标局虽然没有对什么是“绿色技术”作出明确规定，但是列出了绿色技术专利分类号，专利申请必须要符合规定的绿色技术专利分类号才能适用“绿色技术”试点项目。但是，目前美国已经取消了针对绿色专利技术的专项快速审查项目，并提供了更广泛适用的优先审查（Traek Ⅰ）项目。

我国国家知识产权局于 2012 年 6 月 21 日发布了《发明专利申请优先审查管理办法》，并于 2017 年进行了修改。2017 年 8 月 1 日，新修改的《专利优先审查管理办法》正式施行。新办法主要进行了 3 个方面的修改。一是扩大优先审查的适用范围，包括实质审查阶段的发明专利申请，实用新型和外观设计专利申请，发明、实用新型和外观设计专利申请的复审，发明、实用新型和外观设计专利的无效宣告。二是完善优先审查的适用条件，可申请优先审查的专利申请和复审案件有六类：（1）涉及节能环保、新一代信息技术、生物、高端装备制造、新能源、新材料、新能源汽车和智能制造等国家重点发展产业；（2）涉及各省级和设区的市级人民政府重点鼓励的产业；（3）涉及互联网、大数据、云计算等领域且技术或者产品更新速度快；（4）专利申请人或者复审请求人已经做好实施准备或者已经开始实施，或者有证据证明他人正在实施其发明创造；（5）就相同主题首次在中国提出专利申请，又向其他国家或地区提出申请的该中国首次申请；（6）其他对国家利益或者公共利益具有重大意义需要优先审查。三是简化优先审查办理手续。不再要求提交检索报告，请求人仅需提交现有技术或现有设计信息材料。在某些情况下，不再需要国务院相关部门或者省级知识产权局签署推荐意见。

第二节　我国的知识产权审查体系

一、审查制度建设

我国知识产权审查指南主要包括《专利审查指南》和《商标审查审理指南》。《专利审查指南》是专利法及其实施细则的具体化，是专利局和专利复审委员会依法行政的依据和标准，也是申请人、审查员和相关当事人在专利申请审查复审无效各个阶段应当遵守的规章。1985 年 4 月 1 日，我国颁布《中华人民共和国专利法》及其实施细则，中国专利局发布了《专利审查指南》。1992 年、2000 年、2008 年和 2020 年，我国对专利法进行了四次修改。为适应新的形势需要，适应我国对专利法的修改，新修改的《专利审查指南》于 2021 年 1 月 15 日起施行。

现行《专利审查指南》正文共分 5 个部分：第一部分是初步审查，第二部分是实质审查，第三部分是进入国家阶段的国际申请的审查，第四部分是复审与无效请求的审查，第五部分是专利申请及事务处理。第一、二、四部分按专利申请的审批流程顺序排列，第三部分为进入国家阶段的国际申请审查的具体规定，第五部分为适用各程序的通用规则。其中第二部分实质审查包括不授予专利权的申请、说明书和权利要求书、新颖性、创造性、实用性、单一性和分案申请、检索等审查、实质审查程序、涉及计算机程序的发明专利申请审查的若干问题、关于化学领域发明专利申请审查的若干规定。2021 年修改涉及《专利审查指南》第二部分第十章，主要对补交实验数据的审查标准、化合物新颖性的审查标准、化合物和生物领域创造性的审查标准进行了明确和完善。

《商标审查准则》是商标评审案件审理的重要依据。1994 年，国家工商行政管理总局商标局制定了《商标审查准则》，为商标评审案件审理提供了重要的工作依据。2005 年 12 月，商标局根据《商标审查准则》并结合商标审查实践，在参考美国、法国、丹麦、欧盟等国家或地区的商标审查标准，进行广泛讨论和征求国内外意见的基础上发布了《商标审查及审理标准》。2015 年，面对经济发展新常态下的趋势变化和热点，结合 2013

年修订的商标法及2014年修订的商标法实施条例，以及相关配套法规实施中出现的新情况、新问题，商标评审委员会开展了《商标审查及审理标准》的修订工作，经过征求各方面的意见和建议，召开专家座谈会等，在2016年形成了新的《商标审查及审理标准》。为规范商标审查审理程序，保障商标审查审理各环节法律适用统一和标准执行一致，国家知识产权局2021年11月16日发布公告，决定制定《商标审查审理指南》，现予发布，自2022年1月1日起施行，原《商标审查及审理标准》同时废止。

新制定的《商标审查审理指南》中新增商标形式审查和事务工作审查标准，对商标审查审理的形式审查和事务工作进行系统、全面的梳理。新增内容共涉及5个部分：一是商标申请形式审查部分，明确了形式审查一般性要求，细化了注册、异议、评审、撤销等商标各项业务形式审查工作标准。二是商品服务和商标检索要素分类部分，主要规定了商品服务分类、商标文字检索要素分类、图形要素分类以及其他检索要素分类。三是商标后续其他业务的审查部分，主要明确了商标续展、变更、转让等程序的审查标准。四是马德里商标国际注册审查部分，主要说明了马德里商标国际注册申请、异议以及后续业务等各项业务审查标准。五是商标申请事务处理部分，对商标费用、文件送达、商标档案、商标公告等内容进行了规范。同时，修改完善商标审查审理实体性标准，落实法律法规修改配套要求。共涉及6个方面：一是新增“概述”章节，明确了商标审查审理原则、范围和基本概念。二是在部分章节新增“释义”内容，增强实体性审查标准对应法律条款立法意图的说理性和指导性。三是新增关于商标法第四条的审查审理标准，明确不以使用为目的的恶意商标注册申请的适用要件、考虑因素和适用情形。四是修改完善商标法其他法律条款适用标准，包括有关禁止注册、禁止使用条款的适用情形，商标相同、近似的判定标准和考虑因素，三维标志、颜色组合、声音商标的显著性判定标准等。五是进一步明确了标准执行一致和个案审查相结合的实践要求，对不同审查环节标准适用特别情形的个案考虑因素进行了说明。六是注重增强标准指导性，嵌入指导案例，并增加图例，辅以相关注释说明。

二、知识产权审查质量建设

国家知识产权局采取了各种措施提升专利的审查质量。1994年，中国专利局成立了审查业务管理部，同时建立了审查指南及质量检查处，全面负责质量管理；1995 年，首次明确了及时发现问题、解决问题、统一审查标准的指导思想，提出了将质量检查与质量评价结合进行管理的理念。同时，成立了局质检组，形成了局、部、处三级质量管理模式，建立了一套科学、合理、具有中国特色的全流程审查质量管理体系。2004 年，国家知识产权局在全局范围内遴选了一批专利审查质量管理专家，首次组建了一支直接对国家知识产权局主管副局长负责的专职局级质量检查组；2005 年 10 月，正式成立审查业务管理部质量控制处，全面负责审查质量管理工作，从此国家知识产权局审查质量管理驶入了科学化和规范化的轨道。2007 年，国家知识产权局建立了一套包括受理、初审、实审、复审等 8 个流程的专利质量审查指标体系，该指标体系包括时间性、正确性、一致性、安全性、舒适性和经济性 6 个方面的指标。

国家工商行政管理总局商标局于 2005 年 12 月 31 日颁布了《商标审查及审理标准》，并于 2017 年 1 月 4 日发布了修改后的《商标审查及审理标准》。实施《国家知识产权战略纲要（2008—2020 年）》以来，商标局采取多种措施提升商标注册审查质量。2008 年就将监督管理处调整为审查质量管理处，具体承办审查质量管理的各项工作；成立了由副局长任组长的审查质量领导小组，还成立了由 22 名审查经验丰富、责任心强的审查员组成的质检组，制定了《商标审查质量管理暂行办法》《商标审查质量检查评价标准》。2016 年，商标局建立了处级干部和业务骨干审查协作中心轮流现场业务指导制度，制定了《商标注册申请实质审查质量抽检管理办法》，组织了对新入职审查员审查业务授课，组织独任审查员资格考试，加大商标审查协作中心的独任审查比例，进一步缩短商标审查周期，不断提高商标审查的质量。

三、计算机互联网领域专利审查政策

（一）计算机互联网发明创造

20 世纪以来，以信息技术为代表的第三次科技革命及其引发的产业革命极大地促进了全球经济的发展。1997 年亚洲金融危机后，以计算机、电信、生物、超微和可替代能源 5 个方面技术为代表的新技术极大地推动了新经济的发展。

表现为互联网经济、大数据经济、生物经济和以金融业为代表的现代服务业经济等的新经济以技术革命和技术集聚为基础，很大程度上是科学技术的群体性突破和科技成果大规模应用的结果。历史发展已经证明，随着此轮新经济的发展，科技成果大量出现，创新型企业总量急剧增加，对知识产权保护不断提出新的要求，具体表现为发明创造的可专利范围不断扩大，商业模式等非实体发明创造作为可专利主题，著作权跨入了电子版权时代，计算机软件被纳入著作权保护范围，以互联网为代表的新媒体著作权保护也日益受到重视。

信息通信技术和互联网技术发展的关键是软件技术开发，软件包括计算机程序及其有关文档，并以计算机程序为核心。授予包含计算机程序的计算机软件有关发明创造专利权是激励发明者进行创新的最有效经济工具，它能够保证发明者在信息通信和互联网技术的研究开发投资得到回报。由于信息通信产业企业的产品很容易被复制，传统的著作权保护只是保护了文字表达的形式，不能够保护创意，而专利保护就较好地保护了计算机软件的创意，因此成为当前世界主要国家最重要的激励手段。

近年来，随着互联网经济和通信技术的快速发展，新商业模式不断涌现，互联网经济已成为我国乃至全球新经济发展的重点。2014 年 3 月 13 日，中共中央、国务院发布《关于深化体制机制改革加快实施创新驱动发展战略的若干意见》，明确要求“研究商业模式等新形态创新成果的知识产权保护办法”。2015 年 12 月 18 日，国务院发布《关于新形势下加快知识产权强国建设的若干意见》，提出要“研究完善商业模式知识产权保护制度”；“加强互联网、电子商务、大数据等领域的知识产权保护规则研究”。2016 年 6 月 28 日，国务院印发的《“十三五”国家科技创新规划》提出“研究商业模式等新形态创新成果的知识产权保护办法”。2017 年 1 月 20 日，国务院办公厅发布《关于创新管理优化服务培育壮大经济发展新动能加快新旧动能接续转换的意见》，也提出“研究完善新模式新业态创新成果保护制度，探索在线创意、研发设计、众创众包等新领域知识产权保护新途径”。2021 年 9 月 22 日，中共中央、国务院印发的《知识产权强国建设纲要（2021—2035 年）》指出，要加快大数据、人工智能、基因技术等新领域新业态知识产权立法。适应科技进步和经济社会发展形势需要，依法及时推动知识产权法律法规立改废释，适时扩大保护客体范围，提高保护标准，全面建立并实施侵权惩罚性赔偿制度，加大损害赔偿力度。2021 年 10 月 11 日，国务院印发的《“十四五”国家知识产权保护和运用规划》指出，要健全大数据、人工智能、基因技术等新领域新业态知识产权保护制度；研究构建数据知识产权保护规则；完善开源知识产权和法律体系；完善电子商务领域知识产权保护机制；健全遗传资源获取和惠益分享制度，建立跨部门生物遗传资源获取和惠益分享信息共享制度。

（二）欧、美、日软件与商业方法专利

1. 软件专利与审查

1981 年，美国联邦最高法院在对 Diamond V. Diehr 一案作出判决后，美国专利商标局正式公布了有关涉及计算机程序的发明专利申请的审查标准。1989 年，美国专利商标局在《数学计算和计算机程序专利申请 1989》中公布了助理律师 Lee Barrett《关于数学计算和计算机程序相关发明可专利性问题的研究》。1995 年 4 月 26 日，因为受 Alappat 一案的直接影响，美国专利商标局宣布包含在有形载体（如软盘）之上的计算机程序符合美国《专利法》第 101 条关于可专利性的要求，开始将涉及计算机程序的载体或介质纳入可专利主题范围中。1995 年 6 月 2 日，美国专利商标局制定了《与计算机有关发明的审查指南》；1995 年 10 月 3 日，美国专利商标局又对新指南进行了相关的法律解释，并于 1996 年 3 月 29 日实施。2000 年 2 月 1 日，美国专利商标局公布了修改的《专利审查程序手册》，其中 2106 部分是关于“计算机相关发明专利主题”的规定。该部分规定，商业方法专利申请审查不单独规定，与其他涉及计算机程序的软件发明申请一样，采用同样的审查标准和程序。在计算机软件和商业方法创造性标准上，该部分作出了详尽规定，强调了在审查软件专利的创造性时需要遵守的步骤。

第一步，审查员应判断申请主题是否为法定的保护对象。要成为法定的保护对象，必须限制在技术领域关于抽象思想或数学计算的实际应用中，能够产生具体的、有形的和有用的结果，无论是装置还是方法，都必须能实际应用。

第二步，审查员应当评价申请主题是否符合 35U. S. C112 第一段和第二段的规定，说明书应当充分进行描述和公开。其中权利要求应当具有准确性和独特性，只有手段加功能限制才能够达到这个要求。例如，（1）可编程计算机具有独特的硬件或者硬软件的执行功能；（2）逻辑电路或可编程计算机其他部件在程序控制下执行一系列具体的能识别的操作；（3）用可执行指令解码的计算机存储器表达计算机程序，能使计算机以特殊方式实现功能。

第三步，审查员应当确定申请主题的权利要求是否符合 35U. S. C102 和 35U. S. C103 的规定。评价权利要求是否符合 35U. S. C102 和 35U. S. C103 的规定应当从比较发明申请主题与现有技术开始，如果两者没有差别，则认定缺乏新颖性；如果有差别，还应当由具有普通技术能力的人员来确定这些不同；如果涉及计算机程序的发明权利要求不是显而易见的，则应认为它符合 35U. S. C103 的规定。

对于一项软件专利来说，非显而易见性的审查同一般专利申请的审查一样，首先要看是否符合 Graham v. JohnDeere 测试的要求。1969 年，美国最高法院在 Graham v. JohnDeere 案中判断显而易见性与非显而易见性时所采用的方法是：（1）确定现有技术的范围和内容；（2）弄清楚现有技术和本申请权利要求的差异；（3）确定相关领域普通技术人员的水平；（4）评价再考虑的证据，需再考虑的证据有意想不到的结果、商业上成功、问题长期没有解决、其他人失败、复制、对专家怀疑、许可等，审查员必须逐案进行研究。之后，最高法院重申并依赖该测试方法确定非显而易见性。在 Sakraida v. AgPro 公司案、Anderson' s Black Rock v. Pavement Salvage 案中，最高法院认为在 Graham v. JohnDeere 测试后还要判断申请主题是否具有“新的和不同的功能”和组合发明是否具有“协同结果”。

2. 商业方法软件可专利性

1893 年 6 月 29 日，John Hicks 获得了美国 500071 号专利，该专利的名称是“现金注册和账户检查的方法和装置”。虽然该专利后来被宣告无效，但它却是最早的商业方法专利。如果一个商业方法能够产生有用的和具体的结果，则该商业方法软件是具有可专利性的，变化过程即使没有有用性也具有可专利性。在 Pension Benefit 案中，欧洲专利委员会指出：“在本案中所要回答的问题是权利要求是否表达了从事商业活动的方法本身。如果该方法本身具有技术性或者说具有技术特征，它仍然是从事商业活动的方法，但已经不是商业活动方法本身了。”

商业方法专利应当具有一定的价值，而价值不高的发明不应当授予专利权。例如，1999 年 9 月 29 日，美国 Amazon 公司获得了专利号为 5960411 的美国专利，即一次点击专利技术。该技术是一种在线购物工具，该技术的服务器计算机上存储有客户账户信息，用户在购买时不用每次重新进入，即可实现在线订购。美国专利商标局授予该公司专利权后，即遭到美国 Barnes 和 Noble 公司及几千个自由软件开发者的公开批评。反对者认为，一次点击技术只是用 cookies 来保存客户信息，只是 cookies 的小应用，价值不高，而且这些应用在 1999 年之前就已经存在。经过多次的攻防，该专利在 2010 年还是被美国联邦最高法院维持了专利的有效性。

2000 年 9 月，欧洲专利局（EPO）上诉委员会在作出的一份裁决中对商业方法除外原则作了进一步解释，使具有技术性质的商业方法可受专利保护；2000 年 5 月，欧洲专利局提交给世界知识产权组织国际局一份报告，阐明了欧洲专利局对商业方法发明专利申请进行审查的态度；2001 年 11 月，欧洲专利局公布了修改后的审查指南，确认了其近年来在计算机软件和商业方法上的扩大保护政策，但在处理商业方法软件专利申请时更注重对技术特征的审查，而不是对商业方法本身的审查；2002 年 2 月，欧洲委员会发布了《以计算机实施的发明的可专利性指令草案》；2003 年 9 月，欧洲议会通过了修改后的《以计算机实施的发明的可专利性指令》，据此，以计算机实施的发明在一定条件下具有可专利性，但计算机程序本身以及单纯的商业方法仍然不能获得专利，技术贡献是所有能够获得专利的发明的标准。

美国涉及计算机软件的发明专利保护制度经历了完全不予保护、有条件（从严）保护、State Street Bank 案审查标准放宽、Bilski 案使审查标准重新收紧、Alice 公司诉 CLS 国际银行案后进一步提高审查标准等阶段，标准的严宽完全由经济杠杆操控，均以保障美国经济健康发展为宗旨。2014 年 8 月，美国联邦最高法院对持续多年的 Alice 公司诉 CLS 国际银行一案作出判决，Alice 公司的权利要求不具备可专利性。美国联邦最高法院对

Alice 公司作出终裁，软件专利申请可专利性标准再度收紧，美国专利商标局针对软件专利的严格审查使美国在软件相关专利方面的立场更加接近欧洲。美国对于计算机软件可专利性的从严控制不但打击了“专利流氓”公司，而且使得计算机软件企业可以更加高效、便捷地进行专利诉讼，维护自身权益，大大推动了该类企业的运营与发展。

日本特许厅和国会不断调整政策和修改法律，充分维护日本商业方法专利申请人的利益。1999 年 12 月，日本审查标准办公室协调处发布了《与商业有关的发明的审查》，指出大多数与商业有关的发明可以被认为是某种形式的与软件有关的发明，可以将其作为计算机软件相关发明来进行审查；2000 年 11 月，日本特许厅公布了有关商业方法专利的综合政策，以加强对相关专利申请的审查，并向产业界和专利申请人提供更为准确的专利信息；2000 年 12 月，日本特许厅公布了修改后的《与计算机软件有关的发明审查指南》，加强对计算机程序本身的专利保护；2002 年 4 月，日本国会公布修改后的《发明专利法》，据此，网络上无形的计算机程序将受专利保护，禁止未经授权从网上下载受专利保护的软件，该法增强了对软件的专利保护，将会导致电子商务市场规模的扩大和商业方法专利数量的增多。

四、我国软件与商业方法专利

（一）审查指南

我国计算机软件相关发明和商业方法专利的申请、审查除了必须符合我国专利法和专利法细则的规定之外，还要符合《专利审查指南》的规定。《专利审查指南》（2020 年修订）第二部分第九章较详细规定了“涉及计算机程序的发明专利申请审查的若干规定”。

我国专利法于 1985 年颁行后，配套实施的《专利审查指南》（1985 年版）对含有计算机软件的发明专利的审查条件做了相当严格的规定，即只有能使计算机结构或电子数据处理设备发生变化，使其硬件技术发生相应变革，并引起机器设备在技术上有新的创造性改进的计算机程序才可以得到专利保护。也就是说，如果软件获得了专利权，那么它一定是作为硬件的附属物随硬件得到的权利，单独的软件是不可能获得专利权的。

1993年专利法第一次修改后，我国颁布了新的《专利审查指南》(1993年版)，对不授予计算机程序相关发明专利权的条件做了相应修改。《专利审查指南》（1993年版）放宽了对软件获得专利权的条件，但是“技术方案”与“技术效果”两要素的结合仍然是判断是否给予含有计算机程序发明以专利权的标准。这一标准与美国1981年颁布的《专利审查指南》的原则基本相似。为配合专利法的第二次修改，我国于2001年10月18日发布了修改后的《专利审查指南》。修改后的《专利审查指南》(2001年版）对计算机软件发明的审查标准没有明显改变，基本上保持原来的立场。在可专利主题上仍然强调：当一件涉及计算机程序的发明专利申请是为了解决技术问题、利用了技术手段和能够产生技术效果时，表明该专利申请属于专利保护的主题。2016年10月26日，国家知识产权局发布《关于就〈专利审查指南修改草案（征求意见稿）〉公开征求意见的通知》，对《专利审查指南》进行了新修改。2017年2月28日，国家知识产权局《关于修改〈专利审查指南〉的决定》发布了修改后的《专利审查指南》。2019年12月31日，国家知识产权局颁布第343号公告，宣布对《专利审查指南》进行修改，并于2020年2月1日起生效施行。在《专利审查指南》第二部分第九章增加第6节，涉及人工智能、“互联网+”、大数据以及区块链等的发明专利申请，一般包含算法或商业规则和方法等智力活动的规则和方法特征，根据我国专利法及其实施细则，对这类申请的审查特殊性作出规定。《专利审查指南》修订与时俱进，将最前沿的技术纳入调整范围，体现了国家对高新技术的重视，让法律的更新速度跟上了时代的节拍。2020年12月11日，国家知识产权局颁布第391号公告，宣布《关于修改〈专利审查指南〉的决定》，自2021年1月15日起施行。其中主要对《专利审查指南》第十章进行了多处修订。

《专利审查指南》第二部分第九章专门规定了“包含算法特征或商业规则和方法特征的发明专利申请审查相关规定”，具体由“审查基准”“审查示例”以及“说明书及权利要求书的撰写”构成。结合具体示例，对此类申请的授权客体、新颖性和创造性、说明书和权利要求书撰写方面进行了明确规定。

在“审查基准”部分确立了审查的一般原则。第一，强调对权利要求的整体考虑原则。对涉及人工智能、“互联网+”、大数据以及区块链等的发明专利申请，权利要求中往往包含算法、商业规则和方法等智力活动的规则和方法特征。在审查中，不应当简单割裂技术特征与算法特征或商业规则和方法特征，而应将权利要求记载的所有内容作为一个整体考虑。如果直接忽略这些特征或者将其与技术特征机械割裂，则无法客观评价发明的实质贡献，不利于保护真正的发明创造。第二，明确权利要求是否属于智力活动的规则和方法的审查标准。明确了如果权利要求涉及抽象的算法或者单纯的商业规则和方法，且不包含任何技术特征，则这项权利要求属于智力活动的规则和方法，不应当被授予专利权。但是，只要权利要求包含技术特征，该权利要求就整体而言并不是一种智力活动的规则和方法，不应当依据专利法第二十五条第一款第（二）项排除其获得专利权的可能性。第三，明确权利要求是否属于技术方案的审查标准。明确了客体相关法律条款的审查顺序。针对要求保护的主题，首先应当审查其是否不属于智力活动的规则和方法，再审查其是否属于专利法第二条第二款规定的技术方案。在判断一项权利要求是不是技术方案时，应当对其中涉及的技术手段、解决的技术问题和获得的技术效果进行分析，这与《专利审查指南》第二部分第一章第 2 节规定的技术方案是对要解决的技术问题所采取的利用了自然规律的技术手段的集合等的判断原则是一致的。第四，进一步明确在创造性判断中的关联考虑原则。《专利审查指南》明确了审查中的整体考虑原则，这一原则同样适用于新颖性和创造性的判断。另外，在创造性判断中，《专利审查指南》还进一步明确了关联考虑原则，即应将与技术特征功能上彼此相互支持、存在相互作用关系的算法特征或商业规则和方法特征与所述技术特征作为一个整体考虑，考虑算法特征或商业规则和方法特征对技术方案作出的贡献。

在审查示例部分，从正反两方面增加了 10 个关于授权客体和创造性的审查示例。其中，抽象的数学模型建立方法属于专利法第二十五条第一款第（二）项规定的智力活动的规则和方法，也有属于人工智能、商业模式和区块链领域的可授权客体等。

对于涉及算法的专利申请，对权利要求的显而易见判断：如果权利要求与最接近的现有技术的应用场景相同，区别仅在于算法的调整，例如同样用于无人驾驶中障碍物的识别，权利要求的算法对参数和公式进行了重新选取或调整，其实际解决的技术问题是进一步提高检测障碍物的准确性；如果现有技术中整体上不存在解决此问题的技术启示，则权利要求是非显而易见的；如果权利要求与最接近现有技术的区别仅在于应用场景不同，在判断创造性时，通常要考虑转用的远近、难易程度、是否需要克服技术上的困难、是否存在技术启示、转用带来的技术效果等因素。

对专利说明书和权利要求书的撰写作出了明确规定。对于包含算法特征或商业规则和方法特征的发明专利申请，第一，应当注意的是此类申请的特殊性在于算法特征或商业规则和方法特征，所以在说明书中应当写明这些特征。第二，要写明技术特征是如何与这些特征在“功能上彼此相互支持、存在相互作用关系”共同解决技术问题的。第三，在说明书中应当写明有益效果，例如质量、精度或效率的提高、系统内部性能的改善，必要的时候予以细化解释或证明。第四，如果从用户角度而言，发明客观上提升了用户体验，即用户体验的提升是客观的、并非因人而异的主观喜好，也可以在说明书中进行说明，同时写明这种用户体验的提升是如何由构成发明的技术特征，以及与其功能上彼此相互支持、存在相互作用关系的算法特征或商业规则和方法特征共同带来或者产生的。

对于包含算法特征或商业规则和方法特征的发明专利申请，权利要求应当记载技术特征以及与技术特征功能上彼此相互支持、存在相互作用关系的算法特征或商业规则和方法特征。

我国《专利审查指南》规定涉及计算机程序的发明必须解决技术问题，利用了技术手段和能产生技术效果。如果一件涉及计算机程序的发明专利申请是为了解决技术问题，利用了技术手段和能够产生技术效果，就不应仅仅因为该发明专利申请涉及计算机程序而否定该发明专利申请属于可给予专利保护的客体。例如，将一个计算机程序输入一个公知的计算机来控制该计算机的内部操作，从而实现计算机内部性能的改进；或者使用一个计算机程序控制某一工业过程、测量或者测试过程；或者使用一个计算机程序实现外部数据处理等，这些发明专利申请的主题符合上述要求时都不应被排除在属于可给予专利保护的客体范围之外。当一件涉及计算机程序的发明专利申请是为了解决技术问题，利用了技术手段和能够产生技术效果时，表明该专利申请属于可专利的主题范围。

（二）商业方法专利

商业方法是指为处理或解决经济管理活动或事务所采用的模式或规则，商业方法软件专利是指包含为处理或解决经济管理活动或事务利用计算机软件及网络实现的专利。商业方法专利大多是通过计算机系统实现的，计算机系统又都是由现有计算机硬件和相关设备组成的，商业方法通常以计算机软件的形式表现和实现。所以，一般将这类与经济管理活动有关的通过计算机实现的软件称为商业方法软件。商业方法软件主要包括三种：第一种是适用于政府管理的电子政务软件，第二种是适用于经营管理的电子商务软件，第三种是能够实现商业方法目的的计算机系统软件。

商业方法专利必须具有有用性，应当叙述产生一个不同事物或状态的转变过程。如果一个商业方法能够产生有用的和具体的结果，则该商业方法软件是具有可专利性的，变化过程即使没有有用性也具有可专利性。商业方法软件必须具有技术效果，即能够产生技术效果，没有技术效果或者对现有技术没有技术贡献的商业方法专利不能授予专利权。欧洲专利法审判委员会根据对多个案例的审理实践认为，对现有技术有创造性技术贡献的、有技术内容并能够实施的发明具有可专利性，而对现有技术没有技术贡献，或者即使有贡献但该贡献不是新的或具有创造性的商业方法软件不具有可专利性。

国家知识产权局2017年2月28日以74号令发布的《关于修改〈专利审查指南〉的决定》明确了商业方法发明的可专利性。该决定指出："涉及商业模式的权利要求，如果既包含商业规则和方法的内容，又包含技术特征，则不应当依据专利法第二十五条排除其获得专利权的可能性。"将"仅仅记录在载体上的"计算机程序之后增加"本身"，明确规定仅仅是"计算机程序本身"不属于专利保护的客体，而"涉及计算机程序的发明"可以获得专利保护。该文件还放宽了商业方法发明专利申请装置类权利要求的撰写要求，程序也可作为组成部分，在第二部分第九章第5.2节第一段第三句中的"并详细描述该计算机程序的各项功能是由哪些组成部分完成以及如何完成这些功能”修改为“所述组成部分不仅可以包括硬件，还可以包括程序”，将第二部分第九章第 5.2 节第二段中所有的“功能模块”修改为“程序模块”。

必须清醒看到，与新时代更高要求相比，我国关于商业方法专利的相关法律规定和政策还不够系统和深入，尤其是在计算机程序相关发明涉及的客观技术问题、非显而易见性、功能性描述材料等方面规定仍存在不足。从字面上看“程序模块”不是功能模块，但程序模块实现的仍然是功能和效果，而非程序本身，在实践中还得使用功能性技术特征的方式限定权利要求。但对于步骤类的方法发明来说，程序步骤不等于权利要求的步骤，前者是实现发明目的具体程序步骤，而后者应当是实现发明目的简要的技术特征步骤。

因此，我国《专利审查指南》应明确规定涉及计算机程序发明的审查步骤、创造性和实用性的判断标准，功能性描述材料的规定，给予计算机程序存储介质专利保护，明确程序模块的解释原则。为支持互联网产业和软件产业的创新发展，解决上述功能性特征通常存在的“不清楚”等问题，《专利审查指南》应进一步明确“功能性特征”的内涵，在撰写权利要求时，除要写出模块类装置和步骤的功能、效果和用途的技术特征外，还要写出模块类装置和步骤与简要的数据处理步骤的技术特征。

（三）商业模式知识产权保护

商业模式知识产权保护主要有专利保护、著作权保护和商业秘密保护三种保护方式。当前，我国虽然对商业方法发明授予专利权，但与美欧相比，以及与我国经济发展的需要相比，涉及商业模式创新的知识产权制度还存在很多不足和需要改进的地方。

第一，商业模式专利保护需要进一步完善。我国专利法及其实施细则和《专利审查指南》对涉及商业方法专利的规定还需要进一步完善。一是我国专利法关于创造性的规定是指：“与现有技术相比，该发明具有突出的实质性特点和显著的进步，该实用新型具有实质性特点和进步。”而主要发达国家以“非显而易见性”作为创造性判断标准，发明创造对本专业具有一般技术的人员如果是“非显而易见”的，则具有创造性。虽然我国

《专利审查指南》的规定和审查实践中采用的是和有关发达国家基本相同的“非显而易见性”判断标准、步骤与方法，但这会造成我国专利法和《专利审查指南》关于创造性的规定与判断方法上可能存在的不一致。二是与计算机软件和商业模式创新有关的图形界面知识产权保护还不够完备，电子化图形界面是属于外观设计专利保护客体还是属于著作权保护客体等缺乏明确的法律规定。

第二，缺乏商业模式和商业秘密保护制度。我国没有制定专门商业秘密保护制度，对商业秘密的保护主要适用反不正当竞争法。反不正当竞争法规定了侵犯商业秘密的行为和处罚措施，但关于商业秘密保护的内容过于简单，较多使用责令停止违法行为和罚款两种行政处罚手段。

美国 1979 年发布、1985 年修改的《美国统一商业秘密法》给出了不正当手段、侵权、商业秘密的定义，列举了商业秘密的类型，规定了禁令救济、赔偿、律师费用、秘密保全、时效限制等，尤其是对损害赔偿的认定“可同时包括侵占造成的实际损失，和不在实际损失之内的侵占导致被告的不当得利”；“替代其他任何损失计算方法，侵占造成的损失可用对侵占者未经允许披露或使用商业秘密课以支付合理使用费义务来决定”；对存在故意或恶意侵占的，“法院可责令被告支付不超过上款中任何赔偿二倍的附加赔偿”；“如果侵占的指控出于恶意，提出取消禁令请求或拒绝执行禁令出于恶意，或存在故意或恶意侵占，法院可责令向胜诉一方支付其律师费用”。

第三，计算机软件著作权保护方式需要进一步创新。当前，计算机软件数量呈爆炸式增长，并且依托互联网、新媒体迅速扩散。根据《计算机软件保护条例》等规定，计算机软件登记只具有公证功能，而在促进软件技术创新方面作用发挥极其有限。信息公开是促进创新的有效手段，我国计算机软件著作权登记并不公开软件具体信息，这在较大程度上难以促进激励软件科技创新。由于判断“可供选用的表达方式有限”比较困难，我国计算机软件著作权保护法规允许特定条件下的模仿，也造成许多重复登记和涉嫌侵权问题。

为了深入实施创新驱动发展战略，激励商业模式创新，我国应进一步完善商业模式知识产权制度，制定商业模式创新知识产权保护政策。要完善计算机软件专利尤其是商业方法专利审查标准和收费政策。改革发明专利创造性标准，建议用“非显而易见性”代替“突出的实质性特点和显著的进步”，并进一步明确有关涉及创造性判断的术语定义。稳步提高创造性审查标准。从国情来看，我国商业模式和商业方法创新速度较快，现代服务业发展迅速，对国外模式的吸收、学习都较为迅速，因此不宜将商业方法专利的创造性标准降低，否则将不利于促进原始创新。另外，我国也不易大幅度提高商业模式和商业方法专利的创造性标准，否则会影响合理的学习和模仿。进一步明确“智力活动的规则和方法”的判定原则和方法。如果是计算机软件发明加上公知计算机，解决技术问题不确定，技术效果不明显，则不能申请专利。明确规定给予计算机软件和商业模式创新有关的图形界面外观设计专利保护。改革专利收费政策。在提高收费标准的基础上，完善费用结构，建立申请阶段费用提高，前期年费较低并逐步提高，后期年费适中的收费机制。

第四，制定商业秘密保护法律制度，激励商业模式创新。从欧美等发达国家来看，计算机软件知识产权保护已经告别了依靠著作权保护的单一模式。我国应适时制定商业秘密法，明确商业秘密保护的具体客体，明确规定举证责任、诉前禁令及救济措施、损害赔偿、律师与诉讼费用、商业秘密保全、证据保全、诉讼时效等，尤其是要对故意侵权行为建立惩罚性赔偿制度。

第五，增强计算机软件著作权促进创新功能。应建立计算机软件著作权信息公开机制。除涉及国家安全和社会公共利益需要保密的软件著作权外，对计算机软件可仿照专利申请的公开方式予以公开，如计算机软件自在国家版权局登记之日起满六个月即行公布，国家版权局也可根据软件著作权人的请求，早日公布其申请。建议修改《计算机软件保护条例》第二十九条中“软件开发者开发的软件，由于可供选用的表达方式有限而与已经存在的软件相似的，不构成对已经存在的软件的著作权的侵犯”的规定，对于只是简单改变计算机软件编程语言的不予软件著作权登记。通过软件著作权公开机制，杜绝重复软件和一些小幅改进的软件著作权，可以有效促进计算机软件的创新。

第三节 知识产权审查体系改革

一、我国知识产权审查体系亟须改进的方面

专利审查是专利保护的源头，向前激励高水平创造，向后促进高效益运用。因此，知识产权审查是整个知识产权制度的核心，也是知识产权强国建设的基础。我国的知识产权审查工作仍然面临着一些与创新驱动发展战略实施和知识产权强国建设不相适应的地方。

（一）专利审查政策需要适应创新驱动发展的需要

创新驱动发展的核心是知识产权的高水平、大规模创造和有效运用，但目前我国整体的知识产权质量还不高，不能较好地支撑知识产权的高质量创造和有效转化，急需发挥审查政策对知识产权质量建设的引导作用。我国全球创新引领型企业较少、世界知名品牌不多、产业关键核心专利数量不足，知识产权贸易逆差不断拉大，许多重大工程技术和核心设备依赖于进口，专利有效运用效率长期较低，知识产权对经济社会发展的贡献率还不高。

（二）审查能力需要适应知识产权数量快速增长的需求

我国《“十四五”国家知识产权保护和运用规划》确定了在2020年每万人口高价值发明专利拥有量达到6.3件，2025年达到12件的目标。为实现该目标，我国不仅通过任务分解和考核督查促进地方指标的完成，而且还将专利授权后年费减缴的期限扩展为6年。按照目前的审查速度，我国需要增加至少一倍甚至两倍的审查员和审查办公设施，但大幅度增加审查员编制和扩大审查设施都存在较大困难。同时，我国高价值发明专利审查周期已降低至2021年的13.3个月。为实现每万人口高价值发明专利拥有量达到12件的目标，要么扩大审查队伍，要么提高审查速度，但这两者是矛盾的。

（三）知识产权费用政策需要适应知识产权强国建设的要求

有效的审查制度一定是在知识产权私权和促进创新扩散之间保持恰当

平衡，以及授予支撑社会经济发展需要的合理数量知识产权的制度。有效的知识产权审查制度必须要有合理的知识产权收费政策、费用减免政策等的支撑。弥补审查成本是制定知识产权收费政策的基本原则，费用过低是导致产生低质量知识产权和知识产权转化运用难的重要原因之一。根据财政部和国家发展改革委 2018 年 4 月 12 日发出的《关于停征免征部分行政事业性收费有关政策的通知》，从 2018 年 8 月 1 日起，停征专利收费（国内部分）中的专利登记费、公告印刷费、著录事项变更费（专利代理机构、代理人委托关系的变更），PCT 专利申请收费（国际阶段部分）中的传送费；对符合条件的申请人，专利年费的减缴期限由自授予专利权当年起 6 年内，延长至 10 年内；对符合条件的发明专利申请，在第一次审查意见通知书答复期限届满前（已提交答复意见的除外），主动申请撤回的，允许退还 50%的专利申请实质审查费。地方的资助和奖励政策也在较大程度上扭曲了知识产权费用政策的效果，只重数量、重复资助的情况还普遍存在，这也是导致我国知识产权质量低和转化难的重要原因之一。

二、不断完善我国知识产权审查体系

（一）完善知识产权审查标准

知识产权审查标准是知识产权审查政策的基础。在充分借鉴其他主要国家知识产权审查标准和质量体系建设成功经验的基础上，根据我国科技创新和产业发展的实际，优化知识产权审查质量政策，编制知识产权审查质量手册，要明确涉及知识产权质量的有关概念、术语和方法，明确知识产权审查质量管理体系建设，以及审查质量处理的程序和争议处理。应完善《专利审查指南》关于专利质量的术语、概念的规定，对说明书“清楚、完整”，权利要求书“清楚、简要”，和“普通技术人员”等概念进行进一步明确，并给出充足的例子。应研究建立我国的专利创造性判断方法，使我国创造性判断标准“突出的实质性特点和显著的进步”与国际上常用的“非显而易见性”一致。应建立申请人和审查员必须将检索报告写入专利文件，并将检索报告向全社会公开的制度。

（二）优化知识产权费用政策

根据审查成本，参考国际经验，应适时提高知识产权收费标准，并优化费用结构。应坚决破除唯数量论的认识误区，建立通过知识产权费用政策调节知识产权数量和质量的机制。应根据知识产权支撑经济社会发展的需要，近阶段提高专利商标等的申请阶段费用，适当降低维持阶段费用。在现在减缴政策基础上，应建立对小企业实际费用减半、微型企业减免幅度加大的知识产权费用减免制度，建立针对企事业单位新型内部知识产权管理运营机构的知识产权费用减免制度，建立针对转化实施知识产权的费用减免制度。应引导优化地方政府完善知识产权资助和奖励政策，将资助和奖励的重点转向高水平、可转化和可形成组合的专利等知识产权。

（三）改进知识产权审查质量保障体系

我国应成立跨审查业务部门的专利商标质量保障机构，建立知识产权审查质量两级保障体系。应制定知识产权审查质量手册或指南，建立内部与外部质量抽样制度，建立专利、商标审查质量指标体系，并适时向社会公布审查质量指数。应建立审查员到研究机构或高校定期学习的制度和与代理人、知识产权法官之间交流学习的制度。应加强对知识产权代理服务机构的指导、监督和奖惩，建立知识产权代理机构和代理人质量管理监测体系，提高知识产权文件的撰写质量。

在原有工作的基础上，要优化内部知识产权审查质量组织机构和人员队伍，重点加强知识产权审查质量抽查制度、专家评议制度、复议制度建设。还要及时建立合理的知识产权审查质量指标体系，重点指标应包括文献检索、一通、质量抽查、复审等数据，并适时向社会公布知识产权审查质量指数。

第四章

知识产权创造与知识产权激励体系

创造高质量的知识产权，有效运用知识产权，必须加强对知识产权创造过程中各类参与主体的激励，重点是单位和职务发明人的激励。激励单位和个人的职务知识产权创造，需要制定和完善包括知识产权归属政策、知识产权费用减免政策、发明人奖励报酬政策等。各种创造激励政策必须兼顾国家、单位、个人等各方面的利益。

第一节　知识产权归属政策分析

一、世界部分国家知识产权归属政策

知识产权权利归属政策是最重要的知识产权创造激励政策。许多国家通过在知识产权法、劳动法中规定知识产权归属，或者制定专门职务发明立法保障职务发明人的权益，但都坚持利益平衡和促进创新的原则。许多国家规定，雇员产生的职务发明必须向雇主进行披露。如挪威、芬兰、丹麦、瑞典、德国、瑞士、奥地利、匈牙利、捷克、法国、俄罗斯、葡萄牙、斯洛文尼亚、希腊、罗马尼亚、以色列、韩国等都规定了发明披露制度。许多国家规定，雇员产生的职务发明必须向雇主让渡，如果雇主取得其职务发明，应根据法规或者合同给予雇员补偿。如瑞士发明法案规定，发明人虽然可以在报告之前申请专利，但应将工作中完成的发明授予雇主。在列支敦士登，职务发明人应将发明向雇主报告并将权利让渡给雇主，但发明补偿是强制性的，主要根据发明的价值、雇员的责任与地位、

雇员与第三方的贡献，以及内部设备的使用确定。日本《特许法》规定，雇员应将发明知识产权的权利让渡给雇主，雇员拥有非排他实施的权利，他并不必然能获得补偿，补偿主要根据实现的合同或者协商确定，雇主如果要获得职务发明的专利权或者独占实施权，必须通过合同约定而且必须向雇员支付合理的报酬，只有在雇主获得独占许可权的情况下，雇员才有获得合理报酬的权利。在美国和加拿大，发明人申请专利然后让渡给雇主。权利让渡给雇主的条件主要是根据合同约定，发明人没有法律权利获得补偿，但补偿也可以根据合同约定。在没有合同约定的情况下，雇主做好了实施发明的工作的，雇主获得的是默示的使用权，作为雇主获得非独占许可的交换，雇主给发明人一美元象征性的许可补偿。法国工业产权法典规定，雇主拥有将职务发明申请和获得工业产权的权利，对于"利用了本雇主物质技术条件"但既非本职工作要求，也不是履行雇主在本职工作之外分配的任务完成的发明，雇主有权利在发明报告给雇主后 4 个月内要求获取该发明的专利所有权或者优先许可权，同时给雇员以"合理的"补偿。德国《雇员发明法》规定，职务发明获得知识产权的权利并不直接属于雇主，而是通过披露程序由雇主进行选择，雇主可以选择对该职务发明拥有无限权利，拥有知识产权，否则职务发明则转化为自由发明，申请知识产权的权利属于发明人。

还有一些国家实行的是职务发明制度、混合发明制度。如英国规定，雇员完成的获得专利的发明创造属于雇主，如果专利对雇主具有显著受益，则雇主应向雇员支付合理的报酬。巴西将发明分为职务发明、自由发明和共有发明三类。除非在合同中明确约定，否则"利用了雇主物质技术条件"的专利权由发明人和雇主共同拥有，即分享权利。比利时也将发明分为职务发明、自由发明和混合发明三类，对于"利用了雇主物质技术条件"的发明称为混合发明，但由于是实行判例法，比利时并没有对混合发明的权利归属作出明确规定。

也有部分国家法律规定了显失公平的发明归属条款无效的规定。如西班牙规定，发明前约定放弃非职务发明的协议无效；芬兰规定，限制雇员离职一年以上的发明无效；希腊规定，限制发明方申请专利和实施的协议无效；日本规定，事先约定使用者对非职务发明设置相关专利权和实施权的协议无效；韩国规定，约定非职务发明的专利权等实现转让给雇主或授予独占许可的条款无效。

二、职务知识产权归属

知识产权权利包括财产权利和精神权利。在财产性权利方面，我国实行职务发明优先原则，现有法律政策都规定了职务发明权利归单位所有的条款或内容。知识产权财产性权利归属大致分为三类。

第一类是职务知识产权归属。职务知识产权优先归单位。虽然知识产权属于人权的范畴，但创新的主体是企业家而非发明人。因为只有单位才拥有各类资源，能将知识产权和其他要素组合开展有目的性的知识产权研发创造和知识产权运用活动，所以我国采用了职务发明归单位所有的原则。许多国家规定雇员的职务发明需要让渡给单位。我国专利法首先坚持的是职务发明原则。《中华人民共和国专利法》第六条规定了职务发明及其权利归属，职务发明的知识产权归承担单位。“执行本单位的任务或者主要是利用本单位的物质技术条件所完成的发明创造为职务发明创造。职务发明创造申请专利的权利属于该单位，申请被批准后，该单位为专利权人。”《中华人民共和国专利法实施细则》第十二条详细规定了职务发明的情形，执行本单位的任务所完成的职务发明创造是指：（1）在本职工作中作出的发明创造；（2）履行本单位交付的本职工作之外的任务所作出的发明创造；（3）退休、调离原单位后或者劳动、人事关系终止后一年内作出的，与其在原单位承担的本职工作或者原单位分配的任务有关的发明创造；本单位包括临时工作单位，本单位的物质技术条件是指本单位的资金、设备、零部件、原材料或者不对外公开的技术资料等。《中华人民共和国著作权法》第十八条规定了职务成果的归属：“自然人为完成法人或者非法人组织工作任务所创作的作品是职务作品，除本条第二款的规定以外，著作权由作者享有，但法人或者非法人组织有权在其业务范围内优先使用。作品完成两年内，未经单位同意，作者不得许可第三人以与单位使用的相同方式使用该作品。有下列情形之一的职务作品，作者享有署名权，著作权的其他权利由法人或者非法人组织享有，法人或者非法人组织可以给予作者奖励：（一）主要是利用法人或者非法人组织的物质技术条件创作，并由法人或者非法人组织承担责任的工程设计图、产品设计图、地图、示意图、计算机软件等职务作品；（二）报社、期刊社、通讯社、广播电台、电视台的工作人员创作的职务作品；（三）法律、行政法规规定或者合同约定著作权由法人或者非法人组织享有的职务作品。”

在坚持职务发明优先原则的基础上，《中华人民共和国专利法》还规定了职务知识产权归属遵从约定原则。其中第六条第三款规定：“利用本单位的物质技术条件所完成的发明创造，单位与发明人或者设计人订有合同，对申请专利的权利和专利权的归属作出约定的，从其约定。”

第二类是财政性科技计划项目知识产权下放。将财政性科技计划项目形成的知识产权下放给承担单位能有效激励知识产权的创造和运用，因此科技法规政策规定了将财政性知识产权下放给单位的政策。科技部于2000年12月13日发布的《关于加强与科技有关的知识产权保护和管理工作的若干意见》第一次提出：“承担国家计划项目知识产权归承担单位所有”，“除了保证重大国家利益、国家安全和社会公共利益为目的，并由科技计划项目主管部门与承担单位在合同中明确约定外，执行国家科技计划项目所形成科技成果的知识产权，可以由承担单位所有”。

2002年3月，国务院办公厅转发科技部、财政部《关于国家科研计划项目成果知识产权管理的若干规定》的通知，进一步明确了国家科研计划项目研究成果的知识产权归属，“除涉及国家安全、国家利益和重大社会公共利益的以外，科研项目研究成果形成的知识产权，国家授予科研项目承担单位（以下简称项目承担单位）。项目承担单位可以依法自主决定实施、许可他人实施、转让、作价入股等，并取得相应的收益”。规定：“项目承担单位转让科研项目研究成果知识产权时，成果完成人享有同等条件下优先受让的权利。”“科研项目研究成果取得相关知识产权的申请费用、维持费用等知识产权事务费用，一般由项目承担单位负担。经财政部门批准，在国家有关科研计划经费中可以开支知识产权事务费，用于补助负担上述费用确有困难的项目承担单位。”

《中华人民共和国科技进步法》，从法律上规定了财政性科技计划、自然科学基金项目形成的知识产权的归属。科技进步法第三十二条规定：“利用财政性资金设立的科学技术计划项目所形成的科技成果，在不损害国家安全、国家利益和重大社会公共利益的前提下，授权项目承担者依法取得相关知识产权，项目承担者可以依法自行投资实施转化、向他人转让、联合他人共同实施转化、许可他人使用或者作价投资等。项目承担者应当依法实施前款规定的知识产权，同时采取保护措施，并就实施和保护情况向项目管理机构提交年度报告；在合理期限内没有实施且无正当理由的，国家可以无偿实施，也可以许可他人有偿实施或者无偿实施。项目承担者依法取得的本条第一款规定的知识产权，为了国家安全、国家利益和重大社会公共利益的需要，国家可以无偿实施，也可以许可他人有偿实施或者无偿实施。项目承担者因实施本条第一款规定的知识产权所产生的利益分配，依照有关法律法规规定执行；法律法规没有规定的，按照约定执行。”

我国根据国务院2006年颁布的《国家中长期科学和技术发展规划纲要（2006—2020年）》设立的16个国家重大科技专项的知识产权政策更进一步明确了哪些知识产权归属承担单位。2010年7月1日，科学技术部、国家发展和改革委员会、财政部、国家知识产权局印发了《国家科技重大专项知识产权管理暂行规定》，该规定要求：“重大专项产生的知识产权，其权利归属按照下列原则分配：（一）涉及国家安全、国家利益和重大社会公共利益的，属于国家，项目（课题）责任单位有免费使用的权利。（二）除第（一）项规定的情况外，授权项目（课题）责任单位依法取得，为了国家安全、国家利益和重大社会公共利益的需要，国家可以无偿实施，也可以许可他人有偿实施或者无偿实施。项目（课题）任务合同书应当根据上述原则对所产生的知识产权归属做出明确约定。”“论文、学术报告等发表、发布前，项目（课题）责任单位要进行审查和登记，涉及应当申请专利的技术内容，在提出专利申请前不得发表、公布或向他人泄露。未经批准发表、发布或向他人泄露，使研究成果无法获得专利保护的，由重大专项领导小组、牵头组织单位根据各自职责追究直接责任人、项目（课题）组长、法定代表人的责任。”“对项目（课题）产生的科技成果，项目（课题）责任单位应当根据科技成果特点，按照相关法律法规的规定适时选择申请专利权、申请植物新品种权、进行著作权登记或集成电路布图设计登记、作为技术秘密等适当方式予以保护。对于应当申请知识产权并有国际市场前景的科技成果，项目（课题）责任单位应当在优先权期限内申请国外专利权或者其他知识产权。”

第三类是合作成果的知识产权归属。在合作中产生的知识产权一般根据合作各方的约定处理，没有约定的一般归完成方或双方所有。

第一种合作是研究开发合作。国家科委于1994年2月8日发布的《国家高技术研究发展计划知识产权管理办法（试行）》就规定：“八六三计划科技成果，除合同另有约定外，专利申请权属于研究开发方”；“研究开发方对不为公众所知悉、能带来经济利益、具有实用性并经采取保密措施的技术秘密，享有非专利技术的使用权和转让权”；“执行八六三计划项目所完成的工程设计、产品设计图纸及其说明、计算机软件等作品的著作权，属于研究开发方”。《中华人民共和国民法典》第八百五十九条规定：“委托开发完成的发明创造，除法律另有规定或者当事人另有约定外，申请专利的权利属于研究开发人。研究开发人取得专利权的，委托人可以依法实施该专利。研究开发人转让专利申请权的，委托人享有以同等条件优先受让的权利。”第八百六十条规定了合作开发合同的技术成果归属：“合作开发完成的发明创造，申请专利的权利属于合作开发的当事人共有；当事人一方转让其共有的专利申请权的，其他各方享有以同等条件优先受让的权利。但是，当事人另有约定的除外。合作开发的当事人一方声明放弃其共有的专利申请权的，除当事人另有约定外，可以由另一方单独申请或者由其他各方共同申请。申请人取得专利权的，放弃专利申请权的一方可以免费实施该专利。合作开发的当事人一方不同意申请专利的，另一方或者其他各方不得申请专利。”同时，民法典第八百六十一条还规定了技术秘密成果归属与分享：“委托开发或者合作开发完成的技术秘密成果的使用权、转让权以及收益的分配办法，由当事人约定；没有约定或者约定不明确，依据本法第五百一十条的规定仍不能确定的，在没有相同技术方案被授予专利权前，当事人均有使用和转让的权利。但是，委托开发的研究开发人不得在向委托人交付研究开发成果之前，将研究开发成果转让给第三人。”《中华人民共和国专利法》第八条也规定了合作完成的发明创造的专利权归属：“两个以上单位或者个人合作完成的发明创造、一个单位或者个人接受其他单位或者个人委托所完成的发明创造，除另有协议的以外，申请专利的权利属于完成或者共同完成的单位或者个人；申请被批准后，申请的单位或者个人为专利权人。”《中华人民共和国著作权法》第十四条规定了合作完成的作品的著作权归属：“两人以上合作创作的作品，著作权由合作作者共同享有。没有参加创作的人，不能成为合作作者。合作作品的著作权由合作作者通过协商一致行使；不能协商一致，又无正当理由的，任何一方不得阻止他方行使除转让、许可他人专有使用、出质以外的其他权利，但是所得收益应当合理分配给所有合作作者。合作作品可以分割使用的，作者对各自创作的部分可以单独享有著作权，但行使著作权时不得侵犯合作作品整体的著作权。”第十九条规定：“受委托创作的作品，著作权的归属由委托人和受托人通过合同约定。合同未作明确约定或者没有订立合同的，著作权属于受托人。”

第二种合作是转化实施合作。在科技成果转化中也会产生知识产权，《中华人民共和国促进科技成果转化法》第四十条规定：“科技成果完成单位与其他单位合作进行科技成果转化的，应当依法由合同约定该科技成果有关权益的归属。合同未作约定的，按照下列原则办理：（一）在合作转化中无新的发明创造的，该科技成果的权益归该科技成果完成单位；（二）在合作转化中产生新的发明创造的，该新发明创造的权益归合作各方共有；（三）对合作转化中产生的科技成果，各方都有实施该项科技成果的权利，转让该科技成果应经合作各方同意。”

三、知识产权权利归属政策分析

由上述知识产权归属的法规政策来看，我国在财政性科技计划和自然科学基金项目知识产权归属规定上还有以下四个方面的不足。

一是知识产权归属来源不一致。科技进步法只规定将财政性科技计划、自然科学基金项目形成的知识产权下放给承担者，没有包括其他类型的国家计划和项目形成的知识产权，更没有包括财政资金设立的企业、高校科研机构自立计划项目形成的知识产权。而专利法等知识产权法规则不存在这个问题，凡是职务发明，知识产权都属于单位；如果是高校科研机构、国有企业的，均应当遵守国有资产管理的政策法规规定。

二是财政性科技计划和自然科学基金项目知识产权范围规定不一致。

科技进步法所规定的知识产权并不包括实用新型、外观设计、技术秘密、商标等类型的知识产权，不包括“国家安全和公共利益”计划和项目形成的知识产权，造成知识产权范围不明确。而专利法等知识产权法规规定，凡是属于职务发明的知识产权都属于单位，包括了各类知识产权。

三是所授予的对象有争议。科技进步法所规定的“项目承担者”容易引起争议。有人认为，项目承担者可以是项目负责人，并且以国外多数国家知识产权是发明人自然权利进行解释。实际上，科技创新法规的立法目的是促进科技创新，制定科技创新政策的目的是提高科技创新的效率。而创新理论已经证明，创新的主体是企业家而非发明人个人，只有企业和单位能够将各种创新要素进行组合，能将发明实现商业化。

为此，我国应修改完善科技进步法。一是明确规定项目承担者是承担单位，而非发明人个人。二是明确规定知识产权是包括发明、实用新型、外观设计专利权、著作权（包括软件著作权）、技术秘密专有权、商标权、地理标记权等类型的知识产权。三是明确规定财政性资金形成的科技创新计划项目形成的涉及国家安全、国家利益和重大社会公共利益的知识产权授予承担单位，承担单位可以处置、使用和收益，但所有权归国家，国家有介入权。四是应明确规定将国家和地方财政性资金设立的各类科技创新类计划和项目形成的各种符合规定的知识产权授予承担单位。五是规定允许财政性资金设立的国有企事业单位自立项目形成的各类知识产权授予承担单位。

第二节　职务发明人激励体系评价

除对单位激励外，知识产权创造激励政策主要是对职务科技成果完成人即职务发明人的激励政策，主要包括优先实施政策、兼职和离岗创业政策，以及奖励报酬政策。

一、优先实施

《中华人民共和国民法典》第八百四十七条规定了职务技术成果的财产权权属：“职务技术成果的使用权、转让权属于法人或者非法人组织的，法人或者非法人组织可以就该项职务技术成果订立技术合同。法人或者非法人组织订立技术合同转让职务技术成果时，职务技术成果的完成人享有以同等条件优先受让的权利。”科技部于2000年12月13日印发的《关于加强与科技有关的知识产权保护和管理工作的若干意见》明确了职务成果完成人优先实施的条件，文件规定：“对于承担单位无正当理由不采取或者不适当采取知识产权保护措施，以及无正当理由在一定期限内确能转化而不转化应用科技计划项目研究成果的，科技计划项目的行政主管部门可以依法另行决定相关研究成果的知识产权归属，并以完成成果的科技人员为优先受让人。”《中华人民共和国促进科技成果转化法》对优先实施进行了进一步规范，第十九条规定：“国家设立的研究开发机构、高等院校所取得的职务科技成果，完成人和参加人在不变更职务科技成果权属的前提下，可以根据与本单位的协议进行该项科技成果的转化，并享有协议规定的权益。该单位对上述科技成果转化活动应当予以支持。”

《中华人民共和国专利法》第六条第三款规定：“利用本单位的物质技术条件所完成的发明创造，单位与发明人或者设计人订有合同，对申请专利的权利和专利权的归属作出约定的，从其约定。”

二、兼职与离岗创业

为了促进科技成果转化，国务院于2016年3月2日印发了《实施〈中华人民共和国促进科技成果转化法〉若干规定》，该文件规定：“国家设立的研究开发机构、高等院校科技人员在履行岗位职责、完成本职工作的前提下，经征得单位同意，可以兼职到企业等从事科技成果转化活动，或者离岗创业，在原则上不超过3年时间内保留人事关系，从事科技成果转化活动。研究开发机构、高等院校应当建立制度规定或者与科技人员约定兼职、离岗从事科技成果转化活动期间和期满后的权利和义务。离岗创业期间，科技人员所承担的国家科技计划和基金项目原则上不得中止，确需中止的应当按照有关管理办法办理手续。”

随后，教育部和科技部又于2016年8月3日联合下发了《关于加强高等学校科技成果转移转化工作的若干意见》，规定：高校科技人员在履行岗位职责、完成本职工作的前提下，征得学校同意，可以到企业兼职从事科技成果转化，或者离岗创业在不超过3年时间内保留人事关系；离岗创业期间，科技人员所承担的国家科技计划和基金项目原则上不得中止，确需中止的应当按照有关管理办法办理手续；高校要建立和完善科技人员在岗兼职、离岗创业和返岗任职制度，对在岗兼职的兼职时间和取酬方式、离岗创业期间和期满后的权利和义务及返岗条件作出规定并在校内公示。中国科学院和科技部于2016年8月24日联合印发了《中国科学院关于新时期加快促进科技成果转移转化指导意见》，鼓励科技人员带着科技成果离岗创业。科技人员离岗创业的，由所在单位合理确定其离岗创业时限，原则上在不超过3年时间内保留其人事关系；离岗创业期满确需延期的，经所在单位同意可适当延长，最多不超过2年；离岗创业期间，离岗创业人员与人事关系所在单位其他在岗人员同等享有参加岗位等级晋升、社会保险、住房、医疗等方面的权利，所在单位与离岗创业人员签订或变更聘用合同，约定离岗创业时限、工资待遇、社会保险、知识产权、技术秘密保护、研究生培养、返回所在单位工作相关事宜、违约责任处理、发生争议处理方式等；为促进科技要素合理流动，中国科学院属单位应按照相关政策制定本单位的规章制度，允许科技人员在适当条件下兼职从事科技成果转移转化，并在兼职中取得合理报酬；各单位应书面约定兼职人员的权利义务，兼职人员须如实将兼职收入报单位备案，按规定缴纳个人所得税。

2016年11月7日，中共中央办公厅、国务院办公厅发布了《关于实行以增加知识价值为导向分配政策的若干意见》，明确要求，允许科研人员从事兼职工作获得合法收入；科研人员在履行好岗位职责、完成本职工作的前提下，经所在单位同意，可以到企业和其他科研机构、高校、社会组织等兼职并取得合法报酬；鼓励科研人员公益性兼职，积极参与决策咨询、扶贫济困、科学普及、法律援助和学术组织等活动；科研机构、高校应当规定或与科研人员约定兼职的权利和义务，实行科研人员兼职公示制度，兼职行为不得泄露本单位技术秘密、损害或侵占本单位合法权益、违反承担的社会责任；兼职取得的报酬原则上归个人，建立兼职获得股权及红利等收入的报告制度；担任领导职务的科研人员兼职及取酬，按中央有关规定执行。经所在单位批准，科研人员可以离岗从事科技成果转化等创新创业活动。兼职或离岗创业收入不受本单位绩效工资总量限制，个人须如实将兼职收入报单位备案，按有关规定缴纳个人所得税。

2017 年 3 月，人社部印发《关于支持和鼓励事业单位专业技术人员创新创业的指导意见》，明确了四项支持政策：高校科研机构专业技术人员到企业挂职或者参与项目合作期间，与原单位在岗人员同等享有参加职称评审、项目申报、岗位竞聘、培训、考核、奖励等方面权利；在兼职单位的工作业绩或者在职创办企业取得的成绩可以作为其职称评审、岗位竞聘、考核等的重要依据；离岗创业人员可在 3 年内保留人事关系；鼓励事业单位设置创新型岗位，实行灵活、弹性的工作时间。2019 年 12 月 27 日，人社部印发《关于进一步支持和鼓励事业单位科研人员创新创业的指导意见》。进一步完善离岗创办企业政策：科研人员开展“双创”活动可申请离岗创办企业，职称、年龄、资历、科技成果形式、获奖层次、获得专利与否均不作为限制离岗创办企业的条件。离岗创办企业申请应经事业单位批准，期限不超过 3 年，期满后创办企业尚未实现盈利的可以申请延长 1 次，延长期限不超过 3 年。离岗创办企业期限最长不超过离岗创办企业人员达到国家规定的退休年龄的年限。在同一事业单位申请离岗创办企业的期限累计不超过 6 年。继续强化保障离岗创办企业人员合法权益：允许离岗创办企业人员在所创办企业申报职称，所获得的职称可以作为其返回事业单位后参加岗位竞聘、重新订立聘用合同的参考。离岗创办企业业绩突出，其年度考核被确定为优秀档次的，不占人事关系所在单位考核优秀比例；经济效益或者社会效益显著的，可按国家有关规定给予表彰奖励。离岗创办企业人员依法继续在人事关系所在单位缴纳社会保险，其他基本待遇由各地各部门根据国家和地方有关政策结合实际确定。创办企业应当依法为离岗创办企业人员缴纳工伤保险费用，离岗创办企业人员发生工伤的，依法享受工伤保险待遇。

支持鼓励兼职和离岗创业是促进科技成果转化的好政策，但是在现有科研任务极为饱满甚至繁重的情况下，科研人员很难有时间进行兼职。兼职还需要经过单位同意并将收入上报单位，科研人员碍于面子而进行兼职的可能性也不大。离岗创业更是需要单位制定政策或与科研人员所在单位签订协议约定有关事项，如果单位不予批准，或制定政策不允许离岗创业，或者单位比较强势，科研人员就难以离岗创业。

三、奖励报酬

知识产权收益奖励报酬政策对激励发明人创造和运用知识产权具有极为重要的作用。法律的明确规定对发明人的产出起到了实质性作用。丹麦、挪威、德国、芬兰、瑞典都有明确的法律和政策规定了对职务发明人的奖励报酬。即使是平均工资收入较高的德国，一项在对1456名股民的调查中发现，实行职务发明制度具有显著的积极意义，远远大于其负面影响。在认为有积极作用的920人中，认为金钱激励效果最大的占57.2%，认为得到认可的占16.6%；在认为有负面影响的437人中，认为主要是补偿太少的占33.6%，认为缺乏透明度的占32%，认为支付奖励报酬延迟的占15.3%。从我国来看，知识产权奖励报酬政策主要包括知识产权转化收益的现金奖励与股权奖励政策、报酬政策和优先实施政策。

（一）知识产权奖励报酬政策

我国法律政策明确了对职务成果完成人的奖励报酬规定，而且经历了一个不断加大奖励报酬力度的过程。《中华人民共和国民法通则》（1986）第一百二十三条规定："民事主体依法享有知识产权。知识产权是权利人依法就下列客体享有的专有的权利：（一）作品；（二）发明、实用新型、外观设计；（三）商标；（四）地理标志；（五）商业秘密；（六）集成电路布图设计；（七）植物新品种；（八）法律规定的其他客体。"科技部2000年2月13日印发的《关于加强与科技有关的知识产权保护和管理工作的若干意见》明确规定："承担单位应当依法落实并保障科技成果完成人员取得相应的经济利益。"

我国不断加大奖励报酬的力度。国家科委于1994年2月8日发布的《国家高技术研究发展计划知识产权管理办法（试行）》就规定了知识产权收益分配的激励政策：研究开发方在取得专利权后，应当按照《专利法实施细则》第七十一条的规定，对完成该项技术成果的课题组成员发给奖金。研究开发方应当从实施或者转让科技成果所获得的收益中提取一定比例作为报酬，支付参加研究开发的课题组成员，实施技术成果的，每年从所得利润纳税后提取1%~2.5%支付，或者参照上述比例一次性支付；转让技术成果的，从所获得的使用费中纳税后提取 10%~15%支付。

《中华人民共和国专利法》第十五条规定："被授予专利权的单位应当对职务发明创造的发明人或者设计人给予奖励；发明创造专利实施后，根据其推广应用的范围和取得的经济效益，对发明人或者设计人给予合理的报酬。"《中华人民共和国专利法实施细则》则明确了奖励报酬的比例，其中第七十七条规定了奖励的金额："被授予专利权的单位未与发明人、设计人约定也未在其依法制定的规章制度中规定专利法第十六条规定的奖励的方式和数额的，应当自专利权公告之日起 3 个月内发给发明人或者设计人奖金。一项发明专利的奖金最低不少于 3000 元；一项实用新型专利或者外观设计专利的奖金最低不少于 1000 元。由于发明人或者设计人的建议被其所属单位采纳而完成的发明创造，被授予专利权的单位应当从优发给奖金。"《中华人民共和国专利法实施细则》第七十八条规定了报酬的比例，即"被授予专利权的单位未与发明人、设计人约定也未在其依法制定的规章制度中规定专利法第十六条规定的报酬的方式和数额的，在专利权有效期限内，实施发明创造专利后，每年应当从实施该项发明或者实用新型专利的营业利润中提取不低于 2%或者从实施该项外观设计专利的营业利润中提取不低于 0.2%，作为报酬给予发明人或者设计人，或者参照上述比例，给予发明人或者设计人一次性报酬；被授予专利权的单位许可其他单位或者个人实施其专利的，应当从收取的使用费中提取不低于 10%，作为报酬给予发明人或者设计人"。

为了加速科技成果转化和知识产权运用，必须加大对职务发明成果完成人的激励，大幅度提高职务发明人获益的比例。中共中央、国务院于 2014 年 3 月 23 日发布的《关于深化体制机制改革加快实施创新驱动发展战略的若干意见》提出："在利用财政资金设立的高等学校和科研院所中，将职务发明成果转让收益在重要贡献人员、所属单位之间合理分配，对用于奖励科研负责人、骨干技术人员等重要贡献人员和团队的收益比例，可以从现行不低于 20%提高到不低于 50%。"中共中央办公厅、国务院办公厅于 2015 年 9 月 24 日印发的《深化科技体制改革实施方案》也提出："推动修订促进科技成果转化法和相关政策规定，在财政资金设立的科研院所和高等学校中，将职务发明成果转让收益在重要贡献人员、所属单位之间合理分配，对用于奖励科研负责人、骨干技术人员等重要贡献人员和团队的比例，可以从现行不低于20%提高到不低于50%。”

《中华人民共和国促进科技成果转化法》从法律上规定了对职务发明成果完成单位和完成人的激励。第四十四条规定：“职务科技成果转化后，由科技成果完成单位对完成、转化该项科技成果做出重要贡献的人员给予奖励和报酬。科技成果完成单位可以规定或者与科技人员约定奖励和报酬的方式、数额和时限。单位制定相关规定，应当充分听取本单位科技人员的意见，并在本单位公开相关规定。”第四十五条规定：“科技成果完成单位未规定、也未与科技人员约定奖励和报酬的方式和数额的，按照下列标准对完成、转化职务科技成果做出重要贡献的人员给予奖励和报酬：（一）将该项职务科技成果转让、许可给他人实施的，从该项科技成果转让净收入或者许可净收入中提取不低于百分之五十的比例；（二）利用该项职务科技成果作价投资的，从该项科技成果形成的股份或者出资比例中提取不低于百分之五十的比例；（三）将该项职务科技成果自行实施或者与他人合作实施的，应当在实施转化成功投产后连续三至五年，每年从实施该项科技成果的营业利润中提取不低于百分之五的比例。国家设立的研究开发机构、高等院校规定或者与科技人员约定奖励和报酬的方式和数额应当符合上述规定的标准。国有企业、事业单位依照本法规定对完成、转化职务科技成果做出重要贡献的人员给予奖励和报酬的支出计入当年本单位工资总额，但不受当年本单位工资总额限制、不纳入本单位工资总额基数。”

为了落实上述政策，一些地方制定了更高比例的奖励报酬政策，例如北京市2014年发布的称为“京科九条”的《加快推进科研机构科技成果转化和产业化的若干意见（试行）》和“京校十条”的《加快推进高等学校科技成果转化和科技协同创新若干意见（试行）》，分别规定“建立科研人员成果转化收益分配机制，经职工代表大会同意，科研机构可提取70%及以上的转化所得收益，划归科技成果完成人以及对科技成果转化作出重要贡献的人员所有”，“高等学校科技成果转化所获收益可按不少于70%的比例，用于对科技成果完成人和为科技成果转化做出重要贡献的人员进行奖励，支持高等学校科学研究、成果转化和教育教学工作”。黑龙江、江苏等一些省份将奖励报酬的比例分别提高到95%和99%，个别省份甚至允许科技成果100%作价入股，收益的100%奖励给完成人。

（二）知识产权奖励报酬法律政策比较

比较《中华人民共和国专利法》和《中华人民共和国促进科技成果转化法》可以发现，有四处不一致。一是获得职务发明成果奖励报酬的对象不一致。专利法针对的只是职务发明人，不包括为科技成果转化作出贡献的其他人，而促进科技成果转化法则包括“对完成、转化职务科技成果做出重要贡献的人员”。二是获得奖励报酬的条件不一致。专利法规定了职务发明人获得奖励报酬的法定性，并规定了没有约定情况下的奖励报酬的比例。而促进科技成果转化法虽然也规定了奖励报酬的法定性，并规定了没有约定情形下的奖励报酬比例，但还规定国家设立的研究开发机构、高等院校规定或者与科技人员约定奖励和报酬的方式和数额应当符合转让许可净收入、作价入股或投资比例不低于50%，自行实施或与他人合作实施投产成功连续3~5年内不低于营业利润5%的规定。三是完成人获得奖励报酬的力度不一致。专利法规定的报酬显然较低，而促进科技成果转化法奖励报酬对象虽然还包括作出重要贡献的非职务发明人，但所规定的奖励报酬显然高于专利法规。四是奖励报酬规定不一致。专利法的奖励指的是专利授权后的奖金发放，报酬指的是将专利实施许可后一定比例的收益支付给职务发明人，但不包括专利转让和作价入股。促进科技成果转化法的奖励报酬没有奖金的奖励，而包含了股权的奖励，但对转让许可规定的是净收入而不是总收入，而且自行实施是在成功投产后连续3~5年内，并非专利有效期内。

（三）知识产权奖励报酬政策制定的原则

实际上，我国在激励科技成果知识产权奖励报酬政策上出现反复，主要的原因在于坚持的基本原则不够清楚。其原则有三个。一是坚持科技成果及知识产权的基本属性原则，即国有资产属性，要防止国有资产流失。我国是社会主义国家，与农村土地所有权归集体、国有企业资产归国家所有一样，财政性资金形成的职务科技成果及知识产权也是国有资产，如果把这种无形资产权利直接授予个人，那么即使是混合权利也不符合社会主义公有制的基本性质。二是坚持促进转移转化原则。任何制度和政策都要解决科技成果及知识产权转移转化中的市场失灵问题，因此要求对职务发明人进行充分的激励，但奖励报酬的比例不是越高越好，科技成果和知识产权转移转化一方面需要发挥职务发明人的积极性，另外也要发挥高校科研机构专业技术转移机构的作用。三是坚持利益平衡原则。在激励科技成果和知识产权转移转化过程中，需要兼顾国家、集体和个人的利益，对完成人奖励比例过低显然会导致激励不足，但将收益全部或大部分奖励给个人显然没有兼顾单位和国家的利益。

拥有职务科技成果知识产权可以使职务发明人更加明确地获得未来收益的预期，要比奖励股权产生的预期更加确定。职务发明人拥有科技成果知识产权相应比例的权利就能够使其掌握或影响入股企业的决策权和控制权。但实行职务科技成果知识产权“混合所有制”，必须要防止国有资产流失。防止职务科技成果国有资产流失必须满足以下三个条件。

第一个条件是职务科技成果知识产权符合国有无形资产的规定。财政部于2000年颁布的《企业会计制度》规定，专利权、非专利技术等知识产权是可辨认无形资产；自行开发并按法律程序申请取得无形资产，按依法取得时发生的注册费、聘请律师费等费用作为无形资产的成本。2006年2月15日财政部公布《企业会计准则第6号——无形资产》第三条规定，可辨认无形资产的认定条件包括：（1）能够从企业中分离或者划分出来，并能单独或者与相关合同、资产或负债一起，用于出售、转移、授予许可、租赁或者交换；（2）源自合同性权利或其他法定权利，无论这些权利是否可以从企业或其他权利和义务中转移或者分离。第四条规定，无形资产同时满足下列条件的，才能予以确认：（1）与该无形资产有关的经济利益很可能流入企业；（2）该无形资产的成本能够可靠地计量。第九条规定，企业内部研究开发项目开发阶段的支出，同时满足下列条件的，才能确认为无形资产：（1）完成该无形资产以使其能够使用或出售在技术上具有可行性；（2）具有完成该无形资产并使用或出售的意图；（3）无形资产产生经济利益的方式，包括能够证明运用该无形资产生产的产品存在市场或无形资产自身存在市场，无形资产将在内部使用的，应当证明其有用性；（4）有足够的技术、财务资源和其他资源支持，以完成该无形资产的开发，并有能力使用或出售该无形资产；（5）归属于该无形资产开发阶段的支出能够可靠地计量。

从上述规定来看，职务科技成果知识产权并不能满足上述关于无形资产的规定，或者并不能完全满足上述规定。职务科技成果知识产权虽然表现为专利权、商标权和著作权等知识产权，但这些知识产权与产品和服务是一体的，实际上不可能从企业中分离出来。职务科技成果知识产权有可能产生经济利益，但从我国目前知识产权尤其是专利权转让、许可和自行实施率较低的现实看，大多数职务科技成果知识产权很难产生经济利益，即使在国外，多数高校科研机构近半数专利也没有许可出去或者获得投资入股。职务科技成果知识产权的成本也无法可靠计量。自行研发形成的职务科技成果知识产权无法准确计量其成本。发生的律师费、注册费可以准确计算，但对是否包括研发投入、如何计算研发投入并没有明确规定。即使是外购的科技成果知识产权也无法计量其成本，目前多数评估机构按实际购买价格评估科技成果及其知识产权价格就充分证明了可靠计量其成本是不可能的。所以，从这一点来看，职务科技成果及其知识产权并不完全符合《企业会计准则第6号——无形资产》规定的认定条件，所以将职务科技成果及其知识产权作为无形资产，并纳入国有资产管理的做法不符合或不完全符合职务科技成果知识产权的实际特点和规律。

职务科技成果知识产权与其他无形资产性质存在较大差异。在大多数情况下，科技成果由于没有权利化，即形成知识产权，则它就是一种潜在的资源而不是无形资产，即使职务科技成果形成知识产权实际也是一种国有的资源而非国有资产。实物资产可以随时变现，而知识产权类无形资产不可能随时变现。与有形资产相比，职务科技成果知识产权最重要的是加入了科技人员的创造性劳动，而创造性劳动难以可靠计量。所以，简单按照其他无形资产对职务科技成果知识产权进行国有资产管理，不仅不符合职务科技成果知识产权的属性，也必然产生很多政策问题，这也是导致我国职务科技成果知识产权转化运用难的突出问题之一。

第二个条件是职务科技成果知识产权及其形成的股权上市或交易。我国高校科研机构知识产权自行实施率和转让许可率极低，即使对职务科技成果知识产权实行了“混合所有制”，但由于没有实施、没有交易变现，没有造成实际的金钱流失，所以就不能简单地说造成了国有资产流失。

第三个条件是在科技成果知识产权及形成的股权转让或上市时造成的国家和单位应得的知识产权（扣除应奖励给职务发明人部分）实现的实际收益与国家和单位应得知识产权应当实现的收益出现差额时才能被认定为国有资产损失。职务发明人用等价的实物如现金或者通过让与等价的国有股权及其未来收益权获得相应的知识产权，如果能够弥补扣除职务发明人应获得的奖励报酬后，国家和单位应当实现收益与应得部分实现的实际收益差额，就不能认定为国有资产流失。

为了防止国有资产流失，在执行法律和政策中，有几个问题需要进一步明确。

一是除了转让许可和作价入股外，技术开发和技术服务是否属于科技成果转化范畴问题。《实施〈中华人民共和国促进科技成果转化法〉若干规定》明确规定，对科技人员在科技成果转化工作中开展技术开发、技术咨询、技术服务等活动给予的奖励，可按照促进科技成果转化法和本规定执行。《中国科学院关于新时期加快促进科技成果转移转化指导意见》也规定，对横向课题经费和纵向课题经费实行分类管理，横向课题经费管理实行合同约定优先。科技人员为企业提供技术开发、技术咨询、技术服务、技术培训等服务，是科技成果转化的重要形式；院属单位应依据相关法律法规与合作单位依法签订合同或协议，约定任务分工、资金投入和使用、知识产权归属、权益分配等事项，经费支出按约定执行。但是，需要单位制定本单位的成果转化收益分配政策，明确这些形式产生的收益分配比例与何时进行分配。但在实践中，很多单位对如何制定具体的政策感到很是为难。

二是净收入的计算问题。《中国科学院关于新时期加快促进科技成果转移转化指导意见》提出，在确定“净收入”时，院属单位可以根据转化的科技成果特点作出规定，也可以采用合同收入扣除维护该项科技成果、完成转化交易所产生的费用而不计算前期研发投入的方式进行核算。一般情况下，国外多数国家的高校科研机构是在扣除一定比例的知识产权申请维持和行政管理成本后，再按知识产权转让许可或作价入股取得的实际收益按比例进行分配。实际上，净收入应当是实际收入减去科技成果取得时的原值、应当分摊的期间费用和合理税费后的收入。原值分为外购科技成果的实际价格和自行研发形成科技成果的成本两类。但对于高校科研机构来说，如果扣除前期研发费用、外购科技成果原值和合理税费，则不可能还有剩余，那么科研人员就无法获得实际奖励。对于企业来说，如果不扣除前期研发费用、外购科技成果原值和合理税费，那么科技成果及知识产权转化运用收入的核算显然不科学。

三是事业单位正职领导股权管理问题。领导干部是促进科技成果转化和知识产权运用的组织保障。高校科研机构和企业管理人员中的领导干部在科技成果转化政策制定、知识产权运营、创新资源调度和责任承担上起着重要作用。离开领导干部的支持，科技成果转化和知识产权运用就很难实现。但领导干部在本单位科技成果和知识产权入股的企业任职，或者获得奖励股权，就有可能为所属企业谋取不当利益。还有许多高校科研机构的正职领导既是科技人员又是促进科技成果及知识产权转移转化的重要管理人员，因此就不能按照一般管理人员的办法进行管理。

为了防止领导干部在科技成果转化中产生为企业谋取不正当利益，以及造成国有资产流失等问题，需要对其职务科技成果入股的奖励股权加强管理。《实施〈中华人民共和国促进科技成果转化法〉若干规定》就明确规定，事业单位（不含内设机构）正职领导，以及事业单位所属具有独立法人资格单位的正职领导可以按照促进科技成果转化法的规定获得现金奖励，原则上不得获取股权激励；其他担任领导职务的科技人员，可以获得现金、股份或者出资比例等奖励和报酬。

中国科学院、科技部于2016年8月24日印发的《中国科学院关于新时期加快促进科技成果转移转化指导意见》明确规定：“担任院属单位正职领导和领导班子成员中属中央管理的干部，所属单位中担任法人代表的正职领导，在担任现职前因科技成果转化获得的股权，可在任职后及时予以转让，转让股权的完成时间原则上不超过三个月；股权非特殊原因逾期未转让的，应在任现职期间限制交易；限制股权交易的，也不得利用职权为所持有股权的企业谋取利益，在本人不担任上述职务一年后解除限制。”教育部与科技部于2016年8月17日发布的《关于加强高等学校科技成果转移转化工作的若干意见》也规定：“担任高校正职领导，以及高校所属具有独立法人资格单位的正职领导，是科技成果的主要完成人或者为成果转移转化做出重要贡献的，可以按照学校制定的成果转移转化奖励和收益分配办法给予现金奖励，原则上不得给予股权激励；其他担任领导职务的科技人员，是科技成果的主要完成人或者为成果转移转化做出重要贡献的，可以按照学校制定的成果转化奖励和收益分配办法给予现金、股份或出资比例等奖励和报酬。对担任领导职务的科技人员的科技成果转化收益分配实行公示和报告制度，明确公示其在成果完成或成果转化过程中的贡献情况及拟分配的奖励、占比情况等。”我国由此从制度上实现了对科研和管理双重身份的领导干部科技成果与知识产权转移转化激励的规范。中共中央办公厅、国务院办公厅于2016年11月7日印发的《关于实行以增加知识价值为导向分配政策的若干意见》进一步要求：“完善科研机构、高校领导人员科技成果转化股权奖励管理制度。科研机构、高校的正职领导和领导班子成员中属中央管理的干部，所属单位中担任法人代表的正职领导，在担任现职前因科技成果转化获得的股权，任职后应及时予以转让，逾期未转让的，任期内限制交易；限制股权交易的，在本人不担任上述职务一年后解除限制。”

为进一步理顺职务科技成果的激励政策，应将知识产权法规与科技法规中的知识产权规定进行协调和完善。一是在专利法修改时，在充分考虑作出重要贡献的职务科技成果完成人和职务发明人的贡献基础上，应当提高职务发明人报酬的比例。参考国外高校科研机构内部技术转移机构的一般做法，奖励报酬的比例可以为扣除一定比例成本如15%~25%后收益的30%~50%。为与促进科技成果转化法一致，我国专利法规应完善相关规定，对未约定报酬方式和数额的，在专利权有效期限内，实施职务发明创造的专利后，每年应当从实施该项发明或者实用新型专利的营业利润中提取不低于5%，或者从实施该项外观设计专利的营业利润中提取不低于0.5%，作为报酬给予发明人或者设计人，或者参照上述比例，给予发明人或者设计人一次性报酬；被授予专利权的单位许可其他单位或者个人实施其专利的，应当从收取的使用费中提取不低于50%，作为报酬给予发明人或者设计人。二是在专利法奖励报酬有关规定中增加对专利权转让和作价入股股权奖励报酬的规定。对未约定奖励报酬方式和数额的，在专利权有效期限内，被授予专利权的单位通过转让专利权或作价入股方式共同或者由其他单位或者个人实施其专利的，应当从获得转让净收入中或股权或出资比例中提取不低于50%的比例，奖励给职务发明人或者设计人。三是坚持利益平衡原则，完善专利法。建议专利法第六条修改为：“执行本单位的任务或者主要利用本单位的物质技术条件所完成的发明创造为职务发明创造。职务发明创造申请专利的权利属于该单位，申请被批准后，该单位为专利权人。职务发明人获得全部或部分专利申请权或专利权的应当提供等价的实物资产、股权或单位实施收益权。”“利用本单位的物质技术条件所完成的发明创造，根据单位物质技术条件和职务发明人对发明创造的贡献对申请专利的权利和专利权的归属作出约定的，从其约定。”如果完全利用单位的物质技术条件，或者科研人员没有贡献超过职责范围内的创造性贡献，则发明创造应为职务发明。但是，如果有单位物质技术条件的贡献，也有科技人员超过职责范围的创造性贡献，职务发明人可以成为职务发明专利申请权或专利权的共有人。

（四）股权激励

1999 年 8 月 20 日，中共中央、国务院发布的《关于加强技术创新，发展高科技，实现产业化的决定》最早提出职务成果完成人股权激励政策。该文件提出：“允许和鼓励技术、管理等生产要素参与收益分配。在部分高新技术企业中进行试点，从近年国有净资产增值部分中拿出一定比例作为股份，奖励有贡献的职工特别是科技人员和经营管理人员”；“允许民营科技企业采用股份期权等形式，调动有创新能力的科技人才或经营管理人才的积极性”。

我国首先在国有高新技术企业开展股权激励试点。2002 年 11 月 18 日，国务院办公厅发布了《关于国有高新技术企业开展股权激励试点工作指导意见》提出：“国有高新技术企业可以开展股权激励试点，股权激励的对象是对试点企业的发展做出突出贡献的科技人员和经营管理人员，试点企业股权激励方式包括奖励股权（份）、股权（份）出售、技术折股。试点企业根据实际情况选择采用上述股权激励方式，用于奖励股权（份）和以价格系数体现的奖励总额之和，不得超过试点企业近 3 年税后利润形成的净资产增值额的 35%，其中奖励股权（份）的数额不得超过奖励总额之和的一半；要根据试点企业的发展统筹安排留有余量，一般在 3~5 年内使用。采用技术折股方式时，可以评估作价入股，也可按该技术成果实施转化成功后为企业创造的新增税后利润折价入股，但折股总额应不超过近 3 年该项技术所创造的税后利润的 35%。”

中关村国家自主创新示范区在股权激励上发挥了先行先试的作用。2009 年 5 月 8 日，中关村国家自主创新示范区领导小组发布《中关村国家自主创新示范区股权激励改革试点单位试点工作指导意见》。意见提出，参加试点的高等院校和科研院所可以采取科技成果入股、科技成果收益分成以及其他激励方式，院所转制企业和国有高新技术企业可以采取科技成果入股、科技成果折股、股权奖励、股权出售、股份期权、分红权、科技成果收益分成以及其他激励方式。采取科技成果入股方式的，可以将不低于 20%的科技成果作为出资所获得被投资企业的股权（股份）用于奖励有关人员；采取科技成果折股方式的，折股总额应不超过近 3 年该项科技成果创造的税后利润的 35%；采取股权奖励和股权出售方式的，用于奖励股权（份）和以价格系数体现的奖励总额之和，不得超过试点企业近 3 年税后利润形成的净资产增值额的 35%；采取股份期权方式的，可以设定经营难度系数，科学设置业绩指标和目标水平，根据业绩考核结果分档确定不同的股权行使比例，对有关人员实施股份期权激励；采取科技成果收益分成方式的，可以从转让该项职务科技成果所取得的净收入中，提取不低于 20%的比例，或者连续 3~5 年从实施该科技成果新增留利中提取不低于 5%的比例，对有关人员给予奖励；采取分红权激励的，可根据职务科技成果对企业净利润的贡献程度，从企业税后利润中提取一定比例对有关人员进行奖励。

2010 年 2 月 1 日，财政部、科技部发布《中关村国家自主创新示范区企业股权和分红激励实施办法》，规定：“辖区内企业可以通过股权奖励、股权出售、股票期权、分红激励四种方式实行股权激励。股权奖励的激励对象，仅限于技术人员，企业用于股权奖励和股权出售的激励总额不得超过近 3 年税后利润形成的净资产增值额的 35%，其中激励总额用于股权奖励的部分不得超过 50%；股票期权行权的有效期不得超过 5 年。”

2011 年 2 月 22 日，国务院批复国家发改委的《中关村国家自主创新示范区发展规划纲要（2011—2020年）》，在职务发明人权益上实现了新突破，提出："对高等院校、科研院所、院所转制企业及国有高新技术企业的职务科技成果发明和转化中做出突出贡献的科技人员和管理人员，由实施科技成果产业化的企业按规定给予股权、分红等多种形式的激励"；"实施重大科技成果转化和产业化的政府股权投资引导和股权激励政策"。

2014年7月2日，国务院召开常务会议，决定在国家自主创新示范区和自主创新综合试验区选择部分中央级事业单位，开展为期一年的科技成果使用、处置和收益管理改革试点，允许试点单位采取转让、许可、作价入股等方式转移转化科技成果，所得收入全部留归单位自主分配，更多激励对科技成果创造作出重要贡献的机构和人员，进一步调动科技人员的创新积极性。2015年9月24日，中共中央办公厅、国务院办公厅印发的《深化科技体制改革实施方案》提出："在财政资金设立的科研院所和高等学校中，将职务发明成果转让收益在重要贡献人员、所属单位之间合理分配，对用于奖励科研负责人、骨干技术人员等重要贡献人员和团队的比例，可以从现行不低于20%提高到不低于50%。"

为加大对科技成果转化的激励力度，第十二届全国人大常委会第十六次会议于2015年8月29日通过了新修订的《中华人民共和国促进科技成果转化法》，从法律制度上规定了股权激励制度。法律规定没有约定奖励报酬方式和数额的职务科技成果，国家设立的高等院校和科研机构给予奖励报酬的科技成果：通过转让许可、作价投资方式转化的，对完成和转化科技成果作出重要贡献的人员获得奖励和报酬的比例不低于50%，对自行或与他人合作实施的获得营业利润不低于5%的比例。国务院于2016年2月26日发布的《实施〈中华人民共和国促进科技成果转化法〉若干规定》进一步规定，国家设立的科研机构、高校应当从技术转让或者许可所取得的净收入、作价投资取得的股份或者出资比例中提取不低于50%的比例用于奖励。在研究开发和科技成果转化中作出主要贡献的人员，获得奖励的份额不低于奖励总额的50%；国家鼓励企业充分利用股权出售、股权奖励、股票期权、项目收益分红、岗位分红等方式激励科技人员开展科技成果转化。

尤为重要的是，2016年11月7日，中共中央办公厅、国务院办公厅发布《关于实行以增加知识价值为导向分配政策的若干意见》，提出“探索对科研人员实施股权、期权和分红激励，加大在专利权、著作权、植物新品种权、集成电路布图设计专有权等知识产权及科技成果转化形成的股权、岗位分红权等方面的激励力度”；“以科技成果作价入股作为对科技人员的奖励涉及股权注册登记及变更的，无须报科研机构、高校的主管部门审批”。

（五）分红权

中关村国家自主创新示范区在分红权上进行了先行先试。分红权主要是针对高新技术企业科研人员。中关村国家自主创新示范区领导小组于2009年5月8日发布的《中关村国家自主创新示范区股权激励改革单位试点工作指导意见》就提出，参加试点的院所转制企业和国有高新技术企业可以采取科技成果入股、科技成果折股、股权奖励、股权出售、股份期权、分红权、科技成果收益分成，以及其他激励方式。采取分红权激励的，可根据职务科技成果对企业净利润的贡献程度，从企业税后利润中提取一定比例对有关人员进行奖励。财政部、科技部于2010年2月1日发布的《中关村国家自主创新示范区企业股权和分红激励实施办法》规定，辖区内企业可以通过股权奖励、股权出售、股票期权、分红激励四种方式实行股权激励，并规定分红奖励有四种方式：（1）本企业自行投资实施科技成果产业化的，自产业化项目开始盈利的年度起，在3~5年内，每年从当年投资项目净收益中，提取不低于5%但不高于30%用于激励。（2）向本企业以外的单位或者个人转让科技成果所有权、使用权（含许可使用）的，从转让净收益中，提取不低于20%但不高于50%用于一次性激励。（3）以科技成果作为合作条件与其他单位或者个人共同实施转化的，自合作项目开始盈利的年度起，在3~5年内，每年从当年合作净收益中，提取不低于5%但不高于30%用于激励。（4）以科技成果作价入股其他企业的，自入股企业开始分配利润的年度起，在3~5年内，每年从当年投资收益中，提取不低于5%但不高于30%用于激励。

国务院于2011年2月22日批复国家发改委的《中关村国家自主创新示范区发展规划纲要（2011—2020年）》明确提出：“对高等院校、科研院所、院所转制企业及国有高新技术企业的职务科技成果发明和转化中做出突出贡献的科技人员和管理人员，由实施科技成果产业化的企业按规定给予股权、分红等多种形式的激励。”

在中关村国家自主创新示范区分红激励政策试点基础上，我国开始在全国推广分红激励政策，并将分红激励改为分红权激励政策，取得了明显成效。2014 年 3 月 23 日，中共中央、国务院发布《关于深化体制机制改革，加快实施创新驱动发展战略的若干意见》，提出：“建立促进国有企业创新的激励制度，对在创新中做出重要贡献的技术人员实施股权和分红权激励。”2015 年 9 月 24 日，中共中央办公厅、国务院办公厅印发《深化科技体制改革实施方案》，提出“制定在全国加快推行股权和分红激励政策的办法”；“建立促进国有企业创新的激励制度，对在创新中做出重要贡献的技术人员实施股权和分红激励政策”。2016 年 2 月 26 日，国务院发布《实施〈中华人民共和国促进科技成果转化法〉若干规定》，规定国家鼓励企业充分利用股权出售、股权奖励、股票期权、项目收益分红、岗位分红等方式激励科技人员开展科技成果转化。2016 年 11 月 7 日，中共中央办公厅、国务院办公厅发布《关于实行以增加知识价值为导向分配政策的若干意见》，提出：“探索对科研人员实施股权、期权和分红激励，加大在专利权、著作权、植物新品种权、集成电路布图设计专有权等知识产权及科技成果转化形成的股权、岗位分红权等方面的激励力度。”

分红权是一种收益权。从职务成果完成人奖励股权不低于 20% 到不低于 50%，从分红激励到分红权激励，我国科技成果及其知识产权转化运用政策不断完善，激励力度不断加大。但是现有股权激励政策还存在一些不足之处。现行法律规定的奖励报酬上不封顶，没有上限。诚然，现阶段我国应加大对科技成果完成人的激励力度，但我国目前的法律和政策只注重对职务成果完成人和职务发明人的激励，而没有兼顾国家、单位和个人之间的利益平衡。由于上述不封顶的规定，一些地方将对科技成果完成人和相关人员奖励报酬的比例提高到 70%，一些省份甚至提高到 100%。实践证明，过高的奖励报酬比例政策不一定能有效促进科技成果转化，反而会产生一些负面效果，如可能导致科研人员不安心科研工作，影响基础研究和产业关键核心技术研究开发，不利于高校科研机构技术转移机构建设，不利于提高科技成果转化的效率。

四、奖励股权递延纳税

2008年之前，我国对职务科技成果完成人奖励股权采取暂时免征个人所得税的政策。1999年7月1日，国家税务总局发布的《关于促进科技成果转化有关个人所得税问题的通知》规定，科研机构、高等学校转化职务科技成果以股份或出资比例等股权形式给予个人奖励，经主管税务机关审核后，暂不征收个人所得税。取得按股份、出资比例分红或转让股权、出资比例所得时，应依法缴纳个人所得税。

国家税务总局于2007年8月1日发布的《关于取消促进科技成果转化暂不征收个人所得税审核权有关问题的通知》规定，审核权自2007年8月1日起停止执行。各地开始对科技成果入股的股份或出资比例征收个人所得税。

股权是个人所得税法规定的应当缴纳个人所得税的客体，但一次性缴纳个税存在较大困难。为解决一次性缴纳个人所得税的困难问题，我国实行了分期缴纳的政策。为激励科技成果和知识产权转化，探索股权激励个人所得税政策，中关村国家自主创新示范区在2010年开始实行“1+6”试点政策。“1”是指搭建中关村创新平台，“6”是指在科技成果处置权和收益权、股权激励、税收、科研项目经费管理、高新技术企业认定等方面实施6项新政策。该政策规定：“以股份或出资比例等股权形式给予本企业相关技术人员的奖励，技术人员一次缴纳税款有困难的，经主管税务机关审核，可分期缴纳个人所得税，但最长不超过5年。”

中关村国家自主创新示范区政策先行先试取得了明显的示范效果。2013年2月25日，财政部、国家税务总局推广中关村改革实验，发布了《关于中关村、东湖、张江国家自主创新示范区和合芜蚌自主创新综合试验区有关股权奖励个人所得税试点政策的通知》，沿用了上述5年内分期缴纳个人所得税的做法，对试点地区内的高新技术企业转化科技成果，以股份或出资比例等股权形式给予本企业相关技术人员的奖励，技术人员一次缴纳税款有困难的，经主管税务机关审核，可分期缴纳个人所得税，但最长不得超过5年。在2013年9月底，国务院又同意支持中关村开展4项税收政策试点，对中关村符合要求的企业实施税收优惠。一是给予技术人员和管理人员的股权奖励可在5年内分期缴纳个人所得税。二是有限合伙制创投企业投资于未上市中小高新技术企业2年以上的，可享受企业所得税优惠。三是对5年以上非独占许可使用权转让，参照技术转让给予所得税减免优惠。四是对中小高新技术企业向个人股东转增股本应缴纳的个人所得税，允许在5年内分期缴纳。中共中央、国务院于2014年3月23日发布的《关于深化体制机制改革，加快实施创新驱动发展战略的若干意见》提出："高新技术企业和科技型中小企业科研人员通过科技成果转化取得股权奖励收入时，原则上在五年内分期缴纳个人所得税。"2014年8月30日，财政部、国家税务总局、科技部发布《关于中关村国家自主创新示范区有关股权奖励个人所得税试点政策的通知》，首次明确提出："股权奖励的计税价格参照获得股权时的公平市场价格确定，但暂不缴纳税款；该部分税款在获得奖励人员取得分红或转让股权时一并缴纳，税款由企业代扣代缴。"但是该文件仅适用于"示范区内、实行查账征收、经北京市高新技术企业认定管理机构认定"的高新技术企业及由北京市制定相关管理办法认定的"科技型中小企业"，而且仅适用于"给予本企业技术人员的奖励"。2014年12月3日，国务院召开常务会议，决定把6项中关村先行先试政策推向全国，并且在所有国家自主创新示范区、合芜蚌自主创新综合试验区和绵阳科技城推广实施4项先行先试政策。

2015年10月23日，财政部、国家税务总局印发《关于将国家自主创新示范区有关税收试点政策推广到全国范围实施的通知》，规定自2016年1月1日起，全国范围内的高新技术企业转化科技成果，给予本企业相关技术人员的股权奖励，个人一次缴纳税款有困难的，可根据实际情况自行制订分期缴税计划，在不超过5个公历年度内（含）分期缴纳；个人获得股权奖励时，按照"工资薪金所得"项目，参照《财政部 国家税务总局关于个人股票期权所得征收个人所得税问题的通知》有关规定计算确定应纳税额。股权奖励的计税价格参照获得股权时的公平市场价格确定。取得科技成果入股的股票期权，应按照工资薪金所得分期缴纳个人所得税，但是由于工资薪金和奖励股权累加，应缴个人所得税税率提高，同时由于股权并非现金，单位和个人并没有税收这项资金，科技人员不得不从工资中甚至家庭收入中缴纳个人所得税，反而加重了科技人员的负担，造成了新的障碍。所以，该政策的执行存在较大困难，各方反响很大。由于仍然没有解决除权即缴税问题和由此导致的职务成果完成人负担加重、税率变高等问题，财政部、国家税务总局于 2016 年 9 月 28 日发布了《关于完善股权激励和技术入股有关所得税政策的通知》。该政策规定，对企业或个人以技术成果投资入股，企业或个人可以选择递延至转让股权时，按股权转让收入减去技术成果原值和合理税费后的差额计算缴纳所得税。同时规定，在转让环节一次性适用 20%的税率征税，比原来税负降低 10~20 个百分点。至此，我国基本解决了职务科技成果奖励股权个人所得税政策不合理的问题。

此外，我国个人所得税政策还涵盖非职务科技成果知识产权转化。我国个人所得税法规定，特许权使用费所得，利息、股息、红利所得，财产租赁所得，财产转让所得，偶然所得和其他所得，适用比例税率，税率为 20%，并且规定，每次收入不超过 4000 元的，减除费用 800 元；4000 元以上的，减除 20%的费用，其余额为应纳税所得额。个人所得税法虽然规定财产转让所得，以转让财产的收入额减除财产原值和合理费用后的余额，为应纳税所得额，但并未包括特许权利使用费所得。而且由于个人科技成果或知识产权转让一次性缴纳个人所得税较多，现有政策没有明确可以分期缴纳个人所得税。财政部、国家税务总局发布的《关于完善股权激励和技术入股有关所得税政策的通知》规定，“对技术成果投资入股实施选择性税收优惠政策”，基本解决了个人科技成果和知识产权入股的个人所得税问题。

五、奖励股权税收优惠政策问题分析

我国对职务发明人的激励经历了从分红到分红权，再到奖励股权等的过程。知识产权法规明确规定了职务发明人奖励报酬，科技法规明确规定了职务成果完成人的现金奖励和股权奖励的比例，但两者关于奖励和报酬的定义不同。知识产权法规的奖励仅限于获得专利权授权后单位的现金奖励，而报酬是单位从专利实施许可收入或盈利中提取一定比例给予发明人的，是对其创造性劳动的报偿。而科技法规的奖励是对职务成果完成人创造性劳动的嘉奖，不仅包括科技成果转化取得的净收入的现金奖励，而且也包括股权奖励或出资比例奖励，还包括营业利润中分得的利润奖励。

与主要发达国家相比，我国采取的是奖励政策。奖励是一个组织对其有贡献成员的嘉奖，而不是对职务发明人创造性劳动的对价性补偿，更不是职务发明人应当具有的权利。多数国家规定或通过合同约定的报酬实际是一种法律权利，这种权利是法定的权利或者合同约定的权利。奖励具有不确定性，而权利可以产生明确的理性预期。我国一些单位允许职务发明人拥有职务发明的部分权利，从而将多年没有转化的专利转化实施，中关村国家自主创新示范区实行分红权并取得成功，都说明科技成果转化和知识产权运用必须要解决职务发明人和成果完成人的法定权利或民事权利问题。

在职务科技成果和知识产权的所有权属于国家的情况下，在不背离国有资产权利法规的情况下，我国法规政策应明确规定，职务发明单位拥有科技成果及知识产权的处置权、使用权和收益权，即实施权，职务发明人和职务科技成果完成人拥有相应的收益权或分红权，而且这种收益权、分红权可以转让、质押、投资入股、继承等。

确定收益权或分红权的比例，应坚持利益平衡原则，应充分考虑职务发明人和单位物质技术条件对职务发明实施收益的贡献，企事业单位也应在与职工签订劳动合同时告知职务发明转化实施的收益权或分红权及其比例，在对职务发明人实施收益权或分红权激励时，也应充分考虑劳动合同薪酬待遇的高低。

第三节　知识产权收费制度体系评价

知识产权费用管理是促进知识产权创造和运用的重要杠杆。知识产权费用管理政策主要包括知识产权收费政策、费用减免或减缓政策以及知识产权拨款与资助政策。知识产权收费政策主要弥补审查成本，知识产权资助政策和费用减免政策主要面向市场失灵主体，而拨款或资助政策主要面向中小企业和市场需求的知识产权创造活动。

一、知识产权收费制度

知识产权收费政策是国家及其受托机构收取知识产权申请、审查、维持、复审、无效宣告阶段等各种费用的标准、程序等的规定。早期的专利收费政策很大程度上是为了维持专利局的运行。收取专利年费的主要目的是得到收益，弥补专利局的管理支出。近年来，欧洲及美国、日本、韩国等国家和地区的专利商标局不断提高知识产权收费标准。欧洲专利商标局分别于2002年、2005年、2007年、2008年、2010年、2012年、2013年、2014年、2016年调整了收费标准。美国专利商标局分别于1999年、2002年、2004年、2008年、2012年、2013年、2017年调整了专利收费标准。日本和韩国总的趋势也是提高专利收费标准。

我国于1985年3月12日在通过专利法及其实施细则时，中国专利局就颁布了专利收费标准，后来在1992年和2001年进行了两次调整。1992年，国家物价局、财政部发布了《关于商标注册费收费标准及其使用范围的通知》。1995年，国家计划委员会、财政部下发了《关于商标业务收费标准的通知》；财政部、国家计委下发了《关于增加商标注册管理收费项目及有关问题的通知》。2008年9月28日，国家发改委、财政部发布了《关于网上商标注册收费标准及有关问题的通知》，建立了商标收费政策体系。1992年4月18日，机电部计算机软件登记办公室发布了《计算机软件著作权登记收费项目和标准》，规定了软件著作权登记申请费、权利转移备案费、著作权续展费、著作权登记证书费、复审请求费等费用。2003年4月15日，国家发改委、财政部发布了《关于集成电路布图设计登记费等收费标准及有关事项的通知》，公布了集成电路布图设计登记收费项目和标准。

知识产权收费作为一项重要的政策工具，可以应对知识产权申请数量的快速增长，也是降低知识产权成本的有效手段。最优的知识产权收费政策是在激励创新和防止垄断上保持平衡，但其前提是专利局能够自负盈亏。激励创新的费用类型主要是专利申请费，而年费会限制专利寿命。社会的最优费用结构是初始的申请费用尽可能低，理想的是零费用，而年费尽可能高。低申请费可以使得高市场潜力的发明得到保护，高年费可以避免专利保护时间过长。此机制也能使有财务约束的专利局有动力鼓励更多的专利维持，但问题是，降低年费，从而增加申请人预期收益，而该收益与初始申请费有关，这就会在专利局降低专利申请费和扩大专利保护期限两个方面造成社会福利的损失。

学者乔永忠（2019）结合专利维持年费制度结构要素及其作用与国内专利权人对其相关问题的调查结果，认为专利维持年费制度的目的在于通过优化专利收益激励权利人创新，有约三成权利人支持该观点；基于收益成本理论，是否缴纳维持年费决定的困难在于专利收益的难以确定性，多数权利人支持该观点；基于促进创新，专利维持年费结构的“混合制”优于“单一制”，但是七成权利人支持后者；基于灵活性，“每年缴纳年费一次”模式优于“每隔几年缴纳一次年费”模式，但是近五成权利人赞同后者；基于专利收益的不确定性，“逐年增长年费数量”模式比“间隔 3 年或 5 年增加年费数量”模式更有利于权利人规避“多交年费”的风险，但是近五成权利人赞同后者；优化年费数量是改革中国专利维持年费制度的关键步骤，多数权利人希望专利维持年费数量在不同阶段分别进行大幅降低、小幅降低、保持不变、小幅提升到大幅提升的调整。

此外，过低的专利获取和维持成本，缺乏法律保障的授予和专利无效，其他法律、政策和制度因素会阻碍专利质量。根据国际专利收费标准进行调整也是制定专利收费政策一个重要的目标。英国观察家认为，美国 20 世纪 80 年代的低专利收费政策是而且仍然是这个国家成功的秘密。与世界东西方主要国家相比，我国的知识产权收费政策主要面向经济困难的企业、非营利机构和个人发明人，没有清晰地面向中小企业和以需求为基础的商业化。制定知识产权收费政策除了应坚持体现弥补审查成本的原则外，还要体现激励创新的原则和弥补市场失灵的原则。

制定知识产权收费政策还要不断优化知识产权费用结构。专利申请费用降低有利于专利申请量增长，年费标准降低有利于专利维持，而申请费用提高会降低专利申请的积极性，年费标准提高则会促使专利放弃，缩短专利长度。最优的专利费用结构主要应根据利润和研发成本的关系确定，应该保持知识产权私权与社会公共利益的平衡，按照帕累托最优进行设计。在我国专利申请量已连续多年居世界第一的情况下，现阶段应适当提高申请阶段费用，适当降低维持阶段费用。这样不仅能够提升专利申请的质量，也能够保持有效专利数量不会下降。为有效发挥中国专利维持年费制度促进创新的作用，建议重新审视中国专利维持年费制度及其收费标准，对其进行全面综合改革，强化对专利维持年费制度理论研究，系统分析其内部结构要素及其促进创新的协同作用机制。改变专利维持年费增长模式，可以考虑每5年专利维持年费增加一个较大梯度，同时每个5年期间，专利维持年费较小幅度增长。调整专利维持年费增长幅度，调整专利维持年费结构，除了缴纳基本专利维持年费外，根据专利权利要求数量增加一定比例费用。

二、知识产权资助政策

我国自2000年加入WTO后，在研发投入方面总额不断加大；随着企事业单位知识产权意识的不断提高，专利等知识产权申请量呈快速上升趋势。目前，我国的知识产权资助政策主要分为两个层次：一个是国家海外知识产权申请资助政策，另一个是地方政府知识产权申请资助政策。为支持我国申请人积极向国外申请专利，保护自主创新成果，中央财政从2009年起设立向国外申请专利专项资助资金，并制定了《资助向国外申请专利专项资金管理暂行办法》。该办法规定了专利申请资助的条件、资金适用范围与标准、资金分配与拨付和监督管理等事项。但是由于执行中存在单项资助额过高、分配不公平等问题，2012年财政部对该暂行办法进行了修改，发布了《资助向国外申请专利专项资金管理办法》，原暂行办法同时废止。

我国多数地方政府制定了地方知识产权资助政策。据统计，2000—2013年制定资助政策的省份达到30个。如北京2000年制定专利资助政策，2002年开始根据国家知识产权局的收费标准进行资助。北京市财政局和市知识产权局于2006年发布了《北京市专利申请资助金管理暂行办法》，提出了对专利申请资助的政策，规定了资助金的资助范围、优先获得资助条件、国内专利资助、国外专利资助等。2009年还发布了《〈北京市专利申请资助金管理暂行办法〉补充规定》。2013年，为深入实施创新驱动发展战略，落实国家知识产权局《关于专利资助工作的指导意见》精神，促进北京市知识产权创造运用能力建设，北京市知识产权局启动了《北京市专利申请资助金暂行管理办法》的修改工作，重点转向授权专利、重要专利和能力建设资助。2014年，北京市财政局和市知识产权局联合发布了修改后的《北京市专利申请资助金管理办法》，修订后的管理办法主要包括总则、资助范围和标准、专利资助是对授权专利在申请和维持过程中发生的相关费用所给予的部分资助、专利资助5个方面。

上海是第一个实行专利申请资助的省份，开始于1999年。2007年2月1日，上海市知识产权局和市财政局联合印发了《上海市专利资助办法》。2012年6月29日，上海市财政局和市知识产权局发布了修订后的《上海市专利资助办法》，该办法将专利资助分为一般资助和专项资助。一般资助是指对资助申请人向中国国家知识产权局，向中国香港、澳门、台湾地区以及国外有关专利审查机构申请专利的相关费用的资助。专项资助是指对市知识产权局认定的专利工作试点企事业单位和专利工作示范企事业单位，在其开展专利创造、运用、保护和管理工作方面所给予的资助。2012年12月31日，上海市财政局和市知识产权局发布了修订后的《上海市专利资助金管理办法》，除一般资助和专项资助外，还规定了专利资助标准和开支范围、专利资助资金预算管理、专利资助资金的申报和管理、专利资助资金的监督和检查。

为了规范政府资助知识产权工作，指导地方实施导向正确、程序严谨、监督有力的专利资助政策，国家知识产权局于2008年1月21日发布了《关于专利申请资助工作的指导意见》，提出专利资助工作的目标是促进专利质量的提升和促进自主创新成果的知识产权化，申请资助的原则应当是因地制宜、部分资助、突出重点、避免重复、衔接配套。专利实施、向国外申请、重点项目、获得专利金奖等各项资助的比例一般不超过70%，国家或地方知识产权示范企业、中小企业专利申请资助比例可提高到85%，获得授权发明专利能提供检索报告证明的可提高到95%。将资助重点从申请转向保护、实施和信息利用，一项专利只能获得一级知识产权局的资助，避免非正常专利申请获得资助，各级知识产权局应对单位或个人每年申请数量和额度进行适当限制。

为进一步提升专利申请质量，2013年12月18日，国家知识产权局发布《关于进一步提升专利申请质量的若干意见》，提出了提升专利申请质量的政策导向和建立有利于提升专利申请质量的监管机制，要求优化区域专利评价工作导向，完善专利一般资助政策，推行专利专项资助政策，突出专利奖励政策的质量导向，强化对非正常专利申请的查处，严肃处理套取专利资助和奖励资金的行为，进一步规范专利代理行为，各地要完善地方专利申请资助政策并将结果上报国家知识产权局。

但是，知识产权资助政策也被一些国家用于追赶发展，如韩国制定了部分专利补贴费用政策，研究了专利费用激励和降低专利申请的机制，以帮助企业追赶。关于专利授权的研究表明，除非授权标准显著降低，政府资助并不必然是专利申请质量的危害因素。目前，许多国家利用资助政策支持企业国内外知识产权申请、保护、维权和运用。根据德勤的调查，奥地利为防止企业侵权，给予在欧盟外如中、印、俄申请专利的中小企业知识产权法律咨询服务50%的成本补助，给予中小企业专利注册、维持、市场化和实施成本100%、最高1.8万欧元的补助，对知识产权（侵权）违法和实施50%、最高1万欧元的拨款。比利时给予在外获取专利申请、维持成本35%~70%的资助，如果企业与研究机构合作研发，可额外资助15%的成本。芬兰给予大型企业获得发明的知识产权的购买或许可费，或者购买产品或服务的分析与保护费用50%的成本资助。

法国针对中小企业购买许可的专利进行支持，给予中小企业专利申请、审查和维持费用50%的减免，给予准备并申请第一件专利申请的单位50%成本、最高1万欧元的资助。德国根据SIGN计划，针对超过250名雇员，销售收入不超过一定数额，总部在德国或在德国国内生产，过去5年没有注册专利或新型的企业，对其在先技术检索、成本效益分析、德国专利和新型注册、其他国家申请、开发利用知识产权准备的费用给予50%的资助，最高每家企业为8000欧元。匈牙利给予中小企业最高90%的国际专利申请费用的资助。

意大利为推进中小企业创新发展，专设技术创新基金（FIT）和研发基金（FAR）予以资助。意大利中小企业在意大利经济中起着中流砥柱的作用。根据意大利中小企业联合会（CONFAPI）提供的数据，意大利共有中小企业400万家，占企业总数的98%，就业人数占就业总人数的70%，工业产值占全国工业产值的66%，出口额占出口总额的65%以上。技术创新基金（FIT）主要用于支持中小企业的知识创新和成果转化，鼓励建立行业研究中心，该基金由意大利经济发展部负责监管，主要支持研究成果的工业化和商品化开发项目，以发展新技术、新工艺、新产品为目的。在大企业中，只有汽车及部件、电子、冶金、航空、精细化工、农产品加工、机械、摩托车及配件行业可申请资助；而中小企业的申请则不受产业领域的限制。资助方式一般为贴息贷款，贷款额不超过项目总经费的35%。在项目执行阶段，拨付资助经费的80%，其余20%在项目完成后拨付。研发基金（FAR）主要用于鼓励国家科研机构和企业联合进行科研开发，为生产技术的改进提供技术支持。该基金由意大利教育、大学与科研部进行管理，主要资助企业独立承担的应用研究项目、国家研究计划、应用研究中的国际合作项目和一些授权实验室从事的应用研究项目等。只有由企业和大学或科研单位组成的科研联合体可以申请此资助，单独一方无权进行申请。资助形式一般是低息贷款，贷款额原则上不超过全部研究经费的55%，但对中小企业和南方地区的企业，比例可达65%。企业可申请部分赠款，但额度不能超过贷款额的50%。若企业申请全部赠款，则赠款一般不超过全部研究经费的35%，但对于中小企业和南方的企业，比例可达40%。

爱尔兰对境内企业尤其是中小企业，可拨款支持研发项目成本的50%，标准项目最高6.5万欧元，小项目最高1.5万欧元，其中专利成本不超过符合条件项目成本的20%。专利成本包括专利准备、申请、检索、维持有效、翻译等费用，专利必须是国内或国外的授权专利。对指定境内高校科研机构拥有项目产生的知识产权，如果商业上可行，可拨款1万~1.5万欧元。高等教育机构专利资助资金，对第二阶段专利申请的初始成本可资助最多2万欧元。

西班牙针对中小企业给予每年专利或实用新型80%的成本资助，最高达到6万欧元；对于个人，可达90%，最高可达6.5万欧元；符合条件的成本包括欧洲专利商标局或PCT申请的申请费、翻译费，以及现有技术检索费。波兰针对中小企业给予专利、实用新型和工业设计35%~75%的成本资助，资助金额从2000欧元到40万欧元，知识产权成本包括准备和申请费用。针对中小企业、高校和科研机构的EPC（欧洲专利同盟）和PCT途径知识产权，“Patents+”项目给予最高90%的成本资助，最高一个项目资助可达80万欧元，成本包括专利申请、市场化研究、工资、分合同成本等运行成本。英国对从事研发活动的中小企业，其“创新英国”计划可资助的成本包括专利申请和维持费，资助对象是符合条件项目产生的知识产权，主要是专利，每个项目最高 7500 英镑。维持费资助最高额度取决于项目类别，市场验证 2.5 万英镑，最高资助成本的 60%；概念验证 10 万英镑，最高资助成本的 60%；原型开发 25 万英镑，最高资助额度中型企业成本 35%、小微企业 45%。

知识产权资助政策是激励知识产权创造的一项重要政策，已被许多国家使用。知识产权资助政策并不必然是导致知识产权质量降低的原因，不能简单地将我国专利质量低和运用效果差主要归因于资助政策。我国是一个发展中国家，追赶发展和实现跨域追赶的任务艰巨，不能简单地认为知识产权数量已成为第一而应废止知识产权资助政策，尤其是海外申请的资助政策。相反，我国应恢复中央财政对海外重要知识产权申请的资助政策。同时，还要对现有政策进行优化，不仅要优化海外知识产权申请资助的额度和程序，将资助额度限定为不超过一件知识产权申请成本的 50%，而且还要推动重复、低效的地方各类资助政策优化，一件申请一般只能获得一项资助，获得多项资助的比例不能超过实际发生费用的 50%。

三、知识产权费用减免政策

2006 年，国家知识产权局发布了《专利费用减缓办法》，规定了专利费用申请减缓条件、减缓范围、减缓政策和补缴减缓费用等事项。2015 年 9 月，国家发改委、财政部印发了《关于降低房屋转让手续费受理商标注册费等部分行政事业性收费标准的通知》，要求从 2016 年 1 月 1 日起，延长国家知识产权部门专利年费减缴时限，对符合《专利费用减缓办法》规定、经专利局批准减缓专利费的，专利年费减缴时限由现行授予专利权前 3 年，延长为前 6 年。

2016 年 7 月 27 日，财政部、国家发改委印发《专利收费减缴办法》，并于 2016 年 9 月 1 日起施行，同时废止《专利费用减缓办法》。减缴办法调整了可以申请减缴的费用范围，取消了发明专利审查维持费减免优惠，申请费（不包括公布印刷费、申请附加费）、发明专利申请实质审查费、自授予专利权当年起 6 年内的年费、复审费 4 种专利收费可以申请减缴。

将专利年费减缴期限由授权后3年调整至6年。将个人减缴标准由年度收入低于2.5万元提高至低于4.2万元。量化了企业经济困难的标准，企业应纳税所得额低于30万元的才能减缴费用。事业单位、社会团体、非营利性科研机构等单位提出费减请求时，无须出具经济困难证明。该办法还提高了减缴额度，简化了费用减缴的计算方法。

我国将费用减缓政策改为费用减缴政策，不仅符合我国创新驱动发展的现实要求，而且也与国际通行的做法一致。2006—2016年，我国实行的是费用减缓政策，专利实施还需要补交缓交的费用，许可实施专利反而需要缴纳缓交的费用，显然与促进专利实施运用的目标不一致。而欧洲、美国、日本、韩国等多数国家和地区专利商标局实行的都是面向市场失灵主体的费用减免政策。如欧洲专利商标局对小企业实行收费优惠一半的政策；美国专利商标局对小实体收费优惠一半，对微型实体和大学优惠75%；日本除了对企业实行费用减半政策外，还对PCT专利国内阶段审查费实行差别化收费政策，对国内居民优惠大约30%。与发达国家相比，我国的知识产权费用减缴政策还存在一定的导向准确性问题，没有面向中小企业和小微企业等市场失灵主体，而是把经济困难证明作为条件，市场风险大但经济不一定困难的中小微企业和个人可能就很难获得政策优惠。要求提供经济困难证明也会造成政策门槛高，条件多、手续复杂，政策落实会存在一定的偏差，还会造成不必要的知识产权收费的流失。

我国将费用减缴的期限由授权后的3年变为6年对延长专利平均维持年限起到了重要作用。我国国内发明专利维持年限基本与费用减缓政策作用年限一致。2016年我国国内发明专利从申请到授权的平均时间为22个月，加上授权后3年的费用减缓时间，时间基本上为5年，我国国内居民发明专利平均正好5.01年。但专利平均维持年限的长短根本上取决于市场主体专利转化实施、技术生命周期和竞争战略的需要。专利既有实施转化获取经济价值的作用，也有防御他人维护企业竞争优势的作用，但转化实施是申请专利和维持专利的主要动机。国家一系列激励专利转化实施的政策措施和企事业单位为获取专利转化实施利益的需要，使得市场主体有动力维持专利的有效性。随着我国加入WTO，充分竞争的市场环境迫使市场主体必须拥有更多的专利才能在竞争中生存，缺乏有效专利的企业很难在激烈的国际市场中生存。此外，迅速发展的科学技术缩短了创新产品的生命周期，从而引致专利实际保护年限缩短。例如，ICT（信息通信技术）产品的寿命基本上为5年左右。2016年国外主要国家在华发明专利的平均维持年限也并不是很长，仅为8.28年。根据财政部、国家发展改革委2018年4月12日发布的《关于停征、免征和调整部分行政事业性收费有关政策的通知》，自2018年8月1日起，停征专利收费（国内部分）中的专利登记费、公告印刷费、著录事项变更费（专利代理机构、代理人委托关系的变更），PCT专利申请收费（国际阶段部分）中的传送费；对符合条件的申请人，专利年费的减缴期限由自授予专利权当年起6年内，延长至10年内；对符合条件的发明专利申请，在第一次审查意见通知书答复期限届满前（已提交答复意见的除外），主动申请撤回的，允许退还50%的专利申请实质审查费。以上相关规定比较符合我国专利保护的实际需要。

专利质量问题近年来一直受到了国内外的广泛关注。我国在《“十三五”国家知识产权保护和运用规划》中专门制定了专利质量提升工程。为了解决这一问题，国家知识产权局近年来加强了专利审查质量管理，不但出台了一系列加强质量管理的政策，而且也在实际中降低了专利的授权率。我国虽然制定了《专利审查指南》，建立了两级质量管理体系，但审查的规范性和审查标准的一致性还存在一些不足。科技项目验收、职称评定、奖励、考核政策虽然是重要的影响因素，但不是影响专利质量的根本性因素。影响专利质量的根本性因素是研究开发的质量和撰写的质量，专利审查质量也与之密切相关。

知识产权数量和质量是研究开发投入政策、知识产权收费政策、费用减缴政策和资助政策共同作用的结果。在研究开发投入保持基本平稳的情况下，保持数量平稳增长，促进知识产权质量明显提升，需要充分发挥知识产权各类费用政策的协同效应。欧洲专利局、美国专利商标局的经验证明，专利收费高是保持专利质量高的主要标杆因素。在我国专利收费标准长期没有提高的前提下，延长专利费用减缴年限，提高减缴额度，虽然有利于降低企业和个人发明者的负担，但反而可能更不利于提升专利的质量。

四、知识产权费用列支政策

2003 年 4 月 4 日，科技部发布了《关于加强国家科技计划知识产权管理工作的规定》，第一次明确提出：“国家科技计划项目经费中可以列支知识产权事务经费，用于专利申请和维持等费用。经财政部门批准，在国家有关科研计划经费中可以开支知识产权事务费，用于补助负担上述费用确有困难的项目承担单位，和具有抢占国际专利竞争制高点意义的重大专利的国外专利申请和维持费。”科技部、国家发改委、财政部、国家知识产权局于 2010 年 7 月 1 日发布的《国家科技重大专项知识产权管理暂行规定》规定：“项目（课题）责任单位可以在项目（课题）知识产权事务经费中列支知识产权保护、维护、维权、评估等事务费。项目（课题）验收结题后，项目（课题）责任单位应当根据需要对重大专项产生的知识产权的申请、维持等给予必要的经费支持。”

在国外多数高校科研机构，知识产权费用主要由其内部技术转移办公室负担。技术转移办公室负担知识产权成本，因此它就必然要对发明创造是否值得申请知识产权保护进行有效的评估，只有能转移出去的技术才申请知识产权保护，申请的知识产权质量也比较高，实施许可的可能性就较大。我国现阶段这种允许列支知识产权事务费的政策规定在执行中容易造成有失公平的问题，也不利于高校科研机构内部知识产权管理运营机构和人才团队的建设。

五、知识产权费用收支体系改革与评价

完善的制度是知识产权有效创造和运用的基本前提，也是制定知识产权创造政策的根本出发点。本章研究了职务科技成果知识产权的权利归属政策、职务发明人奖励报酬政策、知识产权费用政策、知识产权事务费政策的发展过程和存在问题，提出了相应的政策建议。

为促进职务科技成果知识产权运用，我国必须着力修改完善知识产权创造激励的基本制度。一是建立职务科技成果知识产权的实施权制度，应将处置权、使用权和收益权统一归为实施权，职务科技成果及知识产权属于国家，承担单位拥有实施权。职务发明人和职务科技成果完成人拥有相应的实

施权并非简单的奖励报酬，实施权可以转让、质押、入股、继承等。二是建立科技成果知识产权类无形资产单独管理制度。将此类无形资产与其他无形资产分开管理，不受国有资产清产核资、保值增值要求的审批备案、登记评估等规定的约束。三是利益平衡制度。在专利法奖励报酬规定中增加对专利作价入股股权奖励报酬的规定。企事业单位也应在与职工签订劳动合同时告知职务发明转化实施的收益权或分红权及其比例，在对职务发明人实施收益权或分红权激励时，也应充分考虑劳动合同薪酬待遇的高低。

还要优化知识产权费用政策，完善科技创新政策中的知识产权政策。要统筹知识产权收费、费用减缴和地方资助政策，费用减缴应主要面向市场失灵主体，地方资助政策应主要针对海外授权知识产权申请和高价值、核心知识产权与知识产权组合，要切实转变知识产权收费标准越低越好的观念，充分发挥知识产权费用政策的杠杆作用，保持知识产权私权与社会利益之间的平衡。应取消在科技经费中允许职务发明人报销知识产权事务费的落后政策，承担单位应统筹知识产权事务费的使用，支持高质量、高价值、核心知识产权组合创造。

第五章

知识产权高质量运营体系分析

知识产权运营是知识产权商业化运用的重要途径，近几年受到知识产权界和全社会的高度关注。但是，由于对知识产权运营认识不深入，我国绝大多数知识产权运营机构存在运营模式问题，我国知识产权运营发展还存在不足。发展知识产权运营最关键的是要构建布局合理的知识产权运营体系，建立一大批具有盈利模式的知识产权运营机构，培养具有运营能力的知识产权运营人才队伍。

第一节　我国知识产权运营政策体系

一、知识产权运营的概念与特点

知识产权运营是指企业或组织等法律主体基于市场机制，为实现知识产权经济价值而提供的许可交易、质押融资、技术孵化、管理咨询、法律诉讼等各种知识产权服务。其中，专利运营是知识产权商业化应用的重要组成部分——专利所有人采取手段获取专利产生经济价值。知识产权运营的价值在于实现企业知识产权价值最大化，在知识产权创造、知识产权保护和知识产权资本经营等阶段完成知识产权价值创造、价值提取和价值实现的过程，配合企业知识产权运营策略，提高企业的经济效益。因此，企业知识产权运营也是企业利用知识产权创造价值，从而实现知识产权保值增值的过程，是企业在面临的技术环境、市场环境和社会环境的基础上，充分利用企业内部的人力资源、财务资源和外部市场资源，谋求知识产权增值与价值实现的方式。

现有研究中一些观点认为知识产权运营仅指知识产权交易，一些观点则认为知识产权运营泛指与知识产权运用有关的一切商业活动。由于现有研究的不足和一些研究观点的混乱，我国知识产权运营政策的针对性和有效性存在一定不足。知识产权运营是以实现知识产权经济价值为直接目的的商业性活动，主要包括知识产权交易、转让、许可、作价入股、投资收益、技术服务、诉讼赔偿等直接经济价值获取活动，也包括支撑直接经济价值获取活动需要的知识产权检索分析、价值评估、知识产权与股权质押、托管和集中管理等间接活动。

知识产权运用主要包括利用知识产权提升创新能力与竞争力的竞争性运用和知识产权转化为生产力的商业化运用两个方面。知识产权运营相当于有策略的知识产权商业化运用。竞争性运用主要包括知识产权引进与学习、研发自主知识产权产品、专利与标准结合、知识产权交叉许可，知识产权防御。商业化运用则主要是将知识产权及其产品（服务）纳入市场经济运行机制，使其具有商业价值或市场价值的过程。

知识产权运营具有以下特征：(1) 以实现经济价值为直接目的。不能实现经济价值的活动不是知识产权运营。(2) 能否识别可转化的知识产权及其价值是知识产权运营的基本前提。识别内容包括知识产权的质量、风险和价格。(3) 技术、市场和法律风险问题是知识产权运营的主要障碍。要进行知识产权运营必须解决此三类障碍。(4) 有效的运营模式是开展知识产权运营的必要条件。缺乏有效的运营模式或盈利模式，不可能运营好知识产权。(5) 人才队伍是知识产权运营的基本保障。尤其是要有懂技术、法律和投资的运营人才团队。

影响和制约知识产权运营、科技成果及其转化的因素主要有三类。一是供需矛盾。知识产权供需不对接，或者供给不能满足需求，或者有效需求不足。二是市场失灵。在市场失灵中，信息不对称和由此导致的风险不对称是制约知识产权运用同时也是制约科技成果转化的客观问题，创业阶段难是制约知识产权运营的瓶颈问题，知识产权权利分散是制约知识产权运营的根本问题，缺乏有效的运营机构和模式是影响知识产权运营的突出问题，知识产权不能共享是影响产学研合作转化的核心问题，发明人参与是知识产权和成果转化的必要条件。三是政府失灵。我国的法律和政策并没有真正解决影响制约知识产权运用和科技成果转化的根本性问题，而且还存在交叉重复、缺失缺陷、可操作性不足等问题。

知识产权运营的要素包括管理、资金、人才和模式，知识产权运营要成功，就必须建立健全的运营机构、有效的运营模式和合格的运营人才队伍，必须建立支持运营的投资基金，其中最重要的是建立知识产权能否运营的识别能力和能够盈利的商业模式。能否有效识别出能够转化的知识产权及其价值是知识产权运营的核心和关键，更是知识产权运营能否成功的前提。知识产权识别方法和运营模式必须解决信息和风险不对称与知识产权分散问题，必须建立有效的知识产权价格评估系统与方法，建立内部知识产权运营模式及专利池运营模式。

不同生命周期阶段的知识产权运营模式是不同的。专利技术一般经历萌芽、成长、成熟和衰退四个阶段。专利运营对象涵盖技术—产品（样品）—企业（小企业到龙头企业到跨国企业）—产业（小产业—战略产业）的整个阶段。在技术阶段，知识产权运营的方式主要是知识产权战略布局、知识产权转让许可、知识产权拍卖等。在产品阶段，需要构建专利组合、专利池，进行工程化资金投入。在企业阶段，需要进行专利组合、知识产权质押融资、知识产权股权投资、知识产权股权债权转让等。在产业化阶段，需要以知识产权为核心的产业投资、以专利池为核心的产业联盟建设、知识产权转让许可拍卖等。

二、我国的知识产权运营体系

我国一直很重视知识产权的运用和运营。2008 年国务院发布的《国家知识产权战略规划纲要（2008—2020 年）》就提出了“激励创造、有效运用、依法保护、科学管理”的方针，并特别提出“促进自主创新成果的知识产权化、商品化、产业化，引导企业采取知识产权转让、许可、质押等方式实现知识产权的市场价值”，明确将知识产权转让、许可、质押作为知识产权实现市场价值的重要方式，而价值实现是知识产权运营主要方式的转让、许可、股权投资等的主要目的。2012 年 11 月 13 日，国家知识产权局、国家发展和改革委员会、科学技术部等部门联合印发了《关于加快培育和发展知识产权服务业的指导意见》，提出知识产权商用化服务等六大重点发展领域，特别强调“发展知识产权评估、价值分析、交易、转化、质押、投融资、运营、托管等商用化服务”；“建立健全知识产权运营工作体系”，第一次提出建立健全知识产权运营体系的要求。2013 年 4 月 2 日，国家知识产权局下发了《关于实施专利导航试点工程的通知》，明确将知识产权运营纳入专利导航试点工程，并将专利引进、集成和二次开发、转移转化，以及专利储备、形成专利组合，质押融资、对外许可、投资入股、标准制定及海外维权活动等作为专利运营的主要内容。

我国从 2014 年开始利用财政资金在北京布局建设全国知识产权运营公共服务平台，在西安布局建设国家知识产权运营公共服务平台军民融合创新（西安）试点平台，在珠海布局建设国家知识产权运营公共服务平台金融创新（横琴）试点平台。2014 年 12 月，财政部办公厅、国家知识产权局办公室印发《关于开展市场化方式促进知识产权运营服务工作的通知》，提出“2014 年支持在北京等 11 个知识产权运营机构较为集中的省份开展试点，采取股权投资方式支持知识产权运营机构”。

为了推进知识产权运营体系建设，国家知识产权局于 2015 年初发布了《2015 年全国专利事业发展战略推进计划》，提出：“高标准建设知识产权运营体系。通过财政资金引导，探索建立公益性与市场化互补互促的知识产权运营体系。按照‘1+2+20+n’的建设思路，建设 1 家全国性知识产权运营公共服务平台和 2 家特色试点平台，在部分试点省份以股权投资的方式支持一批知识产权运营机构。各地探索建立地区知识产权运营引导基金，鼓励推动社会资本设立知识产权运营产业基金，支持知识产权运营机构开展专利的托管、收购、组合、转化、交易、产业化和投融资等业务。”通过评审，国家知识产权局选择北京智谷睿拓技术服务有限公司等 20 家企业开展股权投资试点。

建设高水平的知识产权运营体系是建设知识产权强国的重要内容。国务院于 2015 年 12 月 28 日发布的《关于新形势下加快知识产权强国建设的若干意见》提出“构建知识产权运营服务体系，加快建设全国知识产权运营公共服务平台”，并将知识产权投融资、知识产权证券化、知识产权信用担保机制、知识产权众筹、众包模式等作为知识产权运营的重要内容。

尤为重要的是，知识产权运营已成为我国产权制度改革的重要内容。2016年3月17日发布的《中华人民共和国国民经济和社会发展第十三个五年规划纲要》第十二章明确提出："建立现代产权制度。实施严格的知识产权保护制度，完善有利于激励创新的知识产权归属制度，建设知识产权运营交易和服务平台，建设知识产权强国。"2016年11月4日，中共中央、国务院发布《关于完善产权保护制度依法保护产权的意见》，要求"加大知识产权保护力度"；"将知识产权保护和运用相结合，加强机制和平台建设，加快知识产权转移转化"。

2017年5月31日，国家知识产权局会同财政部开展了知识产权运营服务体系建设重点城市的遴选工作。2017年7月17日，国家知识产权局和财政部批准苏州、宁波、成都、长沙、西安、厦门、郑州等城市作为知识产权运营服务体系建设重点城市，每个城市财政投入知识产权运营体系建设资金2亿元。

第二节　国内外知识产权运营机构

当前，世界经济发展的主要动力是科技创新，在全球资本贸易、技术贸易和货物贸易中，技术贸易增长速度最快。技术贸易的快速增长在很大程度上是与发达国家高水平的知识产权运营分不开的。

一、美国

美国是知识产权运营最活跃的国家，知识产权运营机构类型较多，知识产权运营成效明显。美国的知识产权运营主要分为五种类型：一是以斯坦福大学、国立健康院为代表的高校科研机构内部技术转移办公室等知识产权运营机构；二是以IBM、高通公司为代表的骨干企业的知识产权运营机构；三是以高智为代表的非生产实体性知识产权运营机构；四是以Yet2. com为代表的互联网知识产权运营机构；五是以MPEGLA为代表的专利池运营机构。

（一）高校科研机构内部技术转移机构

斯坦福大学是最早设立内部技术转移办公室进行知识产权运营的大

学。1970年，斯坦福大学成立了技术许可办公室（OTL），该办公室下设许可经理与许可专员办公室、产业合同办公室、会计办公室、协调办公室、行政职员办公室、专利申请办公室和信息系统办公室等部门。斯坦福大学OTL办公室主要通过对发明披露评估，申请专利、对外专利许可，以及与种子基金投资创办衍生企业进行知识产权运营。2010年3月，斯坦福大学成立了一个有104家企业参加的许可协议团体。斯坦福大学知识产权运营和技术转移管理主要经过五个阶段：发明披露—发明技术评估—许可战略（申请专利—市场许可）—市场战略（许可谈判）—维持关系。到20世纪90年代初，多数大学都抛弃了技术转移的第三方模式，转而采用OTL模式。OTL模式现已成为当代美国大学技术转移及知识产权管理的标准模式。

美国国立健康研究院（NIH）知识产权运营主要由技术转移办公室（OTT）负责。OTT下设政策部和技术开发与转移部，技术开发与转移部包括癌症科、传染性疾病和医疗工程科、普通内科、监控实施科，以及技术转移服务中心。OTT主要开展针对NIH和食品药品监督管理局（FDA）的发现和发明创造评估、保护、市场化、许可、监控、管理等活动。OTT位于NIH总部，在27个下属研究所和中心均设立有“技术开发协调员”，各研究所和中心的技术开发协调员与技术转移办公室构成互补关系。它们分别负责不同的工作。OTT的主要职责包括：评估和保护发明，制定合适的专利管理战略；决定对新兴技术的价值提议，是否有医药或科学实用性，吸引资金或合作伙伴能力，以及市场化的能力；实施市场化战略，将技术直接转移到最适合商业化的相关者手中；许可发明；识别合作伙伴；协商协议，管理研究资源包括药物、生物、研究工具和研发合作的交流；评估规制和政策环境，决定技术转移的影响。

（二）企业知识产权运营机构

IBM公司实行的是集中式管理的知识产权运营模式，权力高度集中，层层细分，职权明确。在公司总部设有知识产权管理总部，副总裁出任知识产权部部长，其职责是负责处理所有与IBM公司业务有关的知识产权事务。知识产权管理总部内设法务部和专利部两大部。法务部负责法律相关的知识产权事务，专利部负责专利事务。专利部下设5个技术领域，每一个领域由一名专利律师担任专利经理。在员工入职时，员工须与 IBM 公司签署一份“有关信息、发明及作品同意书”，规定员工工作期间产生的知识产权归 IBM 公司所有。为加大知识产权创造和转化的力度，IBM 规定发明公开的计 1 点，申请专利的计 3 点，累计到 12 点则奖励 3600 美元。如果第一次被采用申请专利则另外奖励 1500 美元，第二次被采用则再奖励 500 美元。总公司与子公司之间会签署一份《综合技术协助合同》，子公司取得的知识产权归 IBM 所有，IBM 通过再许可的方式授权给子公司使用。IBM 专门委托 Delphion 公司为 IBM 提供以专利为主的知识产权信息检索、调查、分析、跟踪、许可等服务，把从发明的提出到实现专利申请的管理过程缩短到 3 个月，而一般企业为 1 年，使专利实施率达到 30%，而一般企业为 20%。

高通（Qualcomm）公司是一家美国无线电通信技术研发公司，以在多码分址 CDMA 技术方面处于领先地位而闻名，其通用移动通信系统长期演进技术——LTE 技术已成为世界上发展最快的无线技术。高通公司拥有 3000 多项 CDMA 及其他技术的专利及专利申请，已经向全球 125 家以上电信设备制造商发放了 CDMA 专利许可证，涉及世界上所有电信设备和消费电子设备的品牌。首先，高通公司通过投资研发与战略收购掌握新技术专利，以及通过广泛的专利许可开展运营。其次，高通公司为客户提供集成了公司技术的芯片和软件，帮助他们轻松、快速地开发并推出产品。此外，高通公司还利用从众多主要专利权人手中获得交叉许可，以降低客户的知识产权成本，最大限度减少知识产权纠纷。2014 年，高通公司在华实现运营收入达到 760 亿元人民币。

（三）发明投资的知识产权运营机构

高智公司总部设在美国华盛顿，在中国等 8 个国家设有分支机构。员工总数 800 多人，其中技术专家、法律专家、经济专家各占 1/3。高智公司目前管理着科学基金 ISF、投资基金 IIF 和开发基金 IDF 三只营利性基金和一只非营利性基金，以及一个新创企业。基金规模达 57 亿美元。2003—2010 年，公司基金实际投入不到 30 亿美元，实现许可收入超过 45 亿美元。高智公司的盈利模式主要是组建顶尖团队以寻找最佳投资机会，指导旗下基金通过自创、购买、合作三种方式创建具有完全经营权和面向全球市场经营的专利池或专利组合，通过许可从大公司获得专利许可费。其服务类型有两大类：一是为遭受专利诉讼的大企业提供专利风险解决方案，收取专利许可费；二是为未遭受专利诉讼的大企业提供技术支持和保险，收取专利许可费。高智还与中国高校开展合作，首先，跟大学的科研机构签订合作协议，选择发明团队加入高智公司全球发明网络体系；其次，向网络体系中的发明家发送“发明请求”，列出具有挑战性的技术需求，并指出研究路径；最后，发明家提交发明建议以供审核。审核分三个层次。一是当地商业化价值审核，通过后放入高智公司专利数据库中，由分布在全球的专家进行技术打分，2 分以上的再接受专家和高智公司市场方面的考核，看是否有市场前景，是否能与高智公司目标布局互补。通过考核接受的专利，高智公司一般会支付 1 万~2 万美元，以确定合作关系。二是高智公司团队会与发明人深入讨论如何让专利保护范围更广、更细致。三是进入申请专利阶段，同时考虑如何商业化。高智公司对于申请专利的发明附加资助 1 万美元。申请专利国家主要是美国、欧盟和日本，每件专利的平均成本大约为 20 万美元。

（四）互联网集中型运营机构

Yet2. com 是全球利用网络进行虚拟技术交易的先驱，也是目前全球最大的网络技术交易平台。其业务主要涉及技术转让、知识产权交易以及知识产权许可。1992 年 2 月，Yet2. com 由 3M、Boeing、Dow、DuPont、Ford、Honeywell 等 10 余家国际知名企业投资成立，之后又陆续扩增到近 60 家。其总部设于美国马萨诸塞州，在英国赫特福德、日本东京皆设有分部。Yet2. com 技术交易平台的基本功能有两个。一是全球技术许可业务。Yet2. com 目前拥有 3M、Bayer、Dupont$_A$Boeing. P&G、PhilipsNTT-AT、Ford 等 8000 余位使用者，以及上千项的技术与技术需求，并配合 Derwent、Arthur、D. Littl、NASA 等战略合作伙伴，拓展技术信息与知识产权服务。二是知识产权专业服务，包括技术的取得与授权、知识产权顾问咨询、知识产权组合分析、专利维护、评估与诉讼支持、资金核查等。Yet2. com 通过评估客户知识产权的投资组合为其提供咨询服务，并为其选出最适合的对外许可技术；帮助客户鉴别其技术需求，并找到满足这些技术需求的解决办法；还帮助客户为其技术成果的交易做好前期准备，并在整个交易决策的过程中提供帮助。

（五）MPEGLA——专门的专利池管理机构

由于国际标准组织移动图像专家组（ISOMPEG）和国际电子技术委员会（IEC）1995年制定的MPEG-2标准在执行中遇到了专利丛林问题，富士通、朗讯、索尼等8家企业加上美国哥伦比亚大学发起成立了MPEGLA。该公司采取专利池方式把27项标准必要专利一揽子打包许可给用户，向被许可人收取许可费用，并按照专利池中各个权利人所持有有效专利数量进行分配。目前，MPEG-2标准（ISO/IEC13818）有MPEG-2、MPEG-2AAC、MPEG-2Systems三个专利池。到2013年4月，MPEGLA运营的MPEG-2技术在57个国家拥有27个专利权人，拥有921项专利，被许可企业1408家。MPEGLA专利池许可模式已成为解决专利丛林问题的范式。

二、欧洲

欧洲的知识产权运营机构主要有中介服务型机构如德国的史太白促进基金会、高校科研机构内部运营机构、专利池运营机构、互联网运营机构和企业知识产权运营机构。

（一）德国史太白促进基金会（STW）

STW是民办官助的全国性技术转移组织，成立于1971年。STW在40多个国家设有分公司，已成为全世界最活跃的技术转移组织之一，拥有6000名技术专家和1000个中心。STW技术转移中心的任务有5个。一是为企业提供咨询服务，包括设立技术转移中心和创新网络、与产业协会设立创新中心、建立运营孵化中心，协助技术认证、太阳能与可再生能源系统设计与工程、工艺与产品升级。二是绿色和清洁能源国际技术探查、市场化和技术转移合作。三是技术应用研发和产业技术方案。量身定制制造业技术解决方案，在材料科学、高分子化学、电化学、机械工程、电气工程和绿色技术方面成为技术转移中心和创新集群。四是技术合作生产可行性评估。包括国际技术初步审查、全球实验室样机创新技术评估、产业领先和政府机构项目技术可行性研究。五是培训与继续教育。

（二）德国马普学会创新公司

马克斯·普朗克科学促进学会（以下简称“马普学会”），是德国著名的非营利性基础类研究机构，主要从事自然科学、生命科学、社会科学和人文学领域的基础研究活动。马普学会于1970年设立了马普学会专利办公室，后转制成立马普创新公司，通过合作协议方式，全权委托该公司处理学会的知识产权和技术转移事务。马普学会高度注重基础研究与应用研究的联系，不但重视加强以市场应用为导向的研发，还不断推进技术转移工作，为促进科研与生产的结合，采取了一系列富有成效的措施。马普学会创新公司负责马普学会知识产权运营，搭建起联通研究和产业界及投资界的平台，有来自职业投资者、律师、专利律师、税务咨询师，以及科学家和来自各个领域的产业代表的工作团队。此外，创新公司还有一个来自科学家、产业界、风险投资界和政界组成的顾问团。截至目前，该公司下设9个部门，共有员工40人。其中，主管团队2人；专利与许可管理团队12人，大部分具有技术背景，有生命科学专利与许可经理5人，物理、化学、技术和软件专利许可经理7人；启动与投资组合管理团队10人；基金项目“Go-Bio”初创公司1人，主要负责为该项目提供咨询；专利管理团队4人，主要职能包括处理马普学会发明主张，联系专利律师，与专利律师一起完成正式文件，监视期限，核对专利收费票据，披露发明等；合同、法律和财务管理团队5人，其中4人具有律师资格；管理团队4人，大部分具有商业和技术学习背景；市场和公共关系部门2人，主要负责与媒体对接，网站发布等。马普创新公司技术转移的主要模式有：第一，采取企业化运作方式，由专业化运营团队，提供多样化的技术转移服务方式，包括技术评估、专利许可、成立衍生企业等；第二，提供多元化的融资支持服务，如创业种子基金、金融资本、天使投资、转移项目资助等；第三，建立完善的权属和利益分配制度，兼顾各方利益，以提升其积极性，例如，研究所、学会和发明者依次获得专利许可收益的37%、33%和30%；第四，搭建开放的合作网络，包括但不限于与国内外政、产、学、资等各方的交流平台。自1979年以来，马普创新公司共协助申请4000多项发明专利，签署2400多份许可协议，衍生出120多家公司，创造了近3000多个就业机会。

（三）英国牛津大学ISIS创新公司

1988年成立的ISIS创新有限公司是牛津大学全资拥有的技术转移和知

识产权运营机构，主要业务包括知识产权许可、新公司成立、咨询顾问及服务合同。ISIS 公司下设 4 个部门。一是负责技术转移的部门，主要职责是知识产权、专利、许可、衍生公司创建、天使投资人网络、牛津发明基金、牛津挑战种子资金、ISIS 软件孵化器。二是管理咨询部门。ISIS 管理咨询部门帮助牛津大学科研人员识别和管理咨询机会，帮助客户联系世界一流的牛津大学跨学研究团队。三是牛津创新团体。这是一个将企业、投资人、政府和大学科研人员与发明家结合在一起的领先创新网络，为企业了解牛津科研创新工作开辟了一个窗口。其创新团体于 1990 年成立，2010 年有 175 家企业加入，每家企业需缴年费 6800 英镑。会员有 3 个月的优先选择期，过了选择期，其他人员才可以选择考察技术和谈判。四是企业部门。ISIS 向企业提供全球范围公共与私有部门技术转移和创新管理专家的意见和建议。

（四）意大利 SISVEL 公司

成立于 1982 年的意大利 SISVEL 公司是一家典型的专利池运营公司。SISVEL 通过提供一揽子知识产权许可的方法帮助企业将其利益最大化：发布必要专利初次参加联合许可安排的号召；在必要专利拥有人之间进行广泛讨论；开发多方许可协议；执行和管理许可；收集和分配许可费。SISVEL 已成功开发了 MPEG 音频、DVB-T（数字视频广播-地面传输技术）等多个消费电子领域技术标准的必要专利池或组合。2012 年，SISVEL 发起了 4GLTE 技术专利池的构建。截至 2017 年 8 月，该专利池拥有来自中国、美国、日本、欧洲、芬兰、加拿大、韩国、澳大利亚等国的 678 项必要专利，其中中国专利 55 项。专利权人包括 AirbusDSSAS. 法国电信（ORANGE）、中国电信科学研究院电子通信研究所、TDF、KPN，以及 SISVEL（获得 NOKIA2011 年和 RINGE2015 年申请的专利）。每台产品每年许可费为：对于消费者，数量 10 万台以下 0.99 欧元，10 万~200 万台 0.80 欧元，201 万~500 万台 0.7 欧元，501 万~2000 万台 0.6 欧元，2001 万~5000 万台 0.5 欧元，5000 万台及以上的 0.4 欧元。对于生产者，10 万台以下 0.60 欧元，10 万~200 万台 0.48 欧元，201 万~500 万台 0.42 欧元，501 万~2000 万台 0.36 欧元，2001 万~5000 万台 0.3 欧元，5000 万台以上 0.24 欧元。此外，SISVEL 还建立了 Wi-Fi 专利池。电信科学研究院电子通信研究所拥有 267 项专利中的 108 项中外专利。

（五）英国 IPEX Capital

IPEX 于 1996 年创建，是一家进行在线知识产权和技术交易的机构，其交易涉及化学、计算机、通信、食品等多个领域。IPEX 交易主要包括非拍卖方式和拍卖方式。非拍卖方式与普通的技术交易平台相似，通过搜索引擎和宣传邮件来帮助拟转移或许可的技术找到一个合适的技术需求者。有明确用途的知识产权和技术的拥有者更愿意通过拍卖的方式来进行许可或转让，尤其是在技术为突破性技术（Disruptive）或者其价值难以确定的情况下。2016 年，IPEX 售给辉瑞的专利组合 Me. ridica 价格为 1.25 亿美元，售给 Cambridge Silicon Radio 和 Aeroflex 的专利组合价格为 1.325 亿美元，售给 Basware 的专利组合价格为 2600 万美元。

三、日本

日本的知识产权运营机构主要包括以东京大学为代表的高校科研机构知识产权运营机构和国家专利主权基金 IPBridge 等。

高校科研机构技术许可办公室。日本于 1998 年 5 月制定了《促进大学技术转移法》，其核心是推进将大学科技成果向企业转移机构即 TLO 的建设，政府从政策与资金方面对 TLO 予以支持。此后，日本建立了近 50 个 TLO，其中多数归属于大学，一部分属于国立研究机构。1999 年 10 月，日本政府颁布《产业复兴特别措施法》，对承认的 TLO 实行专利费和专利审查费 3 年减半收费的政策。2000 年，日本颁布《强化产业技术法》，进一步支持大学 TLO 的发展，TLO 可以免费使用大学的研究实验设备和设施。东京大学技术许可办公室具有典型性，其知识产权运营主要由产学合作总部（DUCR）、东京大学技术转移机构（TOUDAITLO）和东京大学优势资本株式会社（简称 UTEC）三部分负责。其中 DUCR 负责知识产权政策和收益分配，TOUDAITLO 负责专利申请和技术转移，UTEC 负责风险投资和支持新创公司。UTEC 股东大部分为东京大学的教授。东京大学 TOUDAITLO 主要通过专利许可、签订材料转移协议、软件开发等产业可用的著作权许可、技术咨询等将科研成果转化到企业，既转移大学的专利，也转移发明人的专利，还转移共有权利的专利。在接到大学的发明报告后，选择有商业化前景的发明，然后将这些有市场前景的发明许可到企业，企业提升早期阶段的发明价值并进行进一步的商业化开发。2013 年，TOUDAITLO 共有员工 21 人，其中顾问 2 人，主任 1 人，第一组 4 人，第二组 5 人，运营支撑组 4 人，联络组 3 人，办公自动化组 2 人。

IPBridge。2013 年 7 月，有日本政府背景的创新网络公司等 26 家大公司和政府出资组建成立了日本专利主权基金 IPBridge，其中日本创新网络公司投资 2780 万美元。IPBridge 的目标不是诉讼，而是通过建立快速、低成本的投资组合知识产权，支持国内产业发展。IPBridge 掌握的知识产权和创新投资基金已达 3 亿美元，所拥有的高质量专利组合已达到 3500 件专利。IPBridge 主要任务是支持企事业单位制定知识产权战略；支持大企业、中小型企业、大学和研究机构知识产权商业化。其创新模式包括以知识产权为基础的孵化、知识产权许可和知识产权咨询。2014 年 12 月 2 日，日本 NEC 电气公司向 IPBridge 转让了 200 项半导体设备技术专利，尤其是 CMOS 相关技术。2015 年 5 月 29 日，IPBridge 从日本松下公司转让了 857 件用于电视、蓝光碟片、智能手机、桌面等领域的视频编解码技术专利，从而成为 MPEG-LA 的许可方。同时，IPBridge 还从一家日本电子公司购买了 500 多项智能手机的专利组合。2016 年 6 月 1 日，IPBridge 从富耐电子公司购买了智能手机界面和电子设备的专利组合。2016 年 7 月 18 日，IPBridge 从精工爱普生公司购买了电子设备马达技术的 200 项专利的专利组合。2016 年 9 月 26 日，IPBridge 还与奈良科学技术研究院联合开展 AR 和不可视制造技术的联合研究，开展知识产权许可和商业化。为激励发明人，IPBridge 将超过一半的许可收益返还给原始知识产权拥有人。

四、韩国

韩国知识产权运营机构主要包括网上专利交易市场 IP-Mart、高校科研机构内部技术转移办公室和韩国国家专利主权基金。

IP-Mart。韩国知识产权局（KIPO）于 2000 年成立网上专利交易市场（IP-Mart），旨在向个人发明人、中小企业、风投公司和投资人等提供技术转移和产业化信息。为了方便用户使用，IP-Mart 于 2007 年 1 月 31 日重新更新上线。在更新后的 IP-Mart 中，主要包括以下 4 个新增服务。一是匹配技术检索。当潜在交易者在 IP-Mart 上登记欲售出或购进的专利技术时，系统就会自动检出与用户输入的交易条件，如技术名称、预期价格等相匹配的专利技术，并提供匹配的精准度，使用户了解检索结果与其检索要求的相关度。二是技术拍卖。主要是网上专利技术转让和交易。用户可通过 IP-Mart 在网上决定技术交易类型以及交易量，但实际合同要离线签订。三是技术评估。IP-Mart 对专利技术进行技术和商业机会评估。四是技术融资检索。IP-Mart 检索分布于各个政府部门和机构资金的商业化信息。

创智公司。韩国知识产权管理公司 Intelletual Discovery 于 2010 年 7 月 23 日成立，是一家应对专利钓饵公司和专利许可公司的国家主权基金性质的知识产权运营机构。该公司初期投资 5000 亿韩元，其中政府出资 2000 亿韩元，民间投资 3000 亿韩元。该公司的业务分为三类。一是知识产权孵化，建立核心专利组合和专利池。二是许可销售，向需要知识产权的新创企业、风投企业、投资知识产权的企业、大中规模知识产权组合的企业、拥有优秀知识产权的全球研发型企业等进行知识产权许可。三是定制化知识产权服务，通过建立支撑各领域交易与商业化的知识产权组合满足企业需求。目前，韩国三星电子、LG 电子公司和现代汽车公司都已加入该公司。该公司最大的股东是三星电子，拥有该公司 25%的股份，LG 集团控制 20%的股份。其他股东包括浦项制铁、韩电、KT 和 WOORI 银行。现代汽车公司已投资 500 亿韩元，占据该公司 2.5%的股份。2014 年该公司获得了国内和国外价值 2.5 亿美元约 3800 项专利，这些专利覆盖移动网络、云计算和电池等技术领域。

五、我国知识产权运营机构

近年来，我国知识产权申请和授权数量快速增长，知识产权转化运用的重要程度日见突出，尤其是专利技术在战略性新兴产业发展中的作用越发重要，各种技术交易和知识产权运营服务平台应运而生，为创新主体、投资主体和服务主体提供了各种类型的服务。在知识产权运营服务机构雨后春笋般出现的过程中，出现了一批具有代表性的机构，这些机构主要分为以下 4 类。

（一）知识产权和技术转移中介机构

目前，我国正在建设一大批中介型知识产权和技术转移服务机构，如中国技术交易所，大学国家技术转移中心，华北、华南知识产权运营中心，国家专利展示交易中心等。这些机构大多数属于第三方机构，而且大多数都建立了在线交易平台，如中国技术交易所知识产权综合服务平台（技E网）、中关村技术转移与知识产权服务平台等。2015年14家技术交易所、9家技术产权交易所等23家产权或技术交易机构共促成技术交易11998项，成交金额达712.85亿元。

（二）知识产权运营信息服务平台

我国建立了一批以提供知识产权信息服务为主要内容的机构和平台，如中国专利网、中国知识产权网、中国专利信息网等，汇集全国和国外专利信息资源，推荐优质专利技术和产品，提供专利技术和产品的信息发布。虽然很多在业务介绍中也提出知识产权交易、许可，但大多数只提供知识产权信息服务和分析服务，开展专利的交易转让、鉴定认证及价值评估等服务的较少。

（三）商业化知识产权运营机构

近年来，我国已经出现了一批具有代表性的知识产权运营机构，这些机构基本都是市场化的运营机构，如北京智谷睿拓技术有限公司专注于为企业买卖专利许可，后来虽然并入了小米科技公司，但知识产权转让许可仍然是主要业务。以知识产权交易为核心业务的厦门中开信息技术有限公司开发的科易网建立了第三方支付模式，极大地降低了技术转移和知识产权运营中的信息不对称和风险不对称问题。上海盛知华知识产权服务有限公司按照国外先进模式建设和发展，已从内部机构转变为外部机构，并已成为高水平的专业化知识产权运营服务机构。

（四）政府参与建设的地方性知识产权服务平台

目前，我国许多地方政府在国家知识产权局的引导与支持下，在其所在地区建立了一些知识产权运营服务平台，为本地区提供知识产权信息和运营服务。如北京市知识产权公共信息服务平台、上海知识产权交易中心平台、广东省知识产权信息综合服务平台、宁波市知识产权服务平台，还建立了华北知识产权运营中心、华南知识产权运营中心、深圳南方知识产权运营中心等专门的区域知识产权运营服务机构。但由于各地所建平台的信息化程度不一，其业务系统所支持的服务也不尽相同，业务局限性较大，无法做到知识产权运营服务的全面化和服务的规范化。

六、中外知识产权运营模式比较

总结国内外知识产权运营和技术转移机构的模式可以发现，国外的技术转移机构大多数属于提供技术和知识产权信息服务的机构，而非从技术转移中盈利的机构，或者说是非知识产权运营的机构。企业、高校和科研机构的知识产权运营机构大多数属于内部机构，而且建立了有效的知识产权管理运营模式。社会运营机构大多以专利池为主营业务。然而，我国大多数所谓的知识产权运营机构并没有建立有效的知识产权运营模式，多数是在信息和法律咨询服务上取得了一些盈利；尽管知识产权运营离不开知识产权检索分析和法律咨询等服务，但检索分析和法律咨询服务并不是知识产权运营本身。我国所谓的知识产权运营机构大多数不能取得成功的主要原因在于其知识产权运营模式存在问题，或者说没有找到有效的盈利模式，具体分析如下。

（一）大多数机构采用简单中介机构模式

简单中介机构模式已被国内外实践证明是不可能取得成功的模式。由于简单第三方中介机构远离技术研发第一线，不了解且难以控制技术和知识产权，无法识别和控制知识产权的质量、风险，尤其是技术、法律和经济的风险，又非生产实体，还缺乏资金投资，没有识别知识产权质量、风险和价值的动力和能力，所以很难将知识产权运营好。

（二）大多数机构缺乏市场化投资模式

我国虽然建立了科技型中小企业创新基金、科技型中小企业创业引导基金、国家科技成果转化引导基金、中科院科技成果转化与知识产权运营基金、财政部知识产权股权投资基金等知识产权运营基金，也成立了中智厚德知识产权运营基金、国知智慧知识产权股权基金、北京市产业知识产权投资基金等产业知识产权投资基金，但现有大多数知识产权基金是政府主导的投资基金。实践证明，政府主导的知识产权运营投资很难取得成功。像北京智谷睿拓技术有限公司睿创专利运营基金等市场化的运营投资还较少。

（三）大多数机构缺乏解决知识产权碎片化问题的运营模式

我国的国家和地方并研机构多属于两级法人结构，知识产权实际上存在知识产权权利分散和碎片化问题。在高校系统，承担同一类项目的高校都可拥有承担该项目子课题形成的知识产权，也存在知识产权权利分散和碎片化问题。我国的高校和科研机构虽然成立科技处管理知识产权，成立科技成果转化处负责知识产权转让许可，但都不能解决知识产权权利分散和碎片化问题。此外，我国的国家科技计划知识产权政策也没有解决知识产权碎片化问题。这是影响面向科技成果和产品的知识产权运营的一个突出问题。近年来，我国建立了许多产业联盟、知识产权联盟，一些联盟还提出要建立专利池，但大多数联盟并没有很好地开展专利池权运营，其根本原因在于不熟悉，也没有掌握专利池运营模式和相应专利池运营政策。我国也建立过闪联、AVS 等技术标准专利池，但大多数专利池运行困难。其主要原因在于，这些标准联盟所谓的专利池没有与技术标准进行实质性结合，现有技术标准缺乏专利支撑，没有建立专利质量识别和评估机制，没有制定有效的许可收益分配政策。如果不能得到许可收益，拥有专利多的创新主体就有可能退出专利池，导致专利池无法运行。

（四）发明人是知识产权运营的必要条件而非有效模式

我国新修订的促进科技成果转化法出台前后，一些地方不断加大对职务科技成果完成人和职务发明人的奖励报酬力度。实际情况是，我国的科技成果及其知识产权的转化率并没有显著提高。对发明人激励只是促进科技成果转化和进行知识产权运营的一个方面，而非唯一模式或主要的模式。知识产权运营的主导模式是内部机构运营模式和专利池运营模式。我国科技创新法规政策坚持依靠发明人转化而非依靠创新主体内部机构和专利池模式转移转化的思路导致法规政策偏离了正确方向。

第三节　构建基于高质量发展的知识产权运营模式

一、国内知识产权典型运营模式

在知识产权运营体系中，任何一个知识产权运营机构都要建立有效的、能够盈利的运营模式，有效的运营模式是知识产权有效运营的必要条件。通过梳理，可以发现，国内外最具有代表性的盈利性知识产权运营模式有以下 10 种。

（一）内部机构运营模式

内部机构知识产权运营模式又可分为企业内部机构运营模式和高校科研机构内部机构运营模式两类。企业内部知识产权运营模式又分为集中模式和分散模式两种。IBM、华为是典型的集中式运营模式，东芝公司是典型的分散式运营模式。高校科研机构内部知识产权运营大致有欧洲的内部技术转移公司运营模式、美国的内部技术转移（许可）办公室运营模式和日本的内部技术转移办公室加外部投资公司运营模式，但无论采用哪种组织模式，它们都具有知识产权管理、技术转移（知识产权许可）和投资基金三个功能，专利是否申请主要面向技术许可，技术许可不需要通过外部的中介机构而是由内部的投资基金先行投资。

（二）专利池运营模式

专利池（Patent Pool）是专利必要权利要求的集合，是两个或多个权利人相互授权或向第三方授权的协议安排。基于标准的专利池特征有 5 个：（1）有一个明确的、定义清晰的标准；（2）有一套程序或第三方专家来决定哪些专利是必要专利；（3）一份经核心专利权人或持有人起草并批准的专利许可协议，该许可协议至少应遵循合理且非歧视原则（RAND 原则）；（4）专利池管理机构由核心专利权人或持有人共同任命，负责专利池的管理；（5）核心专利持有人保留对专利池外的他人单独许可的权利。专利池可以分为企业主导的专利池和平台型专利池两类。企业主导的专利池如飞利浦的 DVD3C、DVD6C 专利池，以及东芝、三菱电机、汤姆森许可公司和华纳兄弟组成的“蓝光专利许可联盟”等。平台型专利池如 MPEGLA、SISVEL、Technicolor 等专门经营专利池的企业。

专利池运营的一般流程是：（1）发起人组建基于技术标准的专利池，一般是几个重要的专利持有人先召开一个会议，准备组建专利池。（2）发布公告，召集必要专利。一般由第三方机构发布召集必要专利的号召。（3）开展专利评估。一般由主要专利持有人或者独立第三方执行。主要按照技术标准实施时是否会对专利产生侵权评估，只有侵权的专利或专利申请才能被纳入专利池。第三方在必要专利拥有人之间进行广泛讨论。评估结果并非一成不变，随着专利授权情况和技术的变化，评估机构需要不断地进行技术跟踪和评估。超出有效期的专利会被清除出专利池，新授权的必要专利则会被加入。（4）制定专利许可政策，主要包括专利许可的基本原则、许可费标准以及许可方式等。在专利池内部通常遵循平等原则，专利池成员无论专利数量多少，其地位一律平等。成员间一般相互交叉许可，对外许可收入则主要根据各成员所拥有专利数量按比例分配。专利池对外许可一般遵守合理无歧视原则，即 RAND 原则。专利池对外许可一般执行统一的收费标准。为了确定合理的专利收费标准和专利池成员间的分配比例，专利池需要确定一套专利许可费收取和分配的计算方法。（5）设立知识产权管理机构。专利池通常实行对外“一站式”打包许可。一种是成立专门负责知识产权管理的独立实体，专利池成员首先与该独立实体签署专利许可协议，再由该独立实体统一负责专利许可事务。另一种是由专利池委托其部分成员负责专利许可事务。（6）签订专利池协议。一般来说专利池签订四个方面协议：专利权人之间的相互许可协议、专利权人与专利池管理机构之间的许可管理协议、联合许可协议、专利权分配协议。（7）许可收益分配。通常根据成员必要专利数量的多少分配。在标准化组织越来越强势的今天，专利池的专利许可收费往往由标准化组织事先确定。

（三）专利投资聚合 NPE 许可模式

这种模式是非生产实体型知识产权管理公司（Non-Practicing Entities, NPE）运营模式，主要通过投资基金以收购、委托研发等方式获取专利并进行聚合，并通过诉讼、许可等方式盈利。NPE 又可以分为进攻型 NPE 和防御型 NPE。典型的进攻型 NPE 是高智公司，它主要靠向其他公司索取专利许可费而生存。亚马逊、苹果、思科、eBay、Google、诺基亚、索尼、雅虎和微软都是它的股东和客户。典型的防御型 NPE 是 RPX 公司，它是由美国最大的风险投资机构 KPC、Charles River Venture 和 Index Venture 联合投资组建，自称为专利集成公司、专利保险公司、专利风险管理公司，主要是反 Patent Troll 公司。在成立后的第一年里，RPXCorp 投资 1 亿美元来收购专利权，近期 RPX 已累计投资 2 亿美元并拥有了 1300 个专利及专利权益，这些专利主要集中在移动通信、互联网搜索以及 FRID 领域。

（四）知识产权证券化和拍卖运营模式

知识产权拍卖模式主要的代表公司有美国 ICAP Ocean Tomo、Yet2. com。ICAP Ocean Tomo 是美国著名的知识产权资本化综合性服务集团，旗下拥有专利拍卖公司 Ocean Tomo Auctions、知识产权交易所 IPX International 以及专利评级机构 Patent Ratings 等。2006 年 4 月，Ocean Tomo 公司举办了历史上第一次现场专利拍卖会。同年，该公司与美国证券交易所联合发布了 Ocean Tomo300 指数。指数的构成成分主要从美国股票市场上流动性最强的 1000 只股票中选取，然后再将范围缩小到拥有专利的公司。这些拥有专利的公司按照风格和规模不同被分成 50 个小组，然后通过 Ocean Tomo 专利评级系统计算出每个公司的专利价值占公司财务价值的比例，并根据计算出的比例进行排序，每个小组中排在前六位的股票成为指标股，50 个小组一共 300 只股票。该公司通过 300 指数引导投资人在证券市场投资知识产权，投资成功则收取服务费和收益，投资不成功则将知识产权拍卖，并收取一定比例的服务费。

（五）国家专利主权基金运营模式

目前，日本、法国、韩国等国家相继建立了由政府支持的国家专利主权基金，这些专利基金主要投资于专利，并组建有相当规模的专利组合或专利池。这些专利主权基金具有一定的政治性目的，它们是针对外国竞争者的报复性工具。著名的专利主权基金有法国专利基金、日本专利基金和韩国的 Intellectual Discovery 基金。例如，法国政府在 2011 年 3 月出资建立了专利主权基金 France Brevets。此基金拥有 1 亿欧元的资本用于建立专利池，目的是支持法国的公司、大学和研究机构经营专利资产。其主要任务是与伙伴合作创造战略性和有价值的专利组合，并实现全球的货币化。该公司近年加大了对 TMT（技术、媒体和通信）、空间、物联网、能源、汽车、生命科学的开发力度，通过预测技术趋势，占领主导位置和识别技术领导者，通过合作开发最前沿和最强大的专利组合，利用知识产权帮助产业创造无形资产和长期的经济价值，帮助管理企业知识产权。截至 2014 年，France Brevets 已获得了来自美国、中国、日本、韩国和一些欧盟成员国的专利，专利覆盖范围也相对广泛，如智能手机、平板电脑、台式电脑和电视等。

（六）第三方支付运营模式

第三方支付模式也称为互联网担保运营模式，它不是简单的淘宝模式，而是通过建立第三方评估、合同服务和第三方资金担保平台降低信息不对称及其导致的风险不对称问题的有效模式。厦门中开公司开发的科易网首先建立了技术和知识产权交易双方共同参加的在线技术价值评估机制，在丙方的支持和服务下，甲、乙双方对技术和知识产权价值评估的每个参数进行谈判并达成一致，最后通过在线价值评估系统初步确定技术和知识产权的价格，甲、乙双方以此为依据进行再次谈判并确定技术和知识产权的成交价格。在技术和知识产权交易过程中，丙方协助甲、乙双方拟定交易合同，每个合同步骤明确相应的技术资料交付和技术服务的标准与义务，并明确相应的费用支付金额和支付时间与方式，但技术和知识产权交易资金须交由丙方管理。通过对技术和知识产权转让许可过程进行担保，降低了交易风险，有效地促进了技术和知识产权的交易和运营。

（七）创业导师运营模式

2008 年 1 月，中国科学院与联想控股共建成立了中国科学院联想学院。中国科学院联想学院最核心的“联想之星”创业 CEO 特训班由联想控股主导。创业 CEO 特训班的目标定位于通过企业家培训课程，将寻找产业技术源头、培养有技术背景的 CEO 和风险投资资金三者相结合。培训课程包括知识创新与技术创新、技术转移和科技成果转化、知识产权管理、技术价值评估和产业联盟建设、创业与风险投资、案例研究与商业计划书撰写等。联想学院确定了联想之星“创业培训+天使投资”的战略模式，专门设立了天使投资基金。联想之星划分为免费创业培训和天使投资两个业务板块，天使投资包括弘毅投资和君联投资。这种模式可总结为“技术+商业计划书+投资+创业辅导”，通过这种模式已培育具有知识产权的创新项目近400项。

（八）知识产权众筹运营模式

知识产权众筹是一种基于网络的“多数人资助少数人”的知识产权募资运营方式。通过P2P或P2B平台的协议机制来使不同个体之间知识产权融资成为可能。知识产权众筹运营商业模式构建需要有筹资人、出资人和众筹平台。出资人利用在线支付方式对自己感兴趣的包含知识产权的创业项目进行小额投资，投资人以包含知识产权的股权、债权、分红、利息甚至产品等回报出资人。众筹平台是知识产权项目发起人的监督人和辅导人，也是出资人的利益维护者。运营平台要在项目上线之前进行认真的实名审核，要确保知识产权创业项目的知识产权质量高、知识产权风险小，有投资价值。在项目筹资成功后要监督、辅导和监控项目的顺利实施。而当项目无法执行时，平台有责任和义务督促项目筹资人将筹措资金返还给出资人。

（九）知识产权交叉许可模式

专利交叉许可是指交易各方基于谈判将各自拥有的价值相等的专利有条件或无条件相互许可对方使用，相互交换技术的使用权，以顺利生产销售专利涵盖的产品的行为。专利交叉许可的作用是可以消除专利权人的相互阻滞地位，避免昂贵的侵权诉讼费用，将具有知识产权的技术组合起来，减少交易成本。因此，大多数生产相同产品而只拥有部分专利的企业采取交叉许可的方式运营知识产权避免知识产权纠纷。如欧司朗公司与格力公司于2011年4月5日宣布签署全面性全球专利交叉许可协议，涵盖双方在蓝光LED芯片技术、白光LED、荧光粉、封装、LED灯泡灯具，以及LED照明控制系统等领域的专利；华为技术公司宣布与爱立信公司于2016年1月14日续签全球专利交叉许可协议，覆盖包括GSM、UMTS及LTE蜂窝标准在内的无线通信标准相关基本专利，根据协议，双方都许可对方在全球范围内使用自身持有的标准专利技术。

（十）投贷保联动运营模式

目前很多从事运营的机构知识产权运营不成功，主要原因就在于不能给知识产权交易的双方提供不可或缺的服务。这些服务包括知识产权运营中的价值评估、担保、投资等。如果运营机构能够将知识产权价值评估、担保、投资与运营联合起来，则将极大地推动知识产权运营。这种模式可以分为知识产权运营的投贷联动、投贷保联动、投贷评联动、投贷保评联动。北京知识产权运营管理公司与交通银行北京分行联合开展的投贷联动取得了较好的效果。

二、我国知识产权高质量运营体系发展

（一）大力推进知识产权运营公共服务平台系统建设

一是建设基于大数据的知识产权检索分析系统。要具有知识产权质量、风险和价值识别功能。要重点开发技术功效矩阵分析系统、专利技术生命周期分析系统、专利质量评估系统和多主体参加的专利技术价值评估系统。二是培养知识产权运营人才。要制定专利运营人才培养大纲和课程体系，有序培养专利运营人才。三是以“四板”市场为依托，制定专利证券化规则，试点开展股债权可转换定向型专利证券化。四是建立严管的知识产权众筹平台，通过优选，建立定向知识产权筹资模式。

（二）设立政府知识产权运用引导基金

一是政府提供部分资金并进行监管，以股份制成立社会化国家专利主权投资基金，开展产业专利池、专利组合构建和对中小企业“一站式”专利许可。二是投资技术转移办公室知识产权投资基金。政府拿出相应的资金支持高校和科研机构内部技术转移机构和人才团队的建设，每年额度不低于30万元，连续支持3~5年，给予5000万元的贷款担保额度，并允许其免费使用高校科研机构的实验设施。三是支持社会知识产权运营机构建立有效的运营模式。开展专利池运营、第三方支付、专利证券化、创业辅导投资、网上拍卖，以及知识产权质押贷款、知识产权商业化保险、专利交叉许可等新型运营模式的运营机构，可对其实际收益进行奖励，奖励额度为15%~50%。

（三）支持发展各类有效知识产权运营机构

一是在高校科研机构试点建立技术转移、知识产权管理和投资功能

“三合一”的知识产权运营办公室，统一管理运营高校知识产权、技术转移和知识产权投资基金。二是引导和支持以技术标准制定实施为依托，以专利池或专利组合为基本手段的专利运营企业的发展。三是支持有条件的中介机构发展第三方支付和担保功能，支持各类产权和技术交易所建立知识产权在线交易主体价值评估系统和竞价系统，对专利价值评估提供研判参考，开展以知识产权为核心的股权、债券交易。四是发展知识产权证券化业务，支持如武汉或天津知识产权交易所或者某一知识产权运营公司通过中关村代办系统在深圳或上海交易所开设知识产权为核心、股债权可转换的定向投资业务。

（四）建立技术转移资格认证制度和知识产权专员制度

一是试点推进以知识产权为核心的技术转移资格认证制度建设，重点加强知识产权管理、技术转移和投资能力培训。二是推动高校科研机构建立知识产权专员制度，建立课题负责人与知识产权专员“双向选择，双向制约”机制，开展科研项目知识产权全过程管理，提升科技创新的效率。

（五）知识产权运营不是简单的知识产权交易和买卖

知识产权运营涉及知识产权创造到运用、转移到生产销售的全过程。在知识产权创造运用的不同阶段，知识产权运营的模式并不相同。知识产权运营是一种创新性活动，不同的主体应找到适合自身特点的有效的知识产权运营模式。我国必须改变知识产权运营和科技成果转化的思维定式，要通过组织机构建设充分调动企业和高校科研机构知识产权运营的积极性，通过改变简单中介机构的业务模式，找到合适的知识产权运营模式，改变单纯依靠发明人的做法，充分发挥知识产权投资对知识产权运营的作用。

第六章

知识产权高质量转化税收优惠体系

知识产权税收优惠政策是知识产权政策体系中最重要和最有效的政策。但目前我国涉及知识产权的税收优惠政策大多分散在科技创新税收优惠政策之中，没有形成独立的体系。建设知识产权强国，促进知识产权创造运用，必须制定和实施知识产权税收优惠政策，并以知识产权为核心完善科技创新、产业和贸易政策中的税收优惠政策。

第一节　知识产权高质量运用与增值税

增值税是对生产和经营中新增加的价值征收的税收。增值税包括企业增值税和进口环节增值税。为鼓励技术创新，我国很早就使用增值税优惠政策工具激励企业创新。1999 年 8 月 20 日，中共中央、国务院在《关于加强技术创新，发展高科技，实现产业化的决定》中提出，对“高新技术产品实行税收扶持政策”；“对高新技术产品的出口，实行增值税零税率政策。对国内没有的先进技术和设备的进口实行税收扶持政策”。

理论证明，增值税是很有效率的税种，用增值税代替传统销售税，消费者价格实际是下降的。将营业税改为增值税，并实行不同的增值税税率是激励不同行业生产经营的有效政策。1984 年我国就颁布了《中华人民共和国增值税暂行条例（草案）》及其实施细则并经多次修改。随着 2009 年全面改征消费型增值税，2011 年实行营业税改征增值税试点，2013 年在全国范围实施交通运输业和部分现代服务业“营改增”，我国增值税法规政策日趋健全。

贸易和生产经营活动存在大量与知识产权和创新相关的活动。税收优惠政策是激励知识产权创造和运用的重要政策。当前，知识产权已成为国际贸易的主要客体，知识产权已经成为企业生产经营的核心资产。增值税政策是激励知识产权创造和运用最重要的政策之一。知识产权增值税政策会加剧这些趋势。知识产权增值税税收优惠政策可以吸引知识产权资产和留住知识产权资产。

虽然我国增值税法规政策日趋健全，但我国增值税法规政策在激励知识产权创造运用和科技创新方面还存在较多不足。一是增值税对知识产权发展的作用有限。我国的科技税收激励多集中于企业所得税政策上，流转税方面优惠不足。我国仅对软件和集成电路产业实行增值税优惠政策，缺乏普惠性激励自主知识产权创造和运用的产业增值税优惠政策。二是知识产权服务业增值税税负增加，“营改增”以来，小规模纳税人税负显著减轻，但一般纳税人税负却有增加，知识产权代理服务机构存在着代收代缴行政事业性收费无法扣除等问题，使得税负增加明显；我国部分代收的涉外知识产权申请费、代理费等无法实现成本扣除，境外和小规模纳税人提供的服务外包费用无法实现成本扣除。

一、国外增值税激励知识产权和创新借鉴

增值税是许多国家常用的一种消费税，目前已有 130 多个国家实行增值税政策。澳大利亚、加拿大、新西兰、新加坡称为货物和劳务税，加拿大及其各省统称为统一销售税。大多数国家增值税法规有四个特点。一是对货物和劳务，包括进口货物和劳务征收增值税，税率在 10%~35%，其中大多数为 15%~20%，但一般要求纳税人在本国有营业场所或居所。二是对出口货物和劳务免税。三是对图书、食品、妇女儿童用品实行低税率。四是将知识产权作为劳务，并实行较低的税率。如芬兰对向国外提供的服务免征增值税，一般的税率是 22%，服务业税率为 8%，在取得增值税发票或海关清算单的情况下可以抵扣进项税。芬兰应税服务中涉及知识产权的服务包括著作权、专利、许可、商标和其他类似知识产权的转移、信息提供服务、中介服务。英国规定提供货物、劳务和从其他国家进口货物的增值税税率为 20%，对食品、书籍和儿童服装等免征增值税；英国的

服务包括著作权、专利、许可、商标和类似权利的转移转让，一般实行20%的税率。法国增值税税率为20%，对书籍和餐饮业实行10%的税率，对医保范围内的处方药实行2.1%的税率。奥地利增值税税率为20%，但对艺术作品和书籍实行10%的税率。捷克实行21%的税率，对医药、书籍实行10%的税率。意大利实行22%的增值税税率，对杂志书籍、植物保护产品实行10%的税率。瑞典实行25%的税率，对书籍文化艺术活动实行6%的税率。以色列实行17%的税率，对知识产权服务业实行零税率。韩国特别消费税法规定，特别产品目录内具有科技先导性的高新技术新产品，投放市场一定时期内可享受减免特别消费税的优惠。

美国实行的是销售税，联邦政府对最终消费的有形动产征收销售税，但对不动产、股票债券等无形资产不征收销售税。联邦政府和多数州政府都对某些特定的产品和劳务征收销售税，征收环节是制造环节、批发环节或零售环节，州销售税和地方销售税率一般在6%~10%，平均5.8%，而一些州不征收销售税。日本1989年引入增值税，但统一税率为3%，而且减免的项目较少，自2004年开始，统一税率为5%，征收门槛降为5000万日元。在世界主要国家和地区，加拿大与我国台湾地区属于最低水平。

在对知识产权转移收入增值税优惠政策上，俄罗斯于2007年7月19日通过一项增值税免税的联邦法律，对转让知识产权，包括专利与某些非专利的权利免税，包括创新发明、工业设计、软件、数据库、地形测量的整合、诀窍等知识产权，但不包括如商标、影片、音乐作品等知识产权。土耳其从2015年开始，对租用、转移和销售包括知识产权在内的无形资产符合条件的收入给予增值税优惠政策。

二、我国增值税法规现状

科技创新的核心是专利等知识产权的创造和运用。增值税优惠政策是激励以知识产权创造运用为核心和保障自主创新的重要产业政策工具。我国现行增值税优惠政策主要包括产品与服务增值税优惠政策、特定产业增值税优惠政策和进出口环节增值税优惠政策三大类。主要包括国务院发布的《中华人民共和国增值税暂行条例》（2008年、2016年、2017年修改）；财政部、国家税务总局发布的《中华人民共和国增值税暂行条例实施细则》（2011年修改）；《关于印发〈营业税改征增值税试点方案〉的通知》和《交通运输业和部分现代服务业营业税改征增值税试点实施办法》。

为深入实施增值税政策法规，2016年3月23日，财政部、国家税务总局发布《关于全面推开营业税改征增值税试点的通知》，并印发了《营业税改征增值税试点实施办法》《营业税改征增值税试点有关事项的规定》《营业税改征增值税试点过渡政策的规定》和《跨境应税行为适用增值税零税率和免税政策的规定》。同时，废止了《财政部、国家税务总局关于将铁路运输和邮政业纳入营业税改征增值税试点的通知》《财政部、国家税务总局关于铁路运输和邮政业营业税改征增值税试点有关政策的补充通知》《财政部、国家税务总局关于将电信业纳入营业税改征增值税试点的通知》《财政部、国家税务总局关于国际水路运输增值税零税率政策的补充通知》和《财政部、国家税务总局关于影视等出口服务适用增值税零税率政策的通知》5个文件。

第一，销售货物和提供劳务增值税政策。1984年9月，我国颁布了《中华人民共和国增值税暂行条例（草案）》。2016年1月13日，新修订的《中华人民共和国增值税暂行条例》经国务院第119次常务会议通过。增值税暂行条例规定了应交增值税的货物、劳务、纳税人、增值税计算和税率。该条例规定，在中华人民共和国境内销售货物或者提供加工、修理修配劳务及进口货物的单位和个人，为增值税的纳税人，应当依照本条例缴纳增值税。纳税人销售或者进口货物，增值税税率为17%。粮食、食用植物油、自来水、暖气、冷气、热水、煤气、石油液化气、天然气、沼气、居民用煤炭制品、图书、报纸、杂志，饲料、化肥、农药、农机、农膜，国务院规定的其他货物的税率为13%。纳税人出口货物，税率为零。纳税人提供加工、修理修配劳务税率为17%。纳税人销售货物或者提供应税劳务应纳税额为当期销项税额抵扣当期进项税额后的余额。销项税额计算公式为销项税额=销售额×税率。小规模纳税人销售货物或者应税劳务，实行按照销售额和征收率计算应纳税额的简易办法，并不得抵扣进项税额。应纳税额计算公式为应纳税额=销售额×征收率。小规模纳税人增值税征收率为3%，不得抵扣进项税额。条例第十五条还规定，对包括“直接用于科学研究、科学试验和教学的进口仪器、设备”免征增值税。

财政部、国家税务总局于1984年发布《中华人民共和国增值税暂行条例（草案）实施细则》，并进行了多次修改。2011年修改后的实施细则规定了销售货物和提供劳务的行为，销项税额和进项税额计算，非增值税应税项目和免征增值税项目，小规模纳税人增值税计算，增值税起征点和销售额时间确定等。

第二，特定产业增值税政策。我国很早就开始使用增值税优惠政策激励产业技术创新。中共中央、国务院于1999年8月20日发布的《关于加强技术创新，发展高科技，实现产业化的决定》就提出："对开发生产软件产品的企业，其软件产品可按6%的征收率计算缴纳增值税。"我国最典型的针对产业的增值税优惠政策主要有两类。一是软件产业和集成电路产业增值税收优惠政策。国务院于2000年发布的《鼓励软件产业和集成电路产业发展的若干政策》第五条规定："对增值税一般纳税人销售其自行开发生产的软件产品，2010年前按17%的法定税率征收增值税，对实际税负超过3%的部分即征即退，由企业用于研究开发软件产品和扩大再生产。"第四十一条规定："对增值税一般纳税人销售其自产的集成电路产品（含单晶硅片），2010年前按17%的法定税率征收增值税，对实际税负超过6%的部分即征即退，由企业用于研究开发新的集成电路和扩大再生产。"为贯彻落实该政策精神，财政部、税务总局、海关总署于2000年又发布《关于鼓励软件产业和集成电路产业发展有关税收政策问题的通知》，规定对增值税一般纳税人销售其自行开发生产的软件产品或集成电路产品，按17%的法定税率征收增值税后，对软件企业增值税实际税负超过3%、集成电路生产企业超过6%的部分实行即征即退政策。但是，财政部、国家税务总局于2016年发布的《营业税改征增值税试点过渡政策的规定》并未提及软件、集成电路产业增值税超3%、6%部分实行即征即退政策，也没有明确提出废止《鼓励软件产业和集成电路产业发展的若干政策》和《关于鼓励软件产业和集成电路产业发展有关税收政策问题的通知》两个文件。

二是服务业增值税优惠政策。财政部、国家税务总局2016年发布《营业税改征增值税试点实施办法》提出了试点的主要税率政策。提供有形动产租赁服务，税率为17%。提供交通运输、邮政、基础电信、建筑、不动产租赁服务，销售不动产，转让土地使用权，税率为11%。境内单位和个人发生的跨境应税行为，税率为零。其他纳税人发生应税行为税率为6%，小规模纳税人增值税征收率为3%。

以前，我国出售知识产权的大部分是高校、科研机构、企业和中介机构。它们相当一部分不是小规模纳税人，虽然购买知识产权的企业可以通过进项抵扣方式按一般方式计征增值税，但对于出售知识产权的企事业单位和创造自主知识产权的企业，因为没有进项或者进项很少，如果按6%的一般计税方式缴纳增值税，则会导致实际税负高于原来的按销售收入5%缴纳营业税的税负，而且我国一直对高校科研机构知识产权和技术转移实行免征营业税的政策。创造和运用知识产权的企事业单位税负较“营改增”前不减反增，而且总体上还有较大幅度提高。为解决上述问题，《营业税改征增值税试点过渡政策的规定》中提出“纳税人提供技术转让、技术开发和与之相关的技术咨询、技术服务”免征增值税。技术转让、技术开发，是指《销售服务、无形资产、不动产注释》中“转让技术”“研发服务”范围内的业务活动。技术咨询，是指就特定技术项目提供可行性论证、技术预测、专题技术调查、分析评价报告等业务活动。与技术转让、技术开发相关的技术咨询、技术服务，是指转让方（或者受凭方）根据技术转让或者开发合同的规定，为帮助受让方（或者委托方）掌握所转让（或者委托开发）的技术，而提供的技术咨询、技术服务业务，且这部分技术咨询、技术服务的价款与技术转让或者技术开发的价款应当在同一张发票上开具。试点纳税人申请免征增值税时，须持技术转让、开发的书面合同，到纳税人所在地省级科技主管部门进行认定，并持有关的书面合同和科技主管部门审核意见证明文件报主管税务机关备查。

第三，进出口环节增值税优惠政策。在进口方面，我国进口货物环节增值税优惠政策主要面向特定产业和特定机构。一是鼓励和支持集成电路产业进口。《鼓励软件产业和集成电路产业发展的若干政策》规定，投资额超过80亿元人民币或集成电路线宽小于0.25am的集成电路生产企业，进口自用生产性原材料、消耗品，免征关税和进口环节增值税；对经认定的集成电路生产企业引进集成电路技术和成套生产设备，单项进口的集成电路专用设备与仪器，除规定的以外，免征关税和进口环节增值税。二是鼓励和支持特定研发机构进口。为落实《国家中长期科学和技术发展规划纲要（2006—2020年）》及其配套政策，财政部、海关总署、国家税务总局于2007年发布了《科技开发用品免征进口税收暂行规定》和《科学研究和教学用品免征进口税收规定》，针对转制科研院所，具有国家级企业技术中心、工程化（技术）研究中心、国家实验室的企业及其他符合条件的企业与机构，对其进口在合理数量范围内、国内不能生产或者性能不能满足需要的科技开发用品等免征进口关税和进口环节增值税及消费税，并列出了免税用品清单。

在出口方面，我国2011年的《营业税改征增值税试点方案》规定对服务贸易出口实行零税率或免税制度。财政部于2011年12月29日发布的《关于应税服务适用增值税零税率和免税政策的通知》规定，向境外单位提供的技术转让服务、技术咨询服务、合同能源管理服务、软件服务、电路设计及测试服务、信息系统服务、业务流程管理服务、商标权和著作权转让服务、知识产权服务、物流辅助服务（仓储服务除外）、认证服务、鉴证服务、咨询服务免征增值税。《跨境应税行为适用增值税零税率和免税政策的规定》规定，向境外单位提供的完全在境外消费的转让技术服务适用增值税税率，向境外单位提供的完全在境外消费的知识产权服务免征增值税。《营业税改征增值税试点实施办法》规定的“知识产权服务，是指处理知识产权事务的业务活动。包括对专利、商标、著作权、软件、集成电路布图设计的登记、鉴定、评估、认证、检索服务”。

三、增值税类型

根据增值税进项税额扣除方式，一般将增值税分为生产型增值税、收入型增值税和消费型增值税3种。生产型增值税是指只允许扣除购入的原材料等所含税金，不允许从销售额中扣除购进固定资产每年折旧部分中已缴纳的增值税的税收类型。由于作为增值税课税对象的增值额相当于国民生产总值，这种不允许扣除外购固定资产所含增值税的类型通常称为生产型增值税。收入型增值税则允许分次扣除固定资产每年折旧中上游企业已缴纳的增值税，课税依据相当于国民收入。而消费型增值税则允许所有外购项目包括原材料、固定资产每年折旧中所含的增值税都一次性扣除的增值税类型，课税对象相当于消费资料。

固定资产主要是仪器设备，而仪器设备对于企业创新和知识产权创造运用具有重要作用。目前实行增值税的国家90%实行的都是消费型增值税。我国在1994年税制改革时实行的是生产型增值税。由于收入型增值税并不能完全消除重复征税，我国从2009年1月1日起对增值税实行全面转型，全面由生产型增值税转向消费型增值税，即允许企业所有外购项目包括原材料、固定资产，尤其是仪器设备所含的进项增值税扣除。与生产型增值税和收入型增值税相比，消费型增值税不仅能较好地体现税收中性原则，而且也更有利于企业技术创新。消费型增值税有利于鼓励投资、优化产业结构、鼓励应用新技术，增加本国竞争力的作用。资本有机构成较高的企业仪器设备价值大，固定资产中先进技术和知识产权含量高。实行消费型增值税，有利于激励企业购买和研制具有知识产权的仪器设备，有利于产业的自主创新能力建设。同时，拥有先进仪器设备等固定资产的企业，更有条件开展研究开发工作，更有条件和能力创造知识产权和运用知识产权。

从自主知识产权创造运用和科技创新的角度分析，我国现有增值税法规政策主要存在三个方面不利于自主知识产权创造运用和自主创新的问题。一是缺乏对生产经营活动中知识产权尤其是自主知识产权创造运用的激励措施；二是产业和特定机构知识产权创造运用增值税政策不完善；三是对知识产权服务业发展支持不足。

在知识产权创造和运用激励上，主要存在两个方面的问题。一是缺乏普惠性激励各类生产经营活动中知识产权创造运用的增值税优惠政策。现行增值税法规政策对所有货物和服务，实行按产品与服务类别征收增值税的政策，无论其是不是创新产品，无论其是不是自主知识产权产品和服务。虽然有对中小企业、不同类型产品和出口商品的增值税优惠政策，但并没有制定针对全部产业的以自主知识产权为基本条件的增值税税收优惠政策。现有增值税优惠政策仅仅限于软件和集成电路设计产业，并没有建立面向全部产业尤其是高新技术、战略性新兴产业、具有自主知识产权产业的增值税优惠政策，即使是创新水平很高，具有高价值专利、驰名商标等知识产权的产品，如果不属于优惠税率范围，仍然需缴纳16%的增值税。二是现行消费型增值税政策没有体现对自主知识产权创造运用和自主创新的激励。根据财政部2006年发布的《企业会计准则第4号——固定资产》规定，固定资产应当按照成本进行初始计量，自行建造固定资产的成本，由建造该项资产达到预定可使用状态前所发生的必要支出构成，而外购固定资产的成本包括购买价款、相关税费、使固定资产达到预定可使用状态前所发生的可归属于该项生产的运输费、装卸费、安装费、专业人员服务费等。虽然消费型增值税允许一次性扣除外购仪器设备等固定资产折旧中的进项税，但由于自行研制的仪器设备形成固定资产按照成本计算，其每年折旧中包含的进项税只是以自行研制仪器设备建造时所使用的原材料和固定资产每年折旧中的进项增值税计算的。相对于外购仪器设备，我国自行研制的具有自主知识产权的仪器设备由于可抵扣的进项增值税较小，实际增值税税负提高，这实际上不利于企业研制具有自主知识产权和技术的仪器设备。同时，自行研究开发形成的无形资产在每年摊销中也无法包含增值税，相对于外购的知识产权所需缴纳的增值税也较多，这也不利于企业自主知识产权的创造运用，实际上也不利于企业的自主创新。

在特定产业和机构知识产权创造运用激励上，一是针对软件产业和集成电路产业的增值税优惠政策没有起到真正激励自主知识产权创造和运用的作用，“自行开发”生产的软件产品和“自产”的集成电路产品没有明确要求有自主知识产权，这些产品不一定是真正的自主知识产权产品或自主创新产品。那些模仿性开发、低水平开发、重复开发、侵犯他人知识产权开发出的产品都可能存在。这项政策没有以自主知识产权为基本条件，所以与激励产业自主知识产权创造运用和自主创新作用目标不完全一致。二是面向特定机构免征进口环节关税和增值税的政策存在缺陷。虽然该项政策在一定程度上会对我国企业自主创新能力建设起到一定作用，但该项政策不是普惠性政策，没有面向全部创新主体提升自主创新能力建设的需要，也没有针对国内不能生产的具有国外知识产权的关键技术装备和原材料及科技开发用品。由于无法认定什么是“国内不能生产”，对直接用于科学研究、科学试验和教学的进口仪器、设备免征增值税使得我国有限的研发经费用于购买国外仪器设备，反而会影响国产仪器设备的生产和自主创新。拥有国内外知识产权的技术装备、原材料对我国的自主创新具有极为重要的作用，国内不能生产的关键设备、原材料及零部件不一定具有国外知识产权，而且也有可能会侵犯我国的知识产权。

在支持知识产权服务业发展上，主要是现行增值税不同税率规定不利于知识产权服务业做大做强。在对小规模纳税人实行3%税率而其他一般服务业实行6%税率的情况下，很多服务业企业往往会通过拆分、新设下属企业或关联企业，甚至报假账等方式降低增值税税负，长此以往会在一定程度上影响知识产权服务业的规模化和专业化发展，影响知识产权服务业做大做强。

在促进知识产权流转上，一是现行政策不利于国内中小企业引进国外先进技术和知识产权。现有法规政策对涉及知识产权和创新的技术转让、许可服务等服务出口实行免征增值税政策，但却对服务进口实行征收增值税政策，这不利于我国引进国内不能提供的国外先进技术和知识产权，尤其是国内中小企业。二是从国外购买的知识产权无法抵扣进项税。增值税以增值额为计税依据。企业从国外购买的知识产权，如果不能取得增值税税票则很难抵扣，这会造成一些企业比“营改增”前的税负增加。三是对于年销售收入500万元以下的小规模纳税人，以销售收入的3%简单计税方式缴纳增值税，而对于年销售收入超过500万元的企业，则以6%的一般计税方式缴纳增值税，一般纳税人采用凭票抵扣的方式抵扣进项税额。对于我国大多数生产型企业来说，如果从低于500万元销售收入的小规模纳税人企业购买知识产权则很难获得增值税税票，这将导致无法抵扣进项税。而我国很多知识产权转让和许可方是一些中小企业、高校，甚至是个人。四是高校科研机构知识产权服务无法抵扣进项增值税。下游企业购买高校科研机构知识产权时，需要开具增值税发票，但高校科研机构大多是项目制，购进的原材料、固定资产折旧和无形资产摊销中的进项税，由于程序复杂往往无法分解到具体的项目上，实际上无法抵扣进项增值税。

现行增值税法规政策没有完全体现对知识产权创造运用和科技创新的激励，其主要原因在于增值税税收优惠的依据不清，缺乏对知识产权产品和自主知识产权产品的认定措施。

第二节 知识产权高质量运用中的所得税、消费税

所得税是国家重要的经济调节杠杆，是指对以所得额为课税对象的税收总称，以企业为课税对象的称作企业所得税或公司税。企业所得税通常以纯所得为征税对象，即以经过计算得出的应纳税所得额为计税依据，应纳税税额的计算涉及纳税人的成本、费用的各个方面。

一、所得税法规

《中华人民共和国企业所得税暂行条例》于1993年11月26日经国务院常务会议通过并于1994年4月1日开始实施。《中华人民共和国企业所得税法》于2007年3月16日经全国人大通过并于2008年1月1日起正式实施。

我国所得税法规促进知识产权商业化运用和技术转移转化。第一，规定了知识产权转让的纳税人和税率。企业所得税法第一条至第四条规定了所得税应税收入和税率。第一条规定："在中华人民共和国境内，企业和其他取得收入的组织为企业所得税的纳税人，依照本法的规定缴纳企业所得税。"根据此条规定，转让知识产权和技术的任何单位只要取得收入就应当缴纳所得税。第四条规定："企业所得税的税率为25%。非居民企业取得本法第三条第三款规定的所得，适用税率为20%。"

第二，规定了涉及知识产权的固定资产折旧和无形资产摊销事项。企业所得税法第五条至第二十条规定了应税所得额。第五条规定了应纳税所得额："企业每一纳税年度的收入总额，减除不征税收入、免税收入、各项扣除以及允许弥补的以前年度亏损后的余额，为应纳税所得额。"第八条规定了扣除项目："企业实际发生的与取得收入有关的、合理的支出，包括成本、费用、税金、损失和其他支出，准予在计算应纳税所得额时扣除。"企业所得税法第十条和第十一条规定了固定资产折旧和无形资产摊销。但（1）房屋、建筑物以外未投入使用的固定资产；（2）以经营租赁方式租入的固定资产；（3）以融资租赁方式租出的固定资产；（4）已足额提取折旧仍继续使用的固定资产；（5）与经营活动无关的固定资产；

(6) 单独估价作为固定资产入账的土地；(7) 其他不得计算折旧扣除的固定资产不得折旧。自行开发的支出已在计算应纳税所得额时扣除的无形资产，自创商誉，与经营活动无关的无形资产和其他不得计算摊销费用扣除的无形资产不得摊销。

《中华人民共和国企业所得税法实施条例》第五十七条规定："固定资产，是指企业为生产产品、提供劳务、出租或者经营管理而持有的、使用时间超过12个月的非货币性资产，包括房屋、建筑物、机器、机械、运输工具，以及其他与生产经营活动有关的设备、器具、工具等。"第五十八条规定了固定资产计税基础。外购的固定资产以购买价款和支付的相关税费，以及直接归属于使该资产达到预定用途发生的其他支出为计税基础；自行建造的固定资产，以竣工结算前发生的支出为计税基础；融资租入的固定资产，以租赁合同约定的付款总额和承租人在签订租赁合同过程中发生的相关费用为计税基础，租赁合同未约定付款总额的，以该资产的公允价值和承租人在签订租赁合同过程中发生的相关费用为计税基础；盘盈的固定资产，以同类固定资产的重置完全价值为计税基础；通过捐赠、投资、非货币性资产交换、债务重组等方式取得的固定资产，以该资产的公允价值和支付的相关税费为计税基础；改建的固定资产，以改建过程中发生的改建支出作为计税基础。第六十条规定了折旧年限，房屋、建筑物为20年；飞机、火车、轮船、机器、机械和其他生产设备为10年；与生产经营活动有关的器具、工具、家具等为5年；飞机、火车、轮船以外的运输工具为4年；电子设备为3年。

《中华人民共和国企业所得税法实施条例》第六十五条、第六十六条和第六十七条规定了无形资产和摊销事项。第六十五条规定："企业所得税法第十二条所称无形资产，是指企业为生产产品、提供劳务、出租或者经营管理而持有的、没有实物形态的非货币性长期资产，包括专利权、商标权、著作权、土地使用权、非专利技术、商誉等。"第六十六条规定："无形资产按照以下方法确定计税基础：(一) 外购的无形资产，以购买价款和支付的相关税费，以及直接归属于使该资产达到预定用途发生的其他支出为计税基础；(二) 自行开发的无形资产，以开发过程中该资产符合资本化条件后至达到预定用途前发生的支出为计税基础；(三) 通过捐赠、投资、非货币性资产交换、债务重组等方式取得的无形资产，以该资产的公允价值和支付的相关税费为计税基础。”第六十七条规定：“无形资产按照直线法计算的摊销费用，准予扣除。无形资产的摊销年限不得低于10年。作为投资或者受让的无形资产，有关法律规定或者合同约定了使用年限的，可以按照规定或者约定的使用年限分期摊销。外购商誉的支出，在企业整体转让或者清算时，准予扣除。”

由上述规定，可以将涉及知识产权的企业所得税分为生产销售知识产权产品服务所得税、知识产权转让许可所得税和知识产权投资所得税三类。

二、生产销售知识产权产品企业所得税

当前，许多国家通过降低税率或税收减免方式激励创新或吸引跨国公司，大多数发达国家对国内企业实行更为优惠的所得税税率。美国跨国公司税率为28%，本土企业税率中位数为23%。日本本土企业实际税率为37%，而大型跨国公司实际税率为38%。英国本土企业的总税收负担是20%，而跨国公司则为24%左右。德国实际税率中位数分别为16%和24%。法国本土企业实际税率中位数为25%，跨国公司为23%。澳大利亚实际税率中位数为22%。加拿大跨国公司税率中位数仅21%，本土企业为14%。瑞典跨国公司实际税率为18%，本土企业实际税率仅为10%。瑞士本土企业实际税率中位数为17%，而跨国公司为19%。印度跨国公司实际税率中位数仅为17%，本土企业为22%。百慕大跨国公司的实际税率平均12%。开曼群岛对跨国公司征收约13%的税率。

许多国家企业所得税优惠政策要求必须拥有本国知识产权。如意大利对于许可或者直接开发出专利、植物品种、商标、法律保护的模型或设计、著作权保护的软件，以及商业、产业或科学信息，技术秘密等知识产权的企业，都给予企业所得税或地方税50%的减免，有效税率为15.7%，免税额度2015年和2016年分别为30%和40%。这些企业可以是个体从事商业活动的企业，可以是意大利居民企业，也可以是外国企业在意大利的下属企业。荷兰和瑞士实行减免专利新产品税收的政策。荷兰通过转移定价规则和预约定价安排对包含专利的产品或服务的收入确定适用专利盒子

(创新盒子)的收入比例，除了对许可费和专利出售获得收益实行所得税优惠政策外，如果使用专利对利润的贡献不低于30%，也可以享受专利盒子政策，即使没有产生专利的创新活动收益也可享受专利盒子政策。

在知识产权产品税收优惠上，欧洲一些国家要求知识产权是“自己研发”，或者“内部研发”，知识产权的研发、注册或利用应发生在国内，如法国、匈牙利、卢森堡、荷兰、英国。英国专利盒子政策允许对企业专利产品产生的利润征收10%的税率。企业在申报税收优惠政策时，需要确定产品组合中专利产生的收益，还应识别专利与科学、高技术研发与创新的直接联系。专利应当是授权专利，不包括著作权和商标权。享受该政策的程序是：(1)建立收益与专利产品的联系；(2)开发增强商业化专利产品价值的战略；(3)通过确定产生于合规专利和任何产生许可和特许费收入的专利产品收入，计算合规专利收入；(4)计算符合条件利润中产生的利润；(5)减去常规经营活动的日常利润，计算剩余利润；(6)通过分割专利和非专利剩余利润，评估剩余利润中品牌和营销的影响；(7)运用专利盒子公式确定纳税申报额中的净扣除额。

许多学者研究了所得税激励企业创新和知识产权问题。经济越来越依赖于创新和知识产权，希望增长和吸引创新型企业的国家需要税收政策促进研发及其商业化。税收政策能激励和培育创新。知识产权可用于转移收入，减少公司税负，因此会引起税收政策的竞争。我国的税收优惠以直接优惠为主，税率降低、税额减免等形式较多，而固定资产的加速折旧、研究开发费用加计扣除等间接优惠形式较少。我国高新技术产业税收政策缺乏针对性，政策效用不显著；税收优惠方式的适应性、灵活度不够，优惠覆盖面太窄。虽然我国对高新技术企业减征企业所得税，但所得税的基础在于“利润”，缺乏投资抵免、费用列支等优惠方式。

我国激励知识产权产品与服务应用的所得税优惠政策主要有3个：

第一是高新技术企业所得税优惠政策。高新技术企业是指在国家重点支持的高新技术领域内，持续进行研究开发与技术成果转化，形成企业核心自主知识产权，并以此为基础开展经营活动，在中国境内（不包括中国的港、澳、台地区）注册的居民企业。《中华人民共和国企业所得税法》第二十八条规定：“国家需要重点扶持的高新技术企业，减按15%的税率征收企业所得税。”

第二是软件和集成电路产业所得税优惠政策。2011 年，国务院《关于印发进一步鼓励软件产业和集成电路产业发展若干政策的通知》提出，对集成电路线宽小于 0.8 微米（含）的集成电路生产企业，经认定后，自获利年度起，第一年至第二年免征企业所得税，第三年至第五年按照 25%的法定税率减半征收企业所得税（简称“两免三减半”）。对集成电路线宽小于 0.25 微米或投资额超过 80 亿元的集成电路生产企业，经认定后，减按 15%的税率征企业所得税。其中经营期在 15 年以上的，自获利年度起，第一年至第五年免征企业所得税，第六年至第十年按照 25%的法定税率减半征收企业所得税（简称“五免五减半”）。

第三是面向小微企业的所得税优惠政策。国家税务总局于 2011 年印发的《关于小型微利企业所得税优惠政策有关问题的通知》明确规定，自 2012 年 1 月 1 日至 2015 年 12 月 31 日，对年应纳税所得额低于 6 万元（含 6 万元）的小型微利企业，其所得减按 50%计入应纳税所得额，按 20%的税率缴纳企业所得税。

所得税优惠政策是激励知识产权创造运用最重要的税收优惠政策。我国目前的所得税优惠政策主要包括降低知识产权创造运用企业所得税率、允许加大企业研发成本、降低企业所得税率三种。从创新过程看，企业研发支出所得税免除政策、研发支出所得税抵免政策和研发支出所得税税前加计扣除政策主要针对的是研究开发阶段，目的是激励知识产权创造和保护。增值税政策主要是针对提供产品和劳务的生产经营阶段，增值税优惠政策目的是促进知识产权产品与服务的高效流转。知识产权产品与服务销售的所得税优惠政策主要针对的是销售和推广应用阶段，而知识产权转让许可所得税优惠政策、知识产权入股投资所得税优惠政策针对的主要是知识产权转移阶段，三个方面的优惠政策是激励和促进知识产权转移转化的最主要所得税优惠政策。除激励高新技术企业所得税优惠政策、研发投入所得税抵免政策和研发经费所得税税前加计扣除政策外，激励知识产权创造运用的企业所得税优惠政策主要包括销售知识产权产品与服务的所得税优惠政策、知识产权转让许可所得税优惠政策、知识产权投资入股所得税优惠政策。

目前，很多国家制定了鼓励和支持知识产权转让许可和投资入股的所得税优惠政策。欧洲实行专利盒子政策，它是通过对直接商业化的专利和其他知识产权收入实行低税率的重要政策工具。爱尔兰1973年第一次引入便迅速扩展开来。此后，法国在2000年，匈牙利在2003年，比利时和荷兰在2007年，西班牙、卢森堡在2008年，列支敦士登在2011年，英国在2013年，意大利和土耳其在2014年相继实施专利盒子政策。

欧洲专利盒子政策主要针对的是商业化活动而非研发活动，主要是知识产权转让许可和投资收入的所得税抵免政策。税收抵免始于避免重复征税，是指允许企业从应纳税所得额中扣除一定比例的用于投入的资本支出。如比利时给予专利利用应税收入80%的减免，最高有效税率可为6.8%。塞浦路斯允许对知识产权许可收入的80%减免，最高有效税率2%。法国给予包括专利、新型、相关产业制造工艺、植物品种等知识产权许可费收入15%的税率优惠，最高税率为16.245%。但欧洲许多国家要求获得的知识产权必须持有超过2年，而自主研发的知识产权无此规定。匈牙利对于自主研发或购买的包括专利、工业设计、技术秘密、商标、贸易名称、著作权保护作品等知识产权许可给予50%的减免，最高有效税率为9.5%，但不超过税前利润的50%。还要求必须在匈牙利国内注册和拥有知识产权。爱尔兰最高有效企业所得税税率为12.5%，但可降低到2.5%，最高不超过全部符合条件的应税知识产权交易利润，该政策于2015年调整，税率降低至总支出和符合条件知识产权收入的6.25%。卢森堡允许免除知识产权许可费净收入的80%税收，最高有效税率为5.84%，知识产权应在国内注册或拥有、开发或者于2007年12月31日以后购买，不允许从下属公司购买知识产权，符合条件的知识产权应是内部开发的知识产权。荷兰针对专利许可费净收入，允许在企业所得税中免除75%~80%的税收，知识产权应是自行开发的知识产权，知识产权必须为境内单位所有。西班牙对于自行研发或购买的知识产权许可与转移收入，给予最高有效税率15%的优惠和60%的减免。葡萄牙对于自行研发的专利、商标和工业产权等知识产权许可、转移收入和特定知识产权给予赔偿减免50%的税收，最高有效税率15%的优惠。英国对于自行研发的英国或欧洲专利和补充保护证书的许可，以及知识产权侵权损害赔偿和获得的保险收入，减免56.5%

的税收，最高有效税率10%的优惠，但专利应当是自行开发的专利或排他性许可的专利，符合条件的专利必须在专利有效期内。

土耳其从2015年开始引入所得税专利盒子政策，对租用、转移和销售的无形资产符合条件的收入或所得享受所得税税收政策优惠，但不包括发明产品的销售。所得或收入必须是使用发明产生的，或者转移或销售发明产生的。如果收入的50%来自专利或实用新型和在土耳其应用发明销售所得，则免缴所得税；收入包括保险费、发明补偿所得、侵权赔偿所得。而且，发明必须是经过实质审查的专利或者出具检索报告的实用新型。享受政策者必须在土耳其境内拥有居所，开展工商活动，并拥有《巴黎条约》规定的申请的权利。每个纳税人抵免总额不能超过评估报告价值的50%，总的不能超过100%。

美国也在研究引入专利盒子政策。日本税法规定，对企业转让专利收入的18%免征所得税。韩国税法规定，对研究开发成果的转让所得减免企业所得税，转让或者租赁专利、技术秘诀或新工艺所获收入，公民按照合同提供自行研究开发的技术秘诀取得的技术转让收入，可减免所得税或法人税。

欧洲能迅速推开专利盒子制度的主要原因在于知识产权流动性和实行税收优惠的高敏感性。总的来看，国外知识产权许可收入的所得税税收优惠主要有两种：一种是税收减免，即根据知识产权转让许可收入，给予一定比例如50%~80%的减免，剩余部分才需要缴纳所得税；另一种是实行优惠税率，一些国家制定了知识产权许可收入所得税优惠税率，一般为15%，一些国家甚至低到10%。

为促进知识产权商业化运用和技术转移转化，我国制定了一系列法律和政策。

第一，规定了知识产权转让许可收入认定。企业所得税法第六条规定："企业以货币形式和非货币形式从各种来源取得的收入，为收入总额。包括：（一）销售货物收入；（二）提供劳务收入；（三）转让财产收入；（四）股息、红利等权益性投资收益；（五）利息收入；（六）租金收入；（七）特许权使用费收入；（八）接受捐赠收入；（九）其他收入。"实施条例第十二条规定："企业所得税法第六条所称企业取得收入的货币形式，包括现金、存款、应收账款、应收票据、准备持有至到期的债券投资以及债务的豁免等。企业所得税法第六条所称企业取得收入的非货币形式，包括固定资产、生物资产、无形资产、股权投资、存货、不准备持有至到期的债券投资、劳务以及有关权益等。”第十五条规定了劳务收入：“是指企业从事建筑安装、修理修配、交通运输、仓储租赁、金融保险、邮电通信、咨询经纪、文化体育、科学研究、技术服务、教育培训、餐饮住宿、中介代理、卫生保健、社区服务、旅游、娱乐、加工以及其他劳务服务活动取得的收入。”实施条例第十六条具体规定了知识产权的转让财产收入，“是指企业转让固定资产、生物资产、无形资产、股权、债权等财产取得的收入”。第十七条规定：“股息、红利等权益性投资收益，是指企业因权益性投资从被投资方取得的收入。”第二十条规定特许权使用费收入“是指企业提供专利权、非专利技术、商标权、著作权，以及其他特许权的使用权取得的收入”。

第二，规定了知识产权转让许可税收抵免。企业所得税法第二十二条至第二十四条规定了税收抵免。第二十二条规定：“企业的应纳税所得额乘以适用税率，减除依照本法关于代收优惠的规定减免和抵免的税额后的余额，为应纳税额。”第二十三条和第二十四条规定了应税抵免项目，第二十二条规定：“企业取得的下列所得已在境外缴纳的所得税税额，可以从其当期应纳税额中抵免，抵免限额为该项所得依照本法规定计算的应纳税额；超过抵免限额的部分，可以在以后五个年度内，用每年度抵免限额抵免当年应抵税额后的余额进行抵补：（一）居民企业来源于中国境外的应税所得；（二）非居民企业在中国境内设立机构、场所，取得发生在中国境外但与该机构、场所有实际联系的应税所得”。第二十四条规定：“居民企业从其直接或者间接控制的外国企业分得的来源于中国境外的股息、红利等权益性投资收益，外国企业在境外实际缴纳的所得税税额中属于该项所得负担的部分，可以作为该居民企业的可抵免境外所得税税额，在本法第二十三条规定的抵免限额内抵免。”与国外主要国家尤其是欧洲专利盒子政策相比，我国没有涉及技术和知识产权转让的所得税税收抵免政策。

第三，规定了激励知识产权的税收优惠政策。一是对知识产权转让给予税收优惠政策。企业所得税法第二十五条至第三十六条规定了税收优惠。涉及知识产权和技术转移的主要是第二十五条和第二十七条。第二十七条规定，符合条件的技术转让所得，可以免征、减征企业所得税。实施条例第九十条规定："企业所得税法第二十七条第（四）项所称符合条件的技术转让所得免征、减征企业所得税，是指一个纳税年度内，居民企业技术转让所得不超过500万元的部分，免征企业所得税；超过500万元的部分，减半征收企业所得税。"二是对技术许可给予所得税税收优惠政策。2014年12月3日，国务院召开常务会议，在推广实施中关村4项先行先试政策中，对5年以上非独占许可使用权转让，参照技术转让给予所得税减免优惠。

由上述规定可以知道，与知识产权和技术转移相关的收入包括：（1）劳务收入，如技术和知识产权服务收入；（2）技术和知识产权入股等的股息、红利等权益性投资收益；（3）转让技术和知识产权的转让财产收入，包括转让技术使用权的特许权使用费收入等。非货币收入包括投资股权、获得无形资产等。由《国家中长期科学和技术发展规划纲要（2006—2020年）》配套政策也可以知道，企业购置的包含知识产权的设备仪器可以折旧，购买的知识产权等无形资产可以摊销。研发用仪器设备可以加速折旧，低于30万元的可以一次性列为管理费用。企业购买的知识产权等无形资产可以加计摊销。企业500万元以下的技术转让和许可收入可以免征所得税，超过500万元的部分减半征收所得税。

三、知识产权高质量转化运用与消费税

消费税是以消费品的流转额作为税收征收对象的税种的统称，一般而言，消费税是调节产品市场结构的主要税种，具有较强的选择性。我国从1994年起开始征收消费税，并在之后的20年里不断地调整该税种的税目、税率以及相关税收政策，进一步强化了消费税的调节作用。目前，我国消费税征税税目主要有14个科目，分别为汽车、摩托车、化妆品、烟、酒、高档手表、游艇等。对于被征税对象是否为创新产品或知识产权产品，或者是否含有知识产权的产品，都并未进行明确区分。2014年7月30日，财政部部长楼继伟在《深化财税体制改革》一书中强调，要推进消费税改

革，调整消费税征收范围、环节、税率，进一步发挥消费税对高污染、高能耗和高档消费品的调节力度。尽管该书对消费税改革提出了诸多意见和措施，但仍没有提出针对知识产权产品或创新产品的消费税改革措施。因此，从目前的消费税征税实行方案来看，知识产权产品或创新产品并未得到消费税税收政策的支持。我国“十四五”规划尽管已提出完善激励科技创新的税收体系，但至今尚未出台具体的消费税政策措施。

国外虽然也少有激励知识产权或创新的消费税政策和学术研究，但一些发达国家还是在消费税激励创新方面采取了一些比较积极的举措。美国税法就规定，消费税一般都是由联邦和州政府对一个有限范围内的货物和活动进行征税，包括用于运输的汽油和柴油、航空旅行、指定物品的制造和室内日光浴服务等，但对于特殊行业用于研发活动的消费品，可以免征消费税。例如，美国的私人医疗机构用于从事医学研发活动的消费品就可以免征消费税。

消费税是激励包含知识产权产品或创新产品的特定消费品销售，进而促进科技创新和成果转化的具有重要调节功能和引导作用的政策工具之一。但无论是国内还是国外，针对激励创新的消费税政策研究都较少，措施明显不足。尽管我国对消费税提出了改革方向，但目前尚缺乏行之有效的政策措施。

消费税是一种各国对消费品及消费行为普遍征收的税种，可以根据国家产业政策及消费政策的需求，合理调节消费行为，增加政府税收，增强国家的宏观调控能力，具有目标明确、政策性强、征收方便、易于免税等特点。消费税的征收具有重要的调节作用，它可以通过对某种消费品征税或对不同消费品实行差异化的税率或征税措施从而产生收入效应或替代效应。因此，对于知识产权创造运用和科技创新活动，消费税可以通过对其产品、企业生产销售产品，或委托加工产品进行征税或差异化征税来引导创新的方向，提高自主创新能力。另外，通过对税率进行调节，消费税还可以在纠正外部不经济的同时，引导产业对新技术的开发运用。例如，对“三高”产品征收高额消费税，一方面可以提高该产品价格，降低消费者购买该产品的意愿；另一方面也可以引导企业开发绿色、节能、安全、环保的产品和技术，从而促进知识产权创造运用，同时还能够为治理环境污染提供必要的资金，纠正市场对资源的无效配置。

目前，我国消费税政策主要在以下五个环节征税：（1）生产销售环节。该环节是我国消费税征收的主要环节，包括纳税人生产的应税消费品和纳税人自产自用的应税消费品。应注意的是，非自用应税消费品只有在对外销售（非零售）时征税，否则不征税；自用应税消费品用于连续生产的，不征税。（2）委托加工环节。委托加工的应税消费品，按照“受托方”的同类消费品的销售价格计征消费税；没有同类消费品销售价格的，按照组成计税价格计征消费税。委托加工的应税消费品，委托方用于连续生产应税消费品的，所纳税款准予按规定抵扣。（3）进口环节。进口应税消费品除须缴纳进口关税、增值税外，还应缴纳进口消费税。（4）零售环节。金银首饰、钻石及钻石饰品、铂金首饰的消费税在零售环节征税。（5）批发环节。该环节只针对卷烟征收消费税。

第一，从征税环节来看，消费税的征收几乎囊括了所有应税环节，然而除进口和委托加工环节外，另外三个环节都只针对特殊消费品进行征税，因此消费税的调节范围改进依然有一定空间。由于其他环节只针对特殊消费品进行征税，因此大部分企业可以通过转移定价（非转移定价）的方式压低销售价格，降低实际税基，达到偷逃税款的目的，消费税的调节作用也因此受到影响。

第二，我国消费税实行的是价内税。由于消费税属于间接税，国际上普遍采取价外征收的方式，而我国采取的是价内征收方式，这就降低了消费税的透明度，不利于引导消费，甚至使消费者产生误解，例如，有产品中知识产权含量越高，消费者缴税就越多的传言。

第三，我国消费税法规政策中并未对科技创新产品或知识产权产品进行明确界定，并且缺乏对实验仪器设备等的税收优惠政策，这对引导企业及高校、科研机构进行自主知识产权创造运用和创新活动有较大的不足，“一刀切”的征税模式不利于发挥消费税的调节和引导作用。

在现有消费税消费品目录内，对应税具有知识产权产品的消费品或创新性消费品，尤其是具有自主知识产权的创新性消费品实行消费税减税政策。在目前税率基础上降低2~3个百分点，进一步激励企业及高校、科研机构的科技创新活动，进一步引导全社会支持科技创新。

创新产品和自主创新产品的核心是知识产权和自主知识产权，建立知识产权产品和自主知识产权产品认定制度，并对经过认定的知识产权产品和自主知识产权产品实行增值税税收优惠政策是需要的，也是可行的。因此对特定产业和特定机构，尤其是研发和技术服务、知识产权服务业、高校和科研机构与技术转移机构实行增值税优惠政策，将会极大地促进我国的自主创新和产业创新发展。促进知识产权商业化运用，应当建立普惠和有效的技术与知识产权税收激励政策，实行技术和知识产权转移收益所得税抵免政策，应扩大享受技术转移所得税优惠政策的范围，明确应分摊期间费用计算方式，改革创投机构的所得税税收优惠政策。还要落实好科技成果转化股权激励的个人所得税优惠政策，关键是进一步明确个人奖励股权收入的原值和税费的内容，完善税前摊销扣除政策，将技术许可、技术服务等获得股权的行为都纳入入股递延纳税优惠政策范围。

第七章

知识产权高质量运用与投融资

投融资是知识产权商业化运用的必要条件，但由于各种因素的影响和制约，我国知识产权投融资还很不发达。知识产权投融资政策是重要的知识产权商业化运用政策，促进知识产权商业化，必须优化和完善知识产权商业化运用的政府引导基金、创业投资基金、质押贷款、保险、担保等投融资政策。

第一节　知识产权运用政府引导基金与知识产权质押融资

目前，我国技术和知识产权商业化的政府引导基金主要是指财政部与科技部门设立的科技型中小企业创业引导基金和科技成果转化引导基金，以及财政部与知识产权部门设立的知识产权运营基金。

一、科技型中小企业创业引导基金

1999 年 8 月 20 日，中共中央、国务院发布的《关于加强技术创新 发展高科技 实现产业化的决定》要求："要培育有利于高新技术产业发展的资本市场，逐步建立风险投资机制，发展风险投资公司和风险投资基金，建立风险投资撤出机制，加大对成长中的高新技术企业的支持力度。引进和培养风险投资管理人才，加速制定相关政策法规，规范风险投资的市场行为。"

2005 年 11 月 15 日，为支持以技术和知识产权为核心的创业投资，国家发改委等 10 部门发布了《创业投资企业管理暂行办法》。

第一，该办法规定了创业投资备案的条件：（1）已在工商行政管理部门办理注册登记。（2）经营范围符合规定。（3）实收资本不低于 3000 万元人民币，或者首期实收资本不低于 1000 万元人民币，且全体投资者承诺在注册后的 5 年内补足不低于 3000 万元人民币实收资本。（4）投资者以有限责任公司形式设立创业投资企业的，投资者人数不得超过 50 人。单个投资者对创业投资企业的投资不得低于 100 万元人民币。所有投资者应当以货币形式出资。（5）有至少 3 名具备 2 年以上创业投资或相关业务经验的高级管理人员承担投资管理责任。委托其他创业投资企业、创业投资管理顾问企业作为管理顾问机构负责其投资管理业务的，管理顾问机构必须有至少 3 名具备 2 年以上创业投资或相关业务经验的高级管理人员对其承担投资管理责任。

第二，规定了创业投资企业的经营范围。包括创业投资业务、代理其他创业投资企业等机构，或个人的创业投资业务、创业投资咨询业务、为创业企业提供创业管理服务业务、参与设立创业投资企业与创业投资管理顾问机构。

第三，规定了投资方向和收益。创业投资以全额资产对外投资。其中，对企业的投资，仅限于未上市企业。经与被投资企业签订投资协议，创业投资企业可以以股权和优先股、可转换优先股等准股权方式对未上市企业进行投资。创业投资企业对单个企业的投资不得超过创业投资企业总资产的 20%。

第四，规定了支持政策。国家与地方政府设立的创业投资引导基金，通过参股和提供融资担保等方式扶持创业投资企业的设立与发展。国家运用税收优惠政策扶持创业投资企业发展并引导其增加对中小企业特别是中小高新技术企业的投资。创业投资企业可以通过股权上市转让、股权协议转让、被投资企业回购等途径，实现投资退出。国家完善创业投资企业的投资退出机制。

2007 年 7 月 6 日，科技部、财政部印发了《科技型中小企业创业投资引导基金管理暂行办法》。科技型中小企业创业投资引导基金支持对象包括从事创业投资的创业投资企业、创业投资管理企业、具有投资功能的中小企业服务机构，以及初创期科技型中小企业。其中创投企业申请支持的条件是：（1）经工商行政管理部门登记；（2）实收资本（或出资额）在10000万元人民币以上，或者出资人首期出资在3000万元人民币以上，且承诺在注册后5年内总出资额达到10000万元人民币以上，所有投资者以货币形式出资；（3）有明确的投资领域，并对科技型中小企业投资累计5000万元以上；（4）有至少3名具备5年以上创业投资或相关业务经验的专职高级管理人员；（5）有至少3个对科技型中小企业投资的成功案例，即投资所形成的股权年平均收益率不低于20%，或股权转让收入高于原始投资20%以上；（6）管理和运作规范，具有严格合理的投资决策程序和风险控制机制；（7）按照国家企业财务、会计制度规定，有健全的内部财务管理制度和会计核算办法；（8）不投资于流动性证券、期货、房地产业以及国家政策限制类行业。

创业投资管理企业申请支持的条件包括：（1）经工商行政管理部门登记；（2）有至少3名具备5年以上创业投资或相关业务经验的专职高级管理人员；（3）有至少3个对科技型中小企业投资的成功案例，即投资所形成的股权年平均收益率不低于20%，或股权转让收入高于原始投资20%以上；（4）按照国家企业财务、会计制度规定，有健全的内部财务管理制度和会计核算办法；（5）实收资本（或出资额）在100万元人民币以上；（6）管理的创业资本在5000万元人民币以上。

中小企业服务机构申请支持的条件包括：（1）有至少3个对科技型中小企业投资的成功案例，即投资所形成的股权年平均收益率不低于20%，或股权转让收入高于原始投资20%以上；（2）管理和运作规范，具有严格合理的投资决策程序和风险控制机制；（3）按照国家企业财务、会计制度规定，有健全的内部财务管理制度和会计核算办法；（4）具有企业或事业法人资格；（5）有至少2名具备3年以上创业投资或相关业务经验的专职管理人员；（6）正在辅导的初创期科技型中小企业不低于50家；（7）能够向初创期科技型中小企业提供固定的经营场地；（8）对初创期科技型中小企业的投资或委托管理的投资累计在500万元人民币以上。

享受引导基金支持的初创期科技型中小企业的条件包括：（1）具有企业法人资格；（2）职工人数在300人以下，具有大专以上学历的科技人员占职工总数的比例在30%以上，直接从事研究开发的科技人员占职工总数比例在10%以上；（3）年销售额在3000万元人民币以下，净资产在2000万元人民币以下，每年用于高新技术研究开发的经费占销售额的5%以上。

引导方式包括四类：阶段参股、跟进投资、风险补助和投资保障。其中，引导基金的参股比例最高不超过创业投资企业实收资本（或出资额）的25%，且不能成为第一大股东。引导基金投资形成的股权，其他股东或投资者可以随时购买。自引导基金投入后3年内购买的，转让价格为引导基金原始投资额；超过3年的，转让价格为引导基金原始投资额与按照转让时中国人民银行公布的1年期贷款基准利率计算的收益之和。创业投资机构在选定投资项目后或实际完成投资1年内，可以申请跟进投资。

引导基金按创业投资机构实际投资额50%以下的比例跟进投资，每个项目不超过300万元人民币。引导基金跟进投资形成的股权委托共同投资的创业投资机构管理。引导基金按照投资收益的50%向共同投资的创业投资机构支付管理费和效益奖励，剩余的投资收益由引导基金收回。引导基金投资形成的股权一般在5年内退出。共同投资的创业投资机构不得先于引导基金退出其在被投资企业的股权。创业投资机构在完成投资后，可以申请风险补助。引导基金按照最高不超过创业投资机构实际投资额的5%给予风险补助，补助金额最高不超过500万元人民币。投资保障分两个阶段进行。对“辅导企业”给予投资前资助，不超过100万元，主要用于补助“辅导企业”高新技术研发的费用支出。给予投资后资助不超过200万元，主要用于补助“辅导企业”高新技术产品产业化的费用支出。

2014年，第一批科技型中小企业创业投资引导基金阶段参股立项项目共有13项，涉及13家创业投资机构，支持金额达到4.4325亿元。但由于以专利技术为主创业的科技型企业存在巨大的技术风险、市场风险、经营风险等，以专利商业化为主的创业投资实际上非常不足。我国创业投资机构的发展水平总体还较低，不仅数量少、投资额度小，而且投资手段有限，关键在于现有政策没有有效解决技术和其知识产权的质量、价值、价格的识别问题。我国创业投资的定位是有一定规模的中小企业，但出于安全性的考虑，很多商业银行和多数创投风投机构倾向于投资成熟期企业，而不愿投向创新型中小企业，尤其是初创期具有知识产权的企业，造成大量初创型小微企业难以得到创业投资。我国创业投资基金退出渠道不畅通的问题一直没有得到很好解决，尤其是包含知识产权的中小微企业股权债权交易市场发展还不发达，而且存在不少技术性问题。我国还缺乏懂技术、懂市场、懂投资、懂知识产权的高水平国际化的战略性投资专家，而此类专家是引导创业投资机构对技术和知识产权进行创业投资的关键。

为促进我国技术及知识产权创业投资，应不断完善现有的创业投资支持政策，适当降低现有投资支持政策的申请条件，扩大政策惠及面，尤其是小微企业。一是要大力发展创业投资市场，完善创业投资的退出机制。新建立一批以技术和知识产权为核心的股权、债权交易的市场，完善现有产权交易市场知识产权股权交易的功能和手段，尤其是技术及知识产权的价值评估系统，并对全社会开放使用。二是要加大战略投资专家的培训力度。建立常态化教育培训制度，重点培养一批懂技术、懂市场、懂投资、懂知识产权的国际化的战略投资专门人才。

二、科技成果转化引导基金

为促进科技成果转化，财政部、科技部于2011年7月4日印发了《国家科技成果转化引导基金管理暂行办法》，明确提出："转化基金主要用于支持转化利用财政资金形成的科技成果，包括国家（行业、部门）科技计划（专项、项目）、地方科技计划（专项、项目）及其他由事业单位产生的新技术、新产品、新工艺、新材料、新装置及其系统等。"该办法还规定了3种引导方式。第一，转化基金与符合条件的投资机构共同发起设立创业投资子基金，为转化科技成果的企业提供股权投资。转化基金对子基金的参股比例为子基金总额的20%~30%。子基金应以不低于转化基金出资额3倍的资金投资于转化成果库中科技成果的企业，其他投资方向应符合国家重点支持的高新技术领域。第二，转化基金对合作银行向年销售额3亿元以下的科技型中小企业发放用于转化成果库中期限为1年的成果转化贷款可给予一定的风险补偿，补偿比例不超过贷款额的2%。第三，转化基金对于为转化科技成果作出突出贡献的企业、科研机构、高等院校和科技中介服务机构可给予一次性资金绩效奖励。

2014年8月8日，科技部、财政部印发《国家科技成果转化引导基金设立创业投资子基金管理暂行办法》。第一，该办法规定了子基金的设立。子基金募集资金总额不低于10000万元人民币，且以货币形式出资，经营范围为创业投资业务，组织形式为公司制或有限合伙制；引导基金对子基金的参股比例为子基金总额的20%~30%；子基金存续期一般不超过8年，在子基金股权资产转让或变现受限等情况下，经子基金出资人协商一致，最多可延长2年；申请者为投资企业的，其注册资本或净资产应不低于5000万元；申请者为创业投资管理企业的，其注册资本应不低于500万元。

第二，规定了创投管理企业的条件。创业投资管理企业应在中国大陆境内注册，主要从事创业投资业务；具有完善的创业投资管理和风险控制流程，规范的项目遴选和投资决策机制，健全的内部财务管理制度，能够为所投资企业提供创业辅导、管理咨询等增值服务；至少有3名具备5年以上创业投资或相关业务经验的专职高级管理人员；在国家重点支持的高新技术领域内，至少有3个创业投资成功案例；应参股子基金或认缴子基金份额，且出资额不得低于子基金总额的5%。企业及其高级管理人员无重大过失，无受行政主管机关或司法机关处罚的不良记录。

第三，规定了子基金的投资方向。子基金投资于转化国家科技成果转化项目库中科技成果的企业的资金应不低于引导基金出资额的3倍，且不低于子基金总额的50%；其他投资方向应符合国家重点支持的高新技术领域；所投资企业应在中国大陆境内注册。

第四，规定了引导基金退出的条件和程序。对于发起设立的子基金，注册之日起4年内（含4年）购买的，以引导基金原始出资额转让；4~6年内（含6年）购买的，以引导基金原始出资额及从第5年起按照转让时中国人民银行公布的1年期贷款基准利率计算的利息之和转让；6年以上仍未退出的，将与其他出资人同股同权在存续期满后清算退出。子基金存续期结束时，子基金出资各方按照出资比例或相关协议约定获取投资收益。子基金的年平均收益率不低于子基金出资时中国人民银行公布的1年期贷款基准利率的，引导基金可将其不超过20%的收益奖励子基金管理机构。

第五，规定了子基金托管银行的条件和管理。托管银行应为成立时间在5年以上的全国性股份制商业银行；具有专门的基金托管机构和创业投资基金托管经验；无重大过失以及受行政主管机关或司法机关处罚的不良记录。

第六，规定了收入收缴。引导基金投资子基金的收入包括引导基金退出时应收回的原始投资及应取得的收益、子基金清算时引导基金应取得的剩余财产清偿收入等。所得收入上缴中央国库，纳入中央公共财政预算管理。收入收缴工作由受托管理机构负责，按照国库集中收缴有关规定执行。

由于科技成果转化确实存在一些客观和主观的制约因素，仅靠科技成果转化引导基金难以有效促进科技成果转化状况的显著改善。首先，现有科技成果转化引导基金并没有针对制约科技成果转化的主客观问题进行设计。缺乏要求创业投资管理企业投资管理人员的知识和能力结构，尤其是缺乏技术、法律、管理人才的要求。其次，科技成果转化引导基金总额度较小，地方政府积极性不够，其效果还不很明显。最后，规定的一些条件还比较严苛。如国家科技成果转化项目库中科技成果的企业的资金应不低于引导基金出资额的3倍，且不低于子基金总额的50%的要求，其他投资方向应符合国家重点支持的高新技术领域，这会导致很多投资难以获得国家科技成果转化引导基金的子基金的支持。

为有效促进科技成果转化，地方政府也应支持成立政府和社会公益资金联合出资成立的地方性科技成果转化引导基金，应明确规定管理国家科技成果转化引导基金设立的子基金的创业投资企业必须拥有技术、知识产权法律和投资实践经验的管理人才团队，国家科技成果转化项目库中科技成果的企业的资金应不低于引导基金出资额的3倍，且不低于子基金总额的50%的要求；其他投资方向应符合国家重点支持的高新技术领域，所投资企业应在中国大陆境内注册等有关要求，只要有投资科技成果转化的子基金都应当给予政策扶持。

三、知识产权运用政府引导基金

相对科技成果转化引导基金政策而言，促进知识产权商业化的政府引导资金类型较少，只有财政部办公厅、国家知识产权局办公室于2014年印发的《关于开展市场化方式促进知识产权运营服务工作的通知》。该政策第一次明确规定建立知识产权运营政府资金。该政策提出支持在北京等11个知识产权运营机构较为集中的省份开展试点，采取股权投资方式支持知识产权运营机构。

除了投资全国知识产权运营公共服务平台和西安、珠海两个特色试点平台外，财政部门又拿出2亿元作为知识产权运营机构的股权投资，投资北京智谷睿拓技术服务有限公司、中国专利技术开发公司、北京国知专利预警咨询中心等20家运营企业。其中，北京市的知识产权运营股权投资由亦庄国际投资公司代持7000万元股权，管理7家知识产权运营机构的政府股权投资。中国专利技术开发公司成立中智厚德知识产权运营基金，投资额达到1亿元。北京国知专利预警咨询中心成立国知智慧知识产权股权基金，2015年11月9日正式发布，首期规模1亿元，主要投资于拟挂牌新三板的企业，定期发布“新三板知识产权指数”，定向用于企业知识产权挖掘及开发，旨在帮助国内中小企业有效获取核心技术专利，撬动社会资本参与。2017年7月18日，国家知识产权局确定苏州、厦门、郑州等8个城市开展城市知识产权运营体系建设，每个城市支持财政资金2亿元。

此外，地方财政也在积极支持知识产权运营工作。2016年1月，北京市重点产业知识产权运营基金在北京市经济技术开发区宣布正式成立。这是首只由中央、地方财政共同出资引导发起设立的知识产权运营基金，首期基金4亿元。其中，中央、北京市、部分中关村分园区管委会三级财政体系投入政府引导资金9500万元，引导重点产业企业、知识产权服务机构和投资机构等投入社会资本30500万元。采取有限合伙的形式，存续期为10年，计划规模10亿元人民币。首期重点关注移动互联网和生物医药产业，主要投资于这两个产业中拥有核心专利和高价值专利组合、市场前景良好、高成长性的初创期或成长期企业，或者具有相应产业领域特色的知识产权运营机构。该基金以阶段参股的方式向开展相应产业领域业务的知识产权运营资金进行股权投资，支持发起设立新的知识产权运营基金，并积极引导构建由产业知识产权联盟或知识产权运营机构运行管理的结构优良、布局合理的专利组合（专利池）项目。

虽然我国已经将近40亿元财政资金用于支持知识产权运营，但从实际情况看，我国大多数知识产权运营机构还没有建立有效的盈利模式，一些所谓的运营机构只是换了个名头，仍然局限于原有的交易、买卖和许可业务，还有一些运营机构主要目的是为争取政府的运营引导资金，而没有开展实际的运营业务。新成立的一些知识产权运营基金也缺乏有效的投资手段，缺乏具有合理知识结构和能力的运营人才队伍，没有解决知识产权质量识别问题、碎片化问题和投资退出问题。

为有效发挥知识产权运营引导资金的作用，第一，我国应严格知识产权运营引导资金支持的条件，申请支持的运营企业必须建立有效的运营模式。运营机构必须制订实施方案或者规划，实施方案和规划必须经过专家评审和网上公开。第二，优化运营资金投入的方式，除股权投资外，还要开展前期资助、后补助、贷款担保等业务，前期资助投资主要用于对企业、高校、科研机构内部知识产权运营机构的建设，后补助主要用于对转让交易许可成绩显著运营企业的奖励，贷款担保主要用于为运营机构投资基金的知识产权投资活动提供担保等。

四、知识产权运用质押融资政策

知识产权质押融资是知识产权权利人将其合法拥有的且有效的专利权、注册商标权、著作权等知识产权出质，从银行等金融机构取得资金，并按期偿还资金本息的一种融资方式。知识产权质押融资是一种近年来区别于传统的以不动产作为抵押物向金融机构申请贷款的新型融资方式，主要是科技型企业以自身合法拥有的专利权、商标权、著作权作为质押物，向银行申请融资。

近年来，我国和一些国家纷纷开展知识产权质押贷款。美国《统一商法典》于2011年将包括专利权、商标权、著作权、商业秘密专有权等知识产权列入动产范围，美国《专利法》也明确规定专利属于动产。因此知识产权可用于“抵押”。美国《版权法》还规定，抵押是版权转移的一种方式。美国《商标法》也规定，美国专利商标局可以调整知识产权担保品的登记及其法律效力。2013年，在韩国开发银行支持企业知识产权贷款的基础上，韩国产业银行开始知识产权质押贷款业务，总贷款规模达到1.665亿美元，涉及396家企业。我国于1999年首次出现知识产权质押案例，中国工商银行山西省忻州分行以知识产权质押办理了一笔总价值约200万元人民币的贷款业务。随后，各地纷纷出现以知识产权为质押融资的案例。

我国知识产权质押贷款政策主要包括以下文件：

一是2007年修订的《中华人民共和国科学技术进步法》第十八条规定，国家鼓励金融机构开展知识产权质押业务，鼓励和引导金融机构在信贷等方面支持科学技术应用和高新技术产业发展，鼓励保险机构根据高新技术产业发展的需要开发保险品种。该规定为各式知识产权担保提供了法律依据。国务院于2009年9月19日发布《关于进一步促进中小企业发展的若干意见》，要求加强和完善中小企业金融服务，其中特别强调要完善财产抵押制度和贷款抵押物认定办法，采取动产、应收账款、仓单、股权和知识产权质押等方式，缓解中小企业贷款抵质押不足的矛盾。国务院于2014年发布《关于加快科技服务业发展的若干意见》，其中第七项重点任务是要求开展科技保险、科技担保、知识产权质押等科技金融服务，以专利为主的知识产权担保是科技担保的重要内容。国务院于2015年发布的《关于新形势下加快知识产权强国建设的若干意见》更是要求完善知识产权信用担保机制，推动发展投贷联动、投保联动、投债联动等新模式。

二是财政部等部门于2010年8月12日发布的《关于加强知识产权质押融资与评估管理支持中小企业发展的通知》（以下简称《通知》），《通知》提出了推进知识产权质押融资工作的五点措施。第一，建立促进知识产权质押融资的协同推进机制，要求各有关部门充分发挥各自的职能作用，加强协调配合以及信息沟通，加快建立起知识产权质押融资协同配合机制，更加有效地推进知识产权质押融资工作。第二，要求创新知识产权质押融资的服务机制，银行等金融服务机构应积极探索和创新知识产权信贷的模式，拓展知识产权质押融资业务，拓宽业务模式，扩大中小企业的知识产权质押融资规模。对于知识产权质押融资的评估工作，《通知》要求促进知识产权、资产评估、法律及财政金融等方面的专业协作，同时也要提升商业银行、融资性担保机构、资产评估机构等组织及有关从业人员的专业能力。第三，建立完善的知识产权质押融资风险管理机制，建立知识产权质押物价值动态评估机制，并建立针对知识产权质押融资的信用评级体系，鼓励融资性担保机构为知识产权质押融资提供担保服务。第四，完善知识产权质押融资评估管理体系，加强知识产权质押融资质量管理，防范知识产权质押融资风险的发生。应对知识产权质押融资评估机构进行资质认定，只有财经部门批准或认定的评估机构才能开展评估工作。另外，通知还要求建立知识产权质押融资评估准则体系，使评估规范化、合理化。第五，建立有利于知识产权流转的管理机制，要求各级知识产权部门要建立动态的信息跟踪和沟通机制，加快知识产权信息沟通平台和知识产权交易市场的建设。

三是国家知识产权局于2015年4月发布的《关于进一步推动知识产权金融服务工作的意见》中明确要求，建立与投资、信贷、担保、典当、证券、保险等工作相结合的多元化多层次的知识产权金融服务机制。国家知识产权局2021年11月15日发布了《专利权质押登记办法》。办法规定，国家知识产权局负责专利权质押登记工作。以专利权出质的，出质人与质权人应当订立书面合同。质押合同可以是单独订立的合同，也可以是主合同中的担保条款。出质人和质权人应共同向国家知识产权局办理专利权质押登记，专利权质权自国家知识产权局登记时设立。以共有的专利权出质的，除全体共有人另有约定的以外，应当取得其他共有人的同意。在中国没有经常居所或者营业所的外国人、外国企业或者外国其他组织办理专利权质押登记手续的，应当委托依法设立的专利代理机构办理。当事人可以通过互联网在线提交电子件、邮寄或窗口提交纸件等方式办理专利权质押登记相关手续。专利权质押登记申请经审查合格的，国家知识产权局在专利登记簿上予以登记，并向当事人发送《专利权质押登记通知书》。经审查发现有下列情形之一的，国家知识产权局作出不予登记的决定，并向当事人发送《专利权质押不予登记通知书》。专利权质押期间，国家知识产权局发现质押登记存在本办法第十一条所列情形并且尚未消除的，或者发现其他应当撤销专利权质押登记的情形的，应当撤销专利权质押登记，并向当事人发出《专利权质押登记撤销通知书》。专利权质押期间，当事人的姓名或者名称、地址更改的，应当持专利权质押登记变更申请表、变更证明或当事人签署的相关承诺书，向国家知识产权局办理专利权质押登记变更手续。国家知识产权局收到注销登记申请后，经审核，向当事人发出

《专利权质押登记注销通知书》，审核期限按照本办法第十条办理登记手续的期限执行。专利权质押登记的效力自注销之日起终止。

四是银监会于2013年发布的《关于商业银行知识产权质押贷款业务的指导意见》。意见提出，商业银行可以接受境内个人、企业或其他组织以本人或他人合法拥有的、依法可以转让的注册商标专用权、专利权、著作权等知识产权中的财产权作质押，按照国家法律法规和相关信贷政策发放贷款或提供其他授信。商业银行要认真按照规定进行贷前尽职调查，针对知识产权的特点确定质物调查的重点，并严格进行贷款担保审查。用于质押的知识产权剩余有效期或保护期要长于贷款期限，专利和著作权的剩余有效期或保护期一般不少于5年。出质人要承诺按时缴纳年费等相关费用，并及时办理相关权利续展手续。商业银行在选择用作知识产权质押贷款的质物时，要从该项知识产权的合法性、有效性、完整性、权属清晰性、经济价值、市场交易可行性等方面作出综合评估。以专利权出质的，商业银行可以要求出质人承诺将来改进专利一并质押；以注册商标专用权出质的，商业银行应要求出质人将在相同或者类似商品、服务上注册的相同或近似商标一并质押；以著作权出质的，商业银行可以要求出质人将其拥有或将来拥有的该著作权改编作品的著作权一并质押。商业银行发放知识产权质押贷款必须办理质权登记，确保商业银行为优先受偿人。知识产权行政管理部门要完善各类知识产权的登记和查询制度，根据实际需要进行修订，简化登记流程，逐步建立和完善统一的电子化知识产权登记系统和查询系统。

我国也有多家银行开始试水知识产权质押贷款业务，一些机构开始试点各种知识产权质押贷款业务，拓宽了具有知识产权的科技型中小企业的融资渠道，为中小企业的创新发展注入了活力。

目前，我国主要的专利质押贷款业务的模式有五种：(1) 直接质押融资模式。这种模式主要是“银行贷款+专利权质押”模式，通过银行评估后，专利权人将专利权质押给银行，银行获得专利权质权，发放贷款。(2) 间接质押融资模式。主要是“银行贷款+专利权质押+担保”模式。担保包括民间资本担保和政府基金担保两种。专利权人将专利权质押给银行，并取得担保机构的担保，银行获得专利权质权，发放贷款，如果质押人无法还款，担保机构还款。（3）组合质押融资模式。主要是“银行贷款+专利权质押+资产质押”模式。资产质押包括股权质押和有形资产质押。专利权人将专利权和资产质押给银行，银行获得专利权以及资产的质权，发放贷款。（4）综合质押融资模式。包括“投贷联动”“投保联动”“投贷保联动”“投贷保评联动”等模式。投资机构、保险机构、评估机构等对专利权进行投资、保险和评估，银行同意后，专利权人将专利权质押给银行或评估机构，银行或评估机构获得专利权质权，银行发放贷款。（5）专利权许可收益权质押融资模式。即“专利权许可收益权+银行贷款”模式。这是一种新型的质押贷款模式。经过银行评估，专利权人将专利的许可收益权质押给银行，银行获得专利许可收益权质权，发放贷款。

例如，交通银行北京分行推出的“展业通”业务就规定，在北京注册、信用良好、总资产在4000万元以内、年销售额在3000万元以内的小企业可以凭借其拥有的有效期不少于8年的发明专利权，有效期不少于4年的实用新型专利权，或者使用期至少在2年以上、有盈利能力的商标专用权，根据银行聘请的专业评估机构对知识产权的评估价值，从银行获得一定数量的贷款金额。小企业获得贷款的数额依据质押知识产权的不同获得不同的授信额度，其中专利权的授信额上限为其估值的25%，实用新型为15%，而商标专用权则可达30%。但最高贷款金额不得超过1000万元，贷款期限为3年。武汉光谷银行就采取了“银行+担保公司+评估机构”知识产权质押贷款模式。其流程是，知识产权人向银行提出贷款申请，银行要求知识产权权利人对知识产权进行评估，权利人委托评估机构或担保机构对知识产权进行评估，支付评估或担保费，评估结束后由评估或担保公司发放担保函，并将评估结果通知银行，银行审查通过评估结果后，要求出质人反担保，权利人将其资产和知识产权一起质押给银行，成为出质人，银行成为质权人，发放贷款。在此过程中，政府建立的专项资金资助部分评估费用和担保费用，资助部分贷款利息。

近年来，我国地方政府十分积极推进专利为主的知识产权质押贷款。一是给予贷款贴息。对知识产权质押贷款企业给予10%~15%的利息补贴，有的地方高达50%。二是政府担保。政府成立或参与担保公司、担保基金，对知识产权质押贷款企业给予担保。三是风险补偿。政府建立知识产权风险防范基金，在出质人不能按时偿还银行贷款时先行垫付。四是费用补贴。政府对知识产权担保机构给予一定补贴，给予企业知识产权评估费用一定的补贴。五是尽职免责。一些地方的政策允许质权人及银行在知识产权质押贷款中尽职免责，以调动银行积极性。

虽然我国对知识产权质押贷款进行了很好的政策设计，但是总体来看，由于银行对知识产权质权实现困难，因此无法解决知识产权权利转移和变现问题。第一，我国的知识产权质押贷款模式还比较单一，质押贷款规模仍然不大，在全国银行贷款中的比例还十分微小。第二，知识产权质押贷款的评估、担保等中介费用较高，在较大程度上影响了知识产权质押贷款的快速发展。普通贷款申请，包括评估费、律师费等在内的中介费高达15%左右，超过了企业负担的利息水平，这对企业来说是一个不小的负担。第三，银行贷款额占知识产权价值评估额的比例较低，一般25%左右，大多数知识产权质押贷款额较少，不能满足实施的需要。第四，知识产权质押贷款实现难的主要问题在于知识产权价值评估难。由于我国知识产权总体质量不高，加上缺乏专业化、国际化、高水平的知识产权评估人才，质押贷款的风险较大，银行的积极性不高，评估、担保、保险机构的积极性也不高。第五，知识产权质权处置难。如果知识产权质押贷款人无法偿还贷款，银行拿到的只是知识产权质权，银行无法转让和许可知识产权，而我国尚未建立知识产权质权交易的市场。即使将知识产权权利人变更为银行，由于银行主营业务是企业和个人的存贷款业务，所以银行也无法自行实施知识产权。

为了扩大知识产权质押贷款的规模，第一，开发新的知识产权质押贷款模式。如“投贷保”“银企保”模式。支持开展多种方式的投贷联动操作。对于普通中小企业知识产权质押融资，鼓励商业银行贷款与风险投资机构开展投贷合作，在风险投资机构对企业质押的知识产权已进行评估和投资的基础上，以银行资本间接参与的方式（即商业银行对风险投资机构进行贷款）进行质押。对于政府认定的高新技术企业或政府项目的知识产权质押融资，政府在为商业银行和投资机构进行信用担保的同时，可对该质押融资项目进行先行投资，这样既可以增强商业银行和风险投资机构的投资信心，也可以对企业或项目提供资金支持。第二，加大政府对知识产权质押贷款补贴的力度。国家和地方政府建立的知识产权运营引导基金应设立知识产权质押贷款补贴基金，对开展质押贷款的银行贷款利息，对评估机构的评估费、担保机构的担保费、保险机构的保险费、创投机构的投资损失等进行高比例的补贴，比例可以达到50%。第三，培养知识产权评估人才。要改革现有的知识产权人才培养模式，重点对涉及知识产权质押贷款评估、担保、保险、投资人才进行科技知识、创新管理、知识产权法律等方面的培训。第四，促进知识产权质押贷款的发展，最重要的是要建立知识产权价值识别的机制，降低识别的成本。因此要统筹完善知识产权收费政策、费用减免政策和地方资助政策，持续、适度地提高知识产权费用标准，减少低质量甚至垃圾知识产权申请，使知识产权费用政策适应知识产权质押贷款发展的新形势。第五，完善知识产权质权处置机制。允许技术交易所、产权交易所等公开市场开辟以质权为标的的知识产权交易或拍卖市场，降低银行知识产权质押贷款由于无法处置质权造成的损失。

第二节　知识产权保险与担保政策

一、知识产权保险

知识产权保险是指投保人以授权知识产权为标的向保险公司投保，在保险期间，保险公司按照合同约定向投保人为知识产权维权、服务或转化而支出的法律费用和相关损失进行赔偿的保险行为。其中最主要的是专利保险。专利保险最早起源于美国。1994年，美国AIG集团响应企业界的要求，推出了第一份专利侵权责任保险单。随后，英国、日本也相继推出专利申请保险等专利保险险种，知识产权保险机制逐渐建立起来。

知识产权保险在知识产权转移转化中具有重要意义，是科技金融体系中的重要环节。因此，国家制定了一系列政策支持知识产权保险业的发展。早在2014年，国务院就在《关于加快科技服务业发展的若干意见》中提出，“鼓励金融机构在科技金融服务的组织体系、金融产品和服务机制方面进行创新”，开展科技保险、科技担保、知识产权质押等科技金融服务。这是我国首次提出建立包含科技保险在内的科技金融服务体系，以加快国家科技创新步伐，提高技术和知识产权的转移能力的政策。2015年，国务院在《关于新形势下加快知识产权强国建设的若干意见》中提出，积极推进知识产权海外侵权责任保险工作，深入开展知识产权质押融资风险补偿基金和重点产业知识产权运营基金试点。同年修订的《中华人民共和国促进科技成果转化法》第三十六条也规定："国家鼓励保险机构开发符合科技成果转化特点的保险品种，为科技成果转化提供保险服务。"这是我国首次将促进科技成果转移转化和知识产权商业化保险服务纳入法律规定之中，将知识产权商业化保险提升到了法律制度层面的高度。2015年，国家知识产权局在《关于进一步推动知识产权金融服务工作的意见》中对专利保险工作作出了更加具体的部署，提出了支持保险机构深入开展专利保险业务，完善专利保险服务体系，加大对投保企业的服务保障，鼓励和支持保险机构加强运营模式创新4项措施，为今后知识产权商业化保险制度和科技金融体系的建立和发展奠定了基础。

2016年8月8日，国务院《关于印发"十三五"国家科技创新规划的通知》对知识产权保险制定了更进一步的政策措施，强调要加快发展科技保险，鼓励保险机构发起或参与设立创业投资基金。同时，"鼓励有条件的地区建立科技保险奖补机制和再保险制度，开展专利保险试点，完善专利保险服务机制"。2016年12月19日，国务院《关于印发"十三五"国家战略性新兴产业发展规划的通知》中也强调，要积极推进知识产权质押融资、股权质押融资、供应链融资、科技保险等金融产品的创新。这些政策为知识产权保险发展提供了重要机遇。

（一）专利保险

目前的专利保险主要包括四类。

第一类是专利侵权责任保险。该保险的特征是：（1）专利侵权具有不确定性；（2）专利侵权风险具有风险的一般属性；（3）专利保护不当，其专利就有遭受损失的可能，在保险合同期限内预期的利益可以估算。专利侵权保险的范围包括两类。一是可能遭专利权人追讨的权利以及损失利益等。二是为对抗专利侵权诉讼所支出的费用，包括辩护费用、和解费用和损害赔偿费用，其中辩护费用又可分为律师费、专家做证费及申请禁令费用等。一般情况下，保险公司对恶意侵权不保。

第二类是专利执行保险。该保险是专利权人为除去其执行专利权所受到的阻碍及可能的损失所投保的险种。投保理赔范围除专利侵权调查费用外，还包括律师费用和诉讼费用。2010 年底，佛山市推出了我国首款专利保险产品“专利侵权调查费用保险”。该保险由信达财险承保，理赔范围包括差旅费、公证费等为专利维权前期准备工作支出的调查费用。保险范围仅限于在佛山市禅城行政辖区内注册，并且拥有已授权并且合法有效的发明、实用新型、外观设计专利权的企事业单位、社会团体。国星光电、德众药业等 100 余家企业的逾千件专利投保了信达财险公司的专利侵权调查费用保险。2012 年 2 月 20 日，国家知识产权局在江苏省镇江市召开专利保险工作研讨会，并选取北京、武汉、镇江等 8 个地区作为专利保险试点城市，推行专利执行保险。投保理赔范围除专利侵权调查费用外，还包括律师费、仲裁或诉讼费等费用。2012 年 11 月 30 日，国家知识产权局正式批复福州等 20 个地区开展第二批专利保险试点工作。

第三类是专利代理责任保险。该保险是针对专利代理中出现的损失设计的险种。主险基准价格是 100 元/年・专利代理人，执行价格是 300 元/年・专利代理人，附加险是 150 元/年・专利代理人。主险责任限额免赔额为 5000 元或损失金额的 5%，以高者为准，最高不超过 5 万元。首次投保的专利代理机构追溯期为 3 年，第二年续保的专利代理机构追溯期为 4 年，第 3 年续保的专利代理机构追溯期为 5 年，以此类推，但追溯期最长不超过 10 年。保险范围包括被保险人为查明和确定保险事故的性质、原因和损失程度所支付的鉴定费、评估费、公证费等必要的、合理的费用，保险人负责赔偿。

第四类是专利申请保险。该保险是一种较为有效的险种。该保险主要针对专利申请阶段发生的侵权行为，以及专利申请失败对该阶段产生的申请费用进行赔偿。其中，侵权后发生的诉讼费用由保险公司按照保险合同规定的保额进行赔付，申请失败的赔偿一般以实际申请费用为准。若专利申请成功，则投保人再次申请专利时一般会获得一定程度的优惠，以鼓励投保人继续投保。

（二）专利运用保险

虽然我国建立了专利保险制度，但只有少数专利保险险种得以实施。

总体来说，我国专利保险政策依然处于发展初期，尤其是专利等知识产权转移转化的保险政策一直没有建立起来。虽然促进科技成果转化法规定，“国家鼓励保险机构开发符合科技成果转化特点的保险品种，为科技成果转化提供保险服务”，但我国一直没有制定出科技成果及知识产权转化的保险政策。

由于专利技术商业化保险存在市场失灵问题，转移转化成功率较低，专利技术商业化保险机制建立存在很大困难。专利技术商业化保险存在逆淘汰问题，由于保险企业对专利技术的质量和风险不了解，对专利技术转化提供保险后，低质量的专利权人更愿意参加保险，由于保险公司知道该情况，会不断提高保费率，从而导致参加保险的专利权人越来越少，最后导致该保险险种无法实施。另外，投保金额较大，中小企业难以承受。以知识产权创业平均获得投资 100 万元为投保额计算，若转化创业成功概率为 30%，则最低保险费率为 7%，加上保险企业经费成本和利润，保险费率至少为 9%，年投保额为 9 万元，占将要获得的投资额的近 10%，投保人的积极性不高。

同时，专利技术商业化的各个阶段都存在较大的不确定性。一是专利技术转移阶段的不确定性。由于买卖双方信息不对称，买方企业无法预测专利技术方案能够转化为具体的可实施技术。二是生产阶段的不确定性。当企业尝试将专利技术应用于生产实践中时，可能会遇到一系列不曾预料的问题，如设备限制等，导致无法生产或者新产品不符合预期目标。三是市场化阶段的不确定性。新产品投放市场的前期，由于产品市场前景的不确定，企业面临巨大风险。专利转化的失败通常会对企业的战略制定、主营业务展开、财务状况产生极大的消极影响，严重时甚至可能导致企业破产。因此，专利技术商业化通常具有高风险性。

此外，专利作为典型的知识产权，对于保险公司来说，专利保险本来就是比较陌生的业务领域，保险公司对各行业的专利也相对比较陌生，因此，保险公司在推广专利保险时谨小慎微，导致试点的专利保险产品比较单一，或者设置了比较高的门槛，使得保险产品无法满足市场的需求。由于我国目前有效专利转让和许可率非常低，带来的直接问题便是专利商业化保险的保险费用偏高，保障范围有限，这与投保人的资金需求也有较大差距。

制定知识产权商业化的保险政策，必须解决下述五类问题。

第一，要降低知识产权保险的逆淘汰问题。解决该问题就要解决专利质量、风险和价值价格的识别问题。因此要开发科学的价值评估系统。由于专利保险存在市场失灵问题，因此必须对投保专利进行合理评估，在保证投保专利转化成功的同时，引导专利保险市场有序健康发展。在合理价值评估的基础上，计算并选择每个险种最适合的保险费率，解决因保险费率过高而导致中小企业投保难的问题。

第二，要分散专利技术商业化投保额过高的问题。要建立政府担保资金对转化保险进行担保。由于目前国内专利转化成功率低，保险公司对设置专利运用保险心存疑虑，因此政府需要设立担保资金对转化进行担保以扭转专利保险市场的不利局面。

第三，要设计不同阶段的专利保险险种。要完善知识产权险种设计，在完善现有专利侵权责任险、专利执行保险和专利代理责任险的同时，针对专利运用阶段开发专利商业化保险。专利申请保险可参照有关国家的成熟做法，专利运用保险则应主要针对专利技术的转移转化阶段，其中可投保的范围包括专利的专利转让许可、专利技术投资、专利权质押贷款、专利技术评估，要改变目前地方政府保险全部损失的做法，而应该针对投保人的保费进行补贴，对商业化成功的投保人给予一定的奖励。

第四，要发展专利商业化保险市场。要引导建设一批支持知识产权商业化的保险机构，分散知识产权转移转化风险。政府可引导建设知识产权保险公司，并引导民间保险机构设立知识产权保险险种，逐渐形成政府引导、市场主导的知识产权商业化保险市场。

第五，要加大专利商业化税收政策的支持力度。要支持保险企业开辟对知识产权质押贷款的保险业务；减免保险公司专利商业化保险产品的增值税；允许知识产权商业化保险费列入150%加计扣除范围等。还要建立对投保知识产权商业化保险的保险公司再保险业务。

二、知识产权运用担保

知识产权担保是指为不侵犯他人知识产权或者涉及知识产权的债权实

现提供的保障。知识产权质押是知识产权担保的一种形式，是实现知识产权交换价值的重要手段，与知识产权用益权一同被称作定限知识产权。知识产权非侵权担保主要包括货物买卖、技术交易、知识产权作价入股中的非侵权担保。在知识产权商品买卖中，如果侵犯了第三方国家或权利人的知识产权，买方应承担知识产权的担保义务。《联合国国际货物销售合同公约》第42条规定，卖方所交付的货物，必须是第三方不能根据工业产权或其他知识产权提出任何权利或请求的货物。在技术贸易中，技术卖方要对买卖合同的标的物及技术的使用权承担知识产权担保责任。《中华人民共和国技术引进合同管理条例施行细则》第十一条规定："供方应保证自己是所提供技术的合法拥有者，或者保证自己有权转让或许可该项技术。受方使用转让或者许可的技术生产或者销售产品如被第三方指控侵权，应当由供方负责应诉；如被第三方指控的侵权成立，受方的经济损失由供方负责赔偿。"

在知识产权作价入股中，我国公司法规定，股东可以用工业产权、非专利技术、土地使用权等无形资产作价出资，但对于作为出资的工业产权，非专利技术等无形资产，必须进行评估作价，核实财产，不得高估或低估作价。为此，作价入股的知识产权权利人必须对知识产权是否合法、是否有风险进行担保，必须确保是知识产权真实权利人，不存在侵权假冒问题，不存在质押权。

知识产权债权实现担保是对知识产权商业化运用出现的风险进行的担保。根据我国担保法规定，知识产权担保的目的是为保障知识产权债权的实现。由于知识产权质押贷款或者融资中出现债权实现风险，需要担保的介入。具体包括知识产权质押贷款担保、知识产权作价入股债权实现担保。知识产权质押贷款担保又分为两种，一种是将知识产权作为担保物质押给银行取得贷款；另一种是为知识产权质押的银行债权提供的资金或实物担保，保障银行债权的实现。

我国担保法规定符合条件的财物可以作为担保物，担保方式主要包括保证、抵押、质押、留置和定金。知识产权质押贷款的知识产权担保一般是指为了获得银行贷款而将知识产权设定为担保物质押给银行，或者其他机构。如果有知识产权评估机构或其他机构提供知识产权质押贷款担保的，知识产权出质人需要将知识产权或企业股权、实物资产反担保给担保机构，并缴纳担保费。在出质人不履行还款义务时，债权人有权依照法律规定以该知识产权折价或者以拍卖、变卖该财产的价款优先受偿。

但是，由于知识产权价值评估的不确定性，知识产权质权实现的困难，银行和其他机构一般情况下会要求知识产权出质人提供反担保，并要求将企业股权、实物资产等一并进行反担保。但由于很多拥有知识产权的需要贷款的企业是初创企业，核心资产是知识产权，而实物资产少，企业股权不值钱，银行等机构对知识产权质押贷款的积极性不高，知识产权评估机构或其他担保机构对知识产权担保的积极性也不高。即使一些机构愿意开展知识产权质押贷款担保，却往往会收取较高的担保费，担保的额度也不大。

在现实中，担保公司收取的担保业务收费主要有咨询费、评审费和担保费，咨询费、评审费一般为贷款担保额的1%～3%。担保费则按照贷款担保额的利率和期限来计算，一般情况为贷款利率的50%并按实际贷款期限收取，有的公司还按照人民银行同期贷款基准利率的标准下浮50%收取。但对于知识产权质押贷款的质权来说，一般收取的咨询评审费和担保费会更高。

为支持涉及知识产权的担保政策的发展，财政部和国家税务总局于2016年3月30日印发的《营业税改征增值税试点过渡政策的规定》提出，同时符合下列条件的担保机构从事中小企业信用担保或者再担保业务取得的收入（不含信用评级、咨询、培训等收入）3年内免征增值税：（1）已取得监管部门颁发的融资性担保机构经营许可证，依法登记注册为企（事）业法人，实收资本超过2000万元。（2）平均年担保费率不超过银行同期贷款基准利率的50%。（3）连续合规经营2年以上，资金主要用于担保业务，具备健全的内部管理制度和为中小企业提供担保的能力，经营业绩突出，对受保项目具有完善的事前评估、事中监控、事后追偿与处置机制。（4）为中小企业提供的累计担保贷款额占其2年累计担保业务总额的80%以上，单笔800万元以下的累计担保贷款额占其累计担保业务总额的50%以上。（5）对单个受保企业提供的担保余额不超过担保机构实收资本总额的10%，且平均单笔担保责任金额最多不超过3000万元人民币。（6）担保责任余额不低于其净资产的3倍，且代偿率不超过2%。担保机构免征增值税政策采取备案管理方式。

但是我国知识产权运用担保政策及实施存在着不少问题。

一是我国民法典规定的财产可以抵押的财物依法虽然有“可以抵押的其他财产”，但并没有明确包括知识产权。知识产权是典型的无形资产，相对于银行熟悉的作为抵押物的传统动产和不动产来说，具有无形性和收益不确定的特点，其价值易受企业经营能力、科技进步、政府政策等因素的影响，因此十分容易贬值，这一点在高技术产业专利上体现得尤为明显。例如，通过中国科学院专利在线数据库检索2016年专利检索数据，发现国内机器人领域专利平均寿命不足5年，低于全国6.3年的平均水平。因此，银行对知识产权的价值确定较为困难，贷款、投资及担保也就难以实行。另外一个重要原因在于，银行、担保公司等金融机构发放贷款及提供担保的关键在于能对贷款项目或被保险财产进行科学准确的价值评估，但由于专利权、商标权、著作权等都是无形资产，进行科学准确的价值评估有较大难度。尽管我国制定了《无形资产价值评估准则》《知识产权资产评估指南》，但缺乏科学准确的知识产权评估方法，可操作性也不强。

二是知识产权运用担保政策存在不足。当知识产权担保融资成立后，若债务人无法清偿债务，则担保的知识产权能否通过有效渠道进行转让交易以兑现债权是债权人最关心的问题。我国目前的知识产权交易往往通过简单第三方中介模式进行，而中介机构交易方式较为原始，缺乏完整的线上线下联动和交易双方同时参与的机制。另外，我国知识产权价值评估政策也不完善，评估人员的专业素质有待提高，专门的知识产权权威评估机构少之又少。这些都是导致我国虽然出台了知识产权担保政策，但担保业务发展不起来的主要原因。

三是缺乏知识产权运用担保补偿政策。我国现有的担保政策主要是税收优惠政策，而且规定了严格的条件。一些地方开展了针对担保公司担保中小企业贷款的补偿政策，但没有针对知识产权运用的担保费补偿政策，尤其是知识产权质押贷款担保费补偿政策。一些地方政策还对担保对象作了限制，担保费和保证金不能高于一定比例，不能收取额外的评审咨询费等，使得担保公司担保知识产权的积极性更低。

为促进知识产权商业化运用的担保政策发展，第一，要为知识产权运用担保政策的实施提供良好的环境。首先应当建立并完善知识产权交易市场，形成良好的知识产权市场交易环境。使知识产权交易更加顺畅，知识产权质权、担保权和保险更容易变现，免除债权人的后顾之忧。第二，完善知识产权价值评估制度。应制定更加规范和细化的价值评估规则，完善知识产权价值评估方法，建设知识产权价值评估典型案例，进一步支持知识产权价值评估机构的能力建设。第三，建立知识产权运用担保专项资金。鼓励地方政府成立知识产权商业化运用担保基金，对提供知识产权质押贷款、知识产权交易、知识产权作价入股担保的银行、中介机构、担保公司给予高比例的担保费财政补贴，也可以开展再担保业务，给予开展知识产权担保业务的机构一定比例的担保损失补偿。

三、完善知识产权高质量融资担保机制

对知识产权投融资是促进知识产权商业化运用的必要条件，但我国知识产权投融资还不发达，知识产权投融资政策还很不完善，知识产权实施运用和科技成果转化率较低。

知识产权投融资体系不仅包括支持知识产权商业化运用的政府引导资金，而且也包括知识产权创业投资资金、风险投资资金、质押贷款、保险、担保等投融资工具。这些政策工具在知识产权商业化运用中具有不同的作用，最重要的是充分发挥政府引导资金的作用，通过弥补市场失灵和激励引导，引导社会投融资机构支持知识产权商业化。

为此，必须完善知识产权商业化运用的环境和基础条件，重点是完善现有知识产权商业化担保保险政策，降低政府担保比例，从补贴损失转向补贴和奖励投保人保费，要完善知识产权交易市场，免除知识产权质押贷款债权、知识产权质押贷款投保人和保险人的后顾之忧。要进一步完善知识产权价值评估制度，基于大数据和互联网来完善知识产权价值评估方法和评估机制，进一步支持知识产权价值评估机构的能力建设。要建立知识产权运用担保专项资金，对提供知识产权质押贷款、知识产权交易、知识产权作价入股担保的机构提供担保费补贴或再担保。

第八章

知识产权高质量服务体系构建

知识产权服务体系是知识产权创造和运用的基础设施，是知识产权工作的基础条件，对于知识产权强国建设具有重要的意义。目前，我国知识产权服务体系建设还较为落后，各类知识产权服务业发展还很不平衡。建设知识产权强国，必须加强知识产权公共服务体系的建设，引导社会化服务体系健康、快速发展。

2012 年 11 月 13 日，国家知识产权局、国家发展和改革委员会、科学技术部等部门印发了《关于加快培育和发展知识产权服务业的指导意见》的通知，指出："知识产权服务业，主要是指提供专利、商标、版权、商业秘密、植物新品种、特定领域知识产权等各类知识产权'获权—用权—维权'相关服务及衍生服务，促进智力成果权利化、商用化、产业化的新型服务业，是现代服务业的重要内容，是高技术服务业发展的重点领域。"并将知识产权服务业划分为知识产权代理服务业、知识产权法律服务业、知识产权信息服务业、知识产权商用化服务业、知识产权咨询服务业和知识产权培训服务业六大类服务业。

因此，从类型出发，知识产权服务体系可以分为知识产权代理服务体系、知识产权法律服务体系、知识产权信息服务体系、知识产权商用化服务体系、知识产权咨询服务体系、知识产权培训服务体系六大类知识产权服务体系。知识产权服务体系属于中介服务业，在国家创新体系和知识产权体系中处于政府、企业、高校和科研机构之间，主要任务是促进各类知识产权创造、运用、保护和管理主体之间的联系互动，提高知识产权要素流动效率，进而提高知识产权创造、运用、保护和管理的效率。

从公益性出发，知识产权服务可分为公共服务和社会化服务两类。因此，知识产权服务体系也可分为知识产权公共服务体系和知识产权社会化服务体系两类。知识产权公共服务体系是知识产权事业发展的基础设施体系，是保障整个知识产权体系正常运行的基本条件。知识产权社会化服务体系主要是指知识产权社会中介服务体系，是知识产权体系的主要组成部分，是支撑知识产权强国建设的重要载体。

第一节　知识产权公共服务体系

一、知识产权信息公共服务体系

知识产权信息服务是知识产权创造、运用、保护和管理的基础，也是知识产权代理、法律、咨询、商用化、培训服务的基础，因此，知识产权信息服务体系是最基本的知识产权公共服务体系。中华人民共和国成立后，尤其是建立现代知识产权制度后，我国十分重视知识产权信息服务体系的建设，在成立专利局和商标局时，就建立了专利信息检索系统和商标查询系统。随着信息技术的快速发展，我国不断推进知识产权信息服务的体系化建设工作。

2006 年 12 月 31 日，科技部印发《关于提高知识产权信息利用和服务能力，推进知识产权信息服务平台建设的若干意见》，要求“加快推进知识产权信息服务平台建设，要求建设和完善各种类型的知识产权信息库，建立知识产权信息服务平台向社会开放与服务的运行机制，加强知识产权信息服务平台与其他科技信息服务平台的相互支撑”。2008 年 6 月 5 日，国务院发布《国家知识产权战略纲要（2008—2020 年）》，明确提出要“构建国家基础知识产权信息公共服务平台。建设高质量的专利、商标、版权、集成电路布图设计、植物新品种、地理标志等知识产权基础信息库，加快开发适合我国检索方式与习惯的通用检索系统”；“促进知识产权系统集成、资源整合和信息共享”。近年来，我国十分重视知识产权信息服务体系的开放共享。2015 年 12 月 22 日，国务院发布《关于新形势下加快知识产权强国建设的若干意见》，要求“加强知识产权信息开放利用。

推进专利数据信息资源开放共享，增强大数据运用能力”；“加快建设互联互通的知识产权信息公共服务平台，实现专利、商标、版权、集成电路布图设计、植物新品种、地理标志等基础信息免费或低成本开放。依法及时公开专利审查过程信息。增加知识产权信息服务网点，完善知识产权信息公共服务网络”。

当前，我国建立了包括专利、商标、软件、植物新品种等知识产权在内的各类知识产权检索、信息查询政府服务平台。如专利信息公共服务体系包括国家专利数据中心和广州、上海、济南、南京、重庆 5 个区域专利信息服务中心。国家专利数据中心通过专利检索分析系统向公众提供中国和多国专利审查信息、中国专利电子申请、中国专利公布公告查询、中国专利实务查询和重点产业专利信息查询服务。区域专利信息中心不仅提供了中外专利检索分析系统入口，而且还提供了地方知识产权信息公共服务内容。国家工商行政管理总局商标局提供了在线商标注册系统，通过商标检索中心，用户可以进行商标查询、商标申请、商标分类、查看商标评审结果等。我国还建立了一些具有知识产权分析工具的知识产权信息公共服务平台。如中国知识产权网专利在线分析工具能够提供申请人、申请日、发明人、授权、法律状态等基本的专利分析内容；中国科学院知识产权网专利在线分析系统能够提供申请日、申请人、技术领域、简单生命周期等主要专利分析内容。

但与主要国家知识产权信息系统建设比较来看，我国的知识产权信息系统建设还存在一定的不足。例如，韩国知识产权局于 2015 年完善了基于云的系统 KIPOnet，开发知识产权信息服务（KIPRIS）系统 App，提供实时知识产权信息服务。而我国知识产权公共信息系统分散，新功能引入不多。从知识产权公共服务体系的定位和支撑知识产权强国建设的需求来看，我国知识产权公共信息服务体系还存在一些问题和不足。一是知识产权基础数据公开还不充分。哪些数据是需要向公众公开的数据，哪些是属于需要保密不宜公开的数据，并没有明确的规定和目录。如我国一直没有可供整理的引用数据，专利审查过程数据公开较少，尤其是审查员检索的对比文献数据、各类期刊视为撤回数据、专利视为放弃的数据、PCT 专利申请放弃的数据。二是不能实现知识产权文献的全文检索。我国专利文献用照相格式，无法实现网页检索，严重影响了检索效率。商标等检索很不便利，既没有全文检索，也缺乏逻辑检索功能。三是现有 5 个区域信息中心数量较少，覆盖面较窄，在线分析工具缺乏，对地方专利导航产业发展和企业导航支撑严重不足，服务内容也有待充实。四是在知识产权公共服务领域，政企不分、营利性与非营利性不分，提供的公共产品内容单一且雷同，部分业务产生垄断，导致服务质量不高，知识产权公共服务产品有效供给不足。

为完善我国知识产权信息公共服务体系建设，一是应制定知识产权基础信息公开目录。除了现有公开的著录项目外，还应增加专利文献中的法律状态数据、知识产权审查的过程数据。如审查员和申请人引用和被引的专利与非专利文献数据，总体一通、二通、三通数据，各类视撤数据，总体视放数据，复审无效决定总体数据等。二是将现有知识产权文献格式转变为网页格式。应将专利、商标等全部知识产权文献在线显示，并能实现在线检索。三是优化知识产权信息检索分析系统。取消批量下载限制，提供在线免费专利检索分析服务。服务内容要增加二维矩阵分析、技术生命周期分析等。四是建立行业知识产权数据库，定期发布《行业知识产权现状及发展趋势分析报告》《知识产权发展白皮书》等，为科技、产业和贸易发展提供知识产权预警服务和决策支持。

二、知识产权运营公共服务体系

知识产权运用包括竞争性运用和商业化运用两个方面。竞争性运用是指通过运用知识产权提高竞争力，主要包括利用知识产权检索分析结果提高科技创新效率，利用知识产权诉讼保持市场竞争优势，利用知识产权与技术标准结合掌握市场控制力等。但最重要的是知识产权商业化运用，将知识产权转移和转化为现实生产力。商业化运用是指运用知识产权制造、销售产品获取经济价值，也包括为制造、销售商品所必不可少的知识产权转让许可和作价入股，以及以许可为目的的专利诉讼。

改革开放以来，我国就特别重视科技成果转化和知识产权商业化运用，出台了一系列法规和政策以促进科技成果转化和知识产权商业化运用，但我国科技成果转化和知识产权商业化运用的情况一直不是很乐观，其主要原因之一在于对科技成果转化中的知识产权问题重视不足。权利明晰是市场作用发挥的基本前提，科技成果知识产权化和知识产权的组合是科技成果转化的必要条件，促进科技成果转化必须加强知识产权的运营，必须构建知识产权运营体系，必须建设知识产权运营公共服务平台。因此，国家知识产权局于2015年1月16日下发《关于印发〈2015年全国专利事业发展战略推进计划〉的通知》，该计划提出，要“高标准建设知识产权运营体系；通过财政资金引导，探索建立公益性与市场化互补互促的知识产权运营体系”；“按照‘1+2+20+n’的建设思路，建设1家全国性知识产权运营公共服务平台和2家特色试点平台，在部分试点省份以股权投资的方式支持一批知识产权运营机构”。国务院于2015年12月22日发布的《关于新形势下加快知识产权强国建设的若干意见》更是特别要求，“构建知识产权运营服务体系”，“加快建设全国知识产权运营公共服务平台”。

2014年，国家知识产权局和财政部商定投资1亿元建设全国知识产权运营公共服务平台，平台交由北京市知识产权局负责建设。北京市知识产权局组织国家知识产权局、知识产权出版社、中关村知识产权促进局、中国科学院等单位开展了平台建设规划、运营模式和运营支持政策研究。2015年，国家知识产权局协调将平台建设任务交由知识产权出版社负责，知识产权出版社组织了平台建设规划专家论证和系统开发。2016年，国家知识产权局又协调由中国专利技术开发公司、中国专利信息中心和知识产权出版社联合共建。此外，财政部还分别投资1亿元在广东珠海和陕西西安试点建设面向创业投资的知识产权运营特色分平台和军民融合知识产权运营特色分平台。目前，全国知识产权运营公共服务平台正在大力开发专利价值评估、在线撮合竞价、股权转让等信息系统，建设政府主导专利主权基金中智厚德知识产权运营基金，首期知识产权运营资金已达1亿元。此外，国家知识产权局还布局建设了华北知识产权运营中心、华南知识产权运营中心、南方知识产权运营中心，布局苏州、厦门、郑州等8个城市开展知识产权运营体系建设。

但是，我国知识产权运营公共服务体系建设还存在一些不足。一是知识产权运营公共服务的定位不清晰。现在多数知识产权运营公共服务体系的一些做法很近似于要建立一个知识产权运营的营利机构而非公共服务机构，对于知识产权公共服务应包括哪些内容尚不够明确。二是缺乏知识产权公共服务的系统和手段，尤其是没有建设财政性知识产权标识和集中管理系统、知识产权转让许可备案系统、产业知识产权检索分析系统、知识产权检索分析方法工具、多语言在线翻译系统等。三是对全国知识产权运营人才培养和运营投资的支持不足。培养知识产权运营人才，引导社会资本投资知识产权运营应是全国公共服务平台的重要职责。除全国平台开展了知识产权运营人才阶梯形培训外，大多数平台和中心还没有为社会开展知识产权人才培养工作。

为充分发挥知识产权运营公共服务体系的作用，一是要开发和完善知识产权信息检索分析系统。要建设基于专利、商标等大数据的知识产权检索分析平台。重点开发技术功效矩阵系统、生命周期分析系统、专利质量评估系统和多主体参加的专利技术价格评估系统。二是要面向技术标准和重大产品与服务构建财政性资金形成的知识产权，尤其是专利组合或专利池，发挥其作为管理全国财政性专利标识、展示、推介和集中交易平台的基础性作用。三是要制定专利运营人才培养大纲和课程体系，深入推进专利运营人才培养工作。要引导全国和区域性知识产权运营机构建立新机制，探索新模式，为建立高水平的知识产权运营人才队伍提供支撑。四是要建立和管理政府知识产权运营引导基金。通过基金支持和引导理工科类高校和技术类科研机构建设知识产权管理、技术转移、创业投资功能“三合一”的知识产权管理运营机构，引导社会化技术中介机构转型发展，转变为以专利池、专利组合为主营业务的知识产权集中型运营机构。五是要联合行业领军企业、行业协会，面向政府、高校、科研机构和企业发布国家科技计划、战略性新兴产业、知识产权投融资分析报告，指导全国知识产权运营。

三、知识产权人才服务体系

知识产权人才是知识产权事业发展的核心要素。国务院于2008年发布的《国家知识产权战略纲要（2008—2020年）》明确提出“加强知识产权人才队伍建设”，并要求“统筹规划知识产权人才队伍建设，建设国家和省级知识产权人才库和专业人才信息网络平台”；“建设若干国家知识产权人才培养基地，建设高水平的知识产权师资队伍”；“广泛开展对党政领导干部、公务员、企事业单位管理人员、专业技术人员、文学艺术创作人员、教师等的知识产权培训”；“完善吸引、使用和管理知识产权专业人才相关制度，建立和完善知识产权人才的专业技术评价体系”。国务院于2015年12月22日发布的《关于新形势下加快知识产权强国建设的若干意见》也提出“加强知识产权专业人才队伍建设”，要求“加强知识产权相关学科建设，完善产学研联合培养模式，在管理学和经济学中增设知识产权专业，加强知识产权专业学位教育。加大对各类创新人才的知识产权培训力度。鼓励我国知识产权人才获得海外相应资格证书。鼓励各地引进高端知识产权人才，并参照有关人才引进计划给予相关待遇。探索建立知识产权国际化人才储备库和利用知识产权发现人才的信息平台。进一步完善知识产权职业水平评价制度，稳定和壮大知识产权专业人才队伍。选拔培训一批知识产权创业导师，加强青年创业指导”。

知识产权人才工作主要包括人才发展规划、人才培养、人才引进和人才使用4个方面。在知识产权人才发展规划上，我国出台了一系列人才规划。比如，国家知识产权局于2010年11月22日印发的《知识产权人才“十二五”规划（2011—2015年）》将知识产权人才分为知识产权行政管理和执法人才队伍、专利审查人才队伍、企事业单位知识产权人才队伍、知识产权服务业人才队伍和高层次人才队伍共5支重点人才队伍，要求重点培养百名高层次人才、千名专门人才和万名专业人才，并设计了知识产权培训基地建设工程、知识产权人才信息化工程、知识产权行政管理和执法人才培养计划、专利审查人才能力提升计划、企事业单位知识产权人才开发计划、知识产权服务业人才支撑计划、高层次人才引领计划、高水平知识产权师资人才推进计划等9项具有引领性、创新性和示范性的重点人才工程和计划。中华全国专利代理师协会2022年4月24日制定《推进专利代理行业高质量发展行动计划（2022—2025年）》，预计到2025年，执业专利代理师人数达到40000人（2021年底为26829人）；专利代理机构总营业收入达到630亿元。专利代理行业初步实现高质量发展，专利代理能力显著增强，专利代理服务明显优化，专利代理秩序更加规范，专利代理行业更好满足创新主体需要，对知识产权强国建设的支撑作用更加凸显。

从现实情况来看，我国知识产权人才发展还存在一些不足之处。一是高层次知识产权人才不足。我国虽然命名了一批知识产权高层次人才和领军人才，但这些人才中有相当一部分是非知识产权领域的专家，具有国际化能力的知识产权法律和商用化领军人才十分不足。二是知识产权人才培养模式不足。我国知识产权学历教育主要是知识产权法学教育，缺乏复合型教育模式，知识产权实务人才如代理、管理、审查等大多数是通过自学、在职培训等方式成长起来的。而美国等许多国家要求报考知识产权法学硕士研究生的学生必须是理工科毕业。韩国从2010年开始在韩国高等科技研究院和弘益大学开设知识产权硕士课程，培养首席知识产权官；2015年，韩国又选择两所大学为缺乏知识产权管理人才的中小企业开设知识产权课程。三是知识产权人才评价机制一直没有建立起来。我国虽然已将知识产权人才列入国家职业分类大典，但在现实中，知识产权人才的职称问题、职业发展问题仍是不小的障碍。

为促进知识产权人才发展，一是要制定中长期知识产权人才发展规划，建设包括知识产权领导人才、审查人才、行政管理人才、研究人才、管理人才和运营人才在内的结构合理、支撑发展的知识产权人才体系。二是要实施知识产权人才能力提升工程，编制各类知识产权人才知识和能力提升课程体系，推动将知识产权运营高端人才纳入“千人计划”等国家人才计划。通过开放市场准入和教育培养造就知识产权领域领军人才和国际化复合人才。三是要创新知识产权人才培养模式。建立理工科本科教育为基础的知识产权硕士和博士知识产权学历教育制度。强化实战学习，重点培养知识产权战略规划研究编制、知识产权检索分析、知识产权战略布局、知识产权诉讼等实务技能。四是要建立知识产权人才评价发现机制。建立知识产权职业分类体系，制定各类知识产权人才能力素质标准和考核评价制度，建立以岗位绩效考核为基础，分岗位的事业单位知识产权人才考核评价制度，推动建设专业化、国际化的高端知识产权人才中介服务体系和人才测评机构。

四、知识产权文化服务体系

文化是竞争力的核心，知识产权文化具有对知识产权事业发展整合、导向、维持和传续的功能。知识产权文化是我国知识产权竞争力的核心，是我国知识产权事业健康发展的关键。我国早在2008年《国家知识产权战略纲要（2008—2020年）》中就提出“推进知识产权文化建设”，要求建立政府主导、新闻媒体支撑、社会公众广泛参与的知识产权宣传工作体系，完善协调机制，制定相关政策和工作计划，推动知识产权的宣传普及和知识产权文化建设；在高等学校开设知识产权相关课程，将知识产权教育纳入高校学生素质教育体系，制订并实施全国中小学知识产权普及教育计划，将知识产权内容纳入中小学教育课程体系。国务院2015年《关于新形势下加快知识产权强国建设的若干意见》也提出：“各地区、各有关部门要加强知识产权文化建设，加大宣传力度，广泛开展知识产权普及型教育，加强知识产权公益宣传和咨询服务，提高全社会知识产权意识，使尊重知识、崇尚创新、诚信守法的理念深入人心，为加快建设知识产权强国营造良好氛围。”为此，我国发布了知识产权文化发展规划。

总体来看，我国目前尚未完全形成“崇尚创造、积极运用、守法诚信、科学管理”的知识产权文化。长期主导的计划经济和绝对公平思维，造成对发明创造和知识产权的社会激励不足。市场经济导致的浮躁现象还普遍存在，造假现象时常发生。同时，我国在知识产权文化建设上还缺乏有效的措施。根据研究显示，2015年，我国非授权软件使用率为70%，远高于全球平均水平的39%。知识产权文化缺失导致公众对知识产权缺乏普遍的认同感和尊重。

知识产权文化建设进展缓慢将是影响知识产权强国建设的长远问题。在全社会形成有利于推动知识产权创造运用和自主创新的氛围，大力提高公众运用知识产权制度的能力和水平，是建设知识产权强国的重要保障。加强知识产权文化建设，要切实加大知识产权保护力度。保护是知识产权创造和运用的根本，也是知识产权文件建设的前提。加大知识产权保护力度，一定要改变知识产权保护的落后观念思维和制度政策。要坚决破除加大知识产权保护会阻碍创新的错误观念，要认真完善知识产权侵权诉讼中的举证责任、证据开示、惩罚性赔偿、赔偿计算方法等基本规则。要建设一批标志性知识产权文化载体。知识产权文化载体是知识产权文化建设的基础，培育和发展知识产权文化，要系统布局建设一批能够激发和弘扬人们尊重保护知识产权的文化场馆、文化标志和示范单位。还要广泛开展知识产权宣传教育，强化知识产权的功能。要在报纸、电视、互联网等媒体开辟专门栏目宣传知识产权保护的典型单位和典型个人，曝光不尊重知识产权的单位和个人，并建立恶意侵权与个人诚信挂钩制度。

五、知识产权园区体系

知识产权园区体系也是重要的知识产权公共服务体系，主要包括知识产权制度示范园区、知识产权产业化基地、专利导航实验区和知识产权创新发展示范区 4 类。

2002 年 10 月 27 日，中关村国家知识产权制度示范园区在北京中关村挂牌成立。该示范园区由国家知识产权局和北京市知识产权局共同建设，下设中关村知识产权促进局和北京中关村知识产权保护协会，国家知识产权局在园区内设立了国家知识产权局专利局（北京）专利代办处。经过多年的发展，中关村作为北京市知识产权的高度密集区，在“激励创造、有效运用、依法保护、科学管理”的示范作用明显增强。

2013 年 4 月 2 日，国家知识产权局印发了《关于实施专利导航试点工程的通知》，要求开展国家专利导航产业发展实验区建设工作。2013 年 8 月 30 日，国家知识产权局命名了第一批 8 个专利导航实验区，分别为中关村科技园区、苏州工业园区、上海市张江高科技园区、杭州高新技术产业开发区、郑州新材料产业集聚区、武汉东湖新技术开发区、长春高新技术产业开发区、宝鸡高新技术产业开发区。2016 年，国家知识产权局又命名了第二批 9 个专利导航实验区，分别为苏州国家高新技术产业开发区、南通市高新技术产业开发区、佛山市高新技术产业开发区、天津滨海高新技术产业开发区、烟台经济技术开发区、成都市龙泉驿区、广州经济技术开发区、潍坊高新技术产业开发区、北京市丰台区。

2015 年 3 月 23 日，中共中央、国务院发布《关于深化体制机制改革加快实施创新驱动发展战略的若干意见》，要求在有条件的省（自治区、直辖市）系统推进全面创新改革试验，授权开展知识产权等改革试验。2016 年 7 月 18 日，国务院批复同意在中新广州知识城开展知识产权运用和保护综合改革试验，提出将中新广州知识城打造成为“立足广东、辐射华南、示范全国”的知识产权引领型创新驱动发展之城，为建设知识产权强国探索经验。2016 年 12 月 30 日，国务院办公厅《关于印发知识产权综合管理改革试点总体方案的通知》，要求建立高效的知识产权综合管理体制，构建便民利民的知识产权公共服务体系，提升综合运用知识产权促进创新驱动发展的能力。

考察我国知识产权园区体系建设，可以发现我国的知识产权园区体系还不完整，缺乏知识产权创造基地，缺乏知识产权密集型产业园区，专利产业化基地缺乏抓手，而且与科技部高新技术产业化、发改委高技术产业化、工信部产业结构优化升级项目、质检总局技术标准产业化基地等项目有重复。全面创新改革试验中知识产权改革试验范围较窄，更缺乏知识产权相关财税政策试验。

为促进知识产权园区体系建设，一是要构建新型知识产权园区。依托国家自主创新示范（试验）区、国家创新发展试验区和全面创新改革试验区，建设一批知识产权体制机制改革、知识产权政策先行先试、知识产权商用化、知识产权密集型产业等类型的知识产权园区，探索以创新型企业为龙头，技术关联企业为主体，知识产权运用与创新链、产业链和资金链系统匹配的知识产权综合示范区。二是要恢复和发展专利产业化基地专项资金，重点支持专利产业化基地的企业开展专利集中、交叉许可、专利池运营。三是要升级专利导航实验区，完善专利导航分析方法和工具，探索专利导航知识产权强势企业、专利密集型产业、高端知识产权服务业的新模式和新路径。四是要建设高价值专利园区和知识产权密集型产业园区，发展一批自主知识产权产品和知识产权密集型企业，构建以知识产权为支撑的现代产业体系，大幅提升知识产权创造和运用能力及其对经济增长的贡献。

第二节　知识产权高质量社会化服务体系

知识产权社会化服务体系是我国知识产权服务体系建设的重要组成部

分。社会化服务体系主要是社会化中介服务机构体系，在我国知识产权创造运用活动和国家创新体系中发挥着促进知识产权要素流动和提高创新效率的重要作用。国务院2008年发布的《国家知识产权战略纲要（2008—2020年）》明确提出“发展知识产权中介服务”，要求完善知识产权中介服务管理，建立知识产权中介服务执业培训制度，充分发挥行业协会的作用，构建信息充分、交易活跃、秩序良好的知识产权交易体系，培育和发展市场化知识产权信息服务。

我国6类知识产权服务业分类仍然较为宏观，一些服务业政策也没法落地。从知识产权创造、运用、保护和管理的角度出发，我国的知识产权社会化服务体系应主要包括知识产权创造体系、知识产权工程化开发体系、知识产权商用化体系、知识产权信息服务体系、知识产权代理服务体系、知识产权投融资体系。知识产权创造体系主要包括企业、高校、科研机构的知识产权管理机构。知识产权工程化开发体系主要是指对知识产权进行集成和二次开发的机构。知识产权商用化体系主要包括企事业单位内部知识产权运营机构和社会中介知识产权运营机构。知识产权信息服务体系主要是指社会化的知识产权信息检索分析机构体系。知识产权代理服务体系主要是指各类知识产权申请授权和诉讼代理机构构成的体系。知识产权投融资服务体系主要是由为知识产权服务业发展服务的银行、创业投资、风险投资企业、保险企业和担保企业构成的体系。

一、知识产权社会运营体系

知识产权社会运营体系主要包括企业、高校和科研机构的内部知识产权管理运营机构和社会知识产权运营机构。研究显示，国外许多国家的科研机构和大学都建立了内部机构管理知识产权和技术转移，并建立了投资基金。只有能转移的技术才申请知识产权保护并进行维持，为了促进技术转移，通常高校科研机构利用自己的投资基金先行投资。在类型上，美国的高校科研机构建立比较多的是内部的技术转移办公室或技术许可办公室，而欧洲多数大学和科研机构建立的是内部的独资公司，日本则在高校科研机构内部建立技术许可办公室并在外部建立技术转移公司。国外高校科研机构的知识产权机构大多数属于内部机构，能够解决知识产权和技术的信息不对称与风险不对称问题，所以大多数能够成功。

多数跨国公司采取的也是内部机构知识产权管理运营模式。具体而言又分为集中式和分散式两种，以 IBM 为代表的集中式管理机构是在总部设立知识产权管理总部，副总裁出任知识产权部部长，知识产权管理总部内设法务部和专利部。法务部负责包括许可在内的法律事务，专利部负责专利申请、维持、奖励等事务。这种管理机构高度集权，层层细分，职权明确。以东芝公司为代表的内部知识产权管理机构采取分散式管理机构模式，知识产权管理部门由知识产权本部和 4 个研究所、11 个事业本部及在各研究所和各事业部下属分别设置的专利部、科、组共同构成，各研究所和各事业部配置知识产权部，这种分散式机构与业务发展需要结合紧密，便捷灵活，但知识产权诉讼和许可等事务由总部处理。

近年来，我国知识产权运营机构不断涌现，出现了一大批典型的知识产权运营机构，如武汉知识产权交易所、天津滨海国际知识产权交易所；出现了一大批以知识产权转让许可为主要业务的运营机构，如科易网、汇桔网、高航网等；也出现了一大批从代理业务发展起来的平台型运营机构，如猪八戒网等；还出现了一批实体性运营机构，如四川九鼎智远、河南智汇元等。一些事业单位性质的技术转移机构也开始运营知识产权，如中国技术交易所、上海联合交易所、河南技术产权交易所等，这些机构专门成立了知识产权运营部门。

知识产权盈利运营模式是知识产权运营机构有效商业化运用知识产权的保障，也是知识产权运营机构立身之本。截至目前，我国很多大型企业已经认识到设立内部知识产权机构的重要性，以华为、中兴等为代表的创新型国际化企业已开始建立起超过百人的知识产权管理机构。一些地方已开始认识到高校科研机构内部知识产权运营机构的重要性，如北京市知识产权局支持建立高校科研机构内部的知识产权运营办公室，中关村管委会和教育部联合认定并支持了 12 家在京高校建立内部技术许可办公室，运营知识产权。

总结国内外知识产权和技术转移机构的运营模式可以发现，国内大多数所谓的知识产权运营机构都属于提供信息和服务的机构，而非真正从技术转移和知识产权运营中营利的机构。我国大多数知识产权运营机构并没有建立有效的知识产权运营模式，只是在信息和法律咨询服务上取得了一些盈利。虽然知识产权运营离不开知识产权检索分析和法律咨询等服务，但这些并不是知识产权运营本身。

建设知识产权高质量社会运营体系，还必须解决对知识产权运营的认识问题和体制机制问题。中科院上海生科院知识产权与技术中心已被实践证明是有效的内部知识产权管理运营机构，但由于受制于我国个体式科研文化和落后科技创新政策的约束，该中心已从内部机构变为社会化中介服务机构。由于长期受中介机构转化思维和依靠发明人转化思维模式的制约，且对内部机构的有效性认识不足，我国高校科研机构内部技术转移机构建设一直缓慢，全国高校科研机构并没有建立起真正的适应高校科研机构创新发展需要的内部知识产权管理与技术转移机构，尤其是没有将知识产权管理、技术转移和投资基金三个功能结合地起到相互支撑和有效制约的机制。鼓励支持高校科研机构和企业建立起适应创新发展需要的内部知识产权管理与技术转移机构、构建有效的知识产权创造体系，这是我国必须认真对待和下大力气解决的突出问题。因此，要优化知识产权运营资金投向，建立专项资金支持高校科研机构建立具有知识产权管理、技术转移和投资基金功能的内部机构，支持企业建立知识产权法务部和专利部。要制定支持政策，政府应拿出相应的引导资金投入支持高校科研机构，建立内部技术转移机构知识产权投资基金，建立知识产权管理运营人才团队，还要给予一定额度的贷款担保额度，并允许免费使用高校科研机构的实验设施。

此外，知识产权运营资金还要大力支持社会知识产权运营机构探索建立有效的知识产权运营模式，尤其是对开展专利池运营、第三方支付运营、知识产权证券化运营、创业导师制运营、网上拍卖运营以及知识产权质押贷款、知识产权商业化保险、知识产权交叉许可服务等新型模式的知识产权运营机构加大资金扶持力度，如可以根据实际收益进行补贴，补贴额度为15%~50%。

二、知识产权社会信息服务体系

2008年6月5日，国务院发布《国家知识产权战略纲要（2008—2020

年）》，明确提出要“培育和发展市场化知识产权信息服务，满足不同层次知识产权信息需求。鼓励社会资金投资知识产权信息化建设，鼓励企业参与增值性知识产权信息开发利用”。

近年来，我国知识产权信息服务业发展迅速。国家知识产权局在北京中关村等创新活动活跃、知识产权服务需求旺盛的地方设立国家知识产权服务业集聚区，2017 年已达到 14 个。各集聚区配套专项建设资金、出台优惠政策、引进优质服务机构、成立知识产权服务联盟，为区内外企业提供专利代理、法律咨询、培训交流、资金扶持等服务，知识产权信息服务取得了显著成效。同时，国家知识产权局支持建设了 17 个国家专利导航产业发展试验区，涌现了 37 家国家专利协同运用试点单位。国家知识产权局制定并发布了《知识产权分析评议服务——服务规范》国家标准，引导社会服务机构开展知识产权分析评议。截至 2017 年底，全国知识产权分析评议示范创建机构达到 122 家，示范机构达到 15 家。国家知识产权局和国家发改委还通过知识产权信息化专项支持了一批知识产权信息服务机构能力建设。到 2017 年，涌现 201 家全国知识产权服务品牌培育机构，其中“全国知识产权服务品牌机构”达到 138 家。我国社会化知识产权信息服务机构服务能力不断提升，如中国专利技术开发公司下属的华智数创（北京）科技发展有限责任公司面向社会提供专业的专利数据服务和专利咨询服务，也是国家知识产权局批准的唯一一个国家专利导航项目研究和推广中心，为地方政府开展了大量专利导航服务项目。依托中科院文献情报中心成立的中科院知识产权信息中心形成了独具特色的知识产权信息服务模式，为中科院先导专项、“率先行动”计划等重大项目提供了一系列知识产权分析报告，极大地提升了科技创新的效率。此外，科睿唯安、大为、东方灵盾、Patentics 合享新创等社会化服务机构都建立了独特的知识产权检索分析系统，开展了一系列高水平的知识产权信息服务。

信息服务标准化是知识产权信息服务体系发展的重要举措。为落实国务院《关于加快发展高技术服务业的指导意见》和《服务业“十二五”发展规划》提出的建立“高技术服务产业体系、标准体系、统计体系和政策体系”要求，国家知识产权局、国家发展和改革委员会等 9 部门于 2012 年 11 月 13 日联合印发了《关于加快培育和发展知识产权服务业的指导意见》，明确提出“建立知识产权服务标准规范体系，提高服务质量和效率”。2014 年 12 月 10 日，《国务院办公厅关于转发知识产权局等单位〈深入实施国家知识产权战略行动计划（2014—2020 年）〉的通知》也提出“建立健全知识产权服务标准规范，加强对服务机构和从业人员的监管”。为此，国家知识产权局、国家标准委、国家工商行政总局和国家版权局 4 部门 2015 年联合印发了《关于知识产权服务标准体系建设的指导意见》。国务院 2015 年 12 月 22 日发布的《关于新形势下加快知识产权强国建设的若干意见》，更明确要求“建立健全知识产权管理与服务等标准体系”。

知识产权信息服务主要包括专利导航、分析评议和专利预警。但是，我国知识产权信息服务水平和能力参差不齐，总体还有待提高。除少数机构外，多数知识产权信息服务机构还无法区分专利导航、分析评议和专利预警的异同，大多数知识产权信息服务机构还没有深入掌握专利导航、分析评议和专利预警的方法，大多数机构对高价值专利、核心专利、高风险专利、专利组合缺乏基本的判断方法，所撰写的知识产权报告缺乏基本的规范和标准，还没有对经济科技活动起到应有的作用。

为此，我国要以标准化为抓手，大力推进知识产权信息服务基本规范的建设，普及知识产权信息服务的方法。在此基础上还要研究开发智能知识产权检索系统，开发适用的知识产权分析方法和系统，重点开发专利导航研发投入、产品开发、生产销售、股权投资、质押贷款的方法与系统，开发知识产权技术、法律、市场和管理风险分析评议方法与系统，开发基于智能语义分析的高风险专利识别方法与系统。

三、知识产权集成开发服务体系

1992 年，国家计委和科技部启动了国家工程（技术）研究中心建设计划。2007 年，国家发改委发布了《国家工程研究中心管理办法》，规定了国家工程中心的任务、责任、义务、申报条件、评价程序等。国家发改委分别于 2006 年 7 月 13 日、2007 年 7 月 23 日发布了《关于建设国家工程实验室的指导意见》和《国家工程实验室管理办法（试行）》，明确了国家工程实验室的建设任务、建设目标和建设原则，规定了其申报条件与审理办法等。目前，我国已建立了包括大学科技园、孵化器、加速器、生产力促进中心、工程（技术）研究中心、中试基地、示范基地、育成中心等在内的科技成果孵化和工程化开发机构，这些机构的定位是对科技成果进行孵化和工程化开发。

但目前这些机构中有相当一部分是国有性质的工程化机构，并没有达到原先设计的目标，多数市场化的转制工程化开发机构经营出现困难。但最重要的一个问题是知识产权运用能力弱，尤其是由于专利等知识产权存在质量问题，工程化开发困难较多，由于科技成果知识产权碎片化问题，集成较难，许多工程化机构对此重视也不足。因此，国家知识产权局于2013年发布《关于实施专利导航试点工程的通知》，提出“指导市场主体依法设立专利运营机构，专门从事专利引进、集成和二次开发、转移转化等业务；对关键技术领域的专利进行储备运营，以核心专利为基础形成专利组合并持续优化”；“引导专利联盟建设，以专利纠纷频发、专利壁垒问题突出、国内企业技术和专利分散的产业为重点，对关键技术领域内的专利进行集中管理、集成运用”。但直到目前为止，我国还没有出台有关知识产权二次开发和集成运用的政策或者指南。

为促进知识产权的集成开发，一是要依托高校和科研机构内部技术转移办公室，国家和地方工程实验室、工程（技术）研究中心、知识产权联盟等培育一批知识产权集成开发机构，开展知识产权储备集中、规避设计、权利强化设计等，提高知识产权产品成熟度。二是要建立知识产权集成和二次开发专项，支持公益性技术标准和重要产业技术标准面向市场产品和服务开展知识产权检索分析，支持企事业单位开展专利评估和通过购买、交叉许可、专利权利共享模式等，构建必要专利的专利组合或专利池。三是要支持专利组合和专利池技术中试的中试基地或中试工厂建设，试验探索专利最佳的实现方式，进一步提升专利的实用性；在中试环节要重点完善产品和服务的必要专利之间的协同性、互联性和互操作性。

四、知识产权代理服务体系

知识产权代理机构是经省级知识产权部门审核，国家知识产权部门批准设立，可以接受委托人的委托，在委托权限范围内以委托人的名义办理知识产权申请或其他知识产权事务的服务机构。1991年4月1日，国务院开始施行《专利代理条例》，规定了专利代理机构类型、专利代理机构的成立条件、专利代理机构业务等。国务院于2010年7月12日颁布的《商标代理管理条例》规定了商标代理机构的成立条件、业务范围和代理人的管理等。该条例已于2016年4月29日废止。

我国颁布专利代理服务相关政策后，即开始实施专利代理人资格制度。在1985年和1989年分别举办两期专利代理人培训班并在授予一批专利代理人资格的基础上，于1992年组织了第一次专利代理人资格考试。我国还批准了一批专利代理机构开展涉外代理业务，直到2009年才放开涉外专利代理的限制。截至2016年12月31日，我国专利代理机构已达到1511家，执业代理人114875人，其中北京市444家共10134人，广东省216家共3877人，上海市116家共2530人，江苏省103家共2828人。

国家工商行政管理总局于2000年3月1日发布《商标代理人资格考试办法》，开始实行商标代理人资格考试制度。2003年2月27日，国务院取消“商标代理组织审批”和“商标代理人资格核准”两项行政审批事项，国家工商行政管理总局取消了“全国商标代理人资格考试”，任何知识产权代理机构均可从事商标代理业务。2015年，在国家工商行政管理总局商标局备案的商标代理机构及其分支机构达491家（含283家律师事务所）。

从现实需要分析，我国的知识产权代理机构还存在一些突出问题。一是知识产权代理机构的专业化、国际化和品牌化水平还不高。二是代理机构业务范围窄，主要是国内知识产权代理。三是代理人资格考试要求低。除专利外，大多数知识产权从业人员不要求通过代理人资格考试。四是恶性竞争与优质竞争并存。五是代理机构区域布局过于集中北、上、广、深，代理机构发展极不平衡。推进知识产权代理机构高质量发展的基本举措如下。

一要制定知识产权代理服务国家标准。面向经济社会发展战略任务和重大需求，以市场需求为导向，制定知识产权代理规范，明确知识产权代理服务基本规范和流程，创建和培育一批知识产权代理服务标准化示范区和示范机构。二要加快培育发展一批高水平知识产权代理机构，加速专利、商标、著作权、集成电路布图设计、植物新品种的申请、注册、登记、复审、无效、异议等代理服务的专业化、品牌化和国际化。三要改善知识产权代理发展环境，建立行政监管与行业自律有机结合、定位明确、分工合理、相互协调、运转有效的知识产权代理监督管理机制。四要完善全国专利代理人资格考试制度，严格代理人报考资格，尤其是应有一定时间的企事业单位知识产权管理、知识产权审查与诉讼实践经验，解决专利代理人个人或非代理人投资等限制问题。五要强化知识产权代理监测和监督管理。完善代理质量监测指标体系，将低质量代理与诚信记录挂钩。六要积极引入外资代理机构。通过引进外资机构促进代理人才交流和国际化。

五、知识产权法律服务体系

知识产权法律服务是国家知识产权局、国家发展和改革委员会、科学技术部等部门于 2012 年 11 月 13 日印发的《关于加快培育和发展知识产权服务业的指导意见》中提出的六大知识产权服务之一。知识产权法律服务主要包括知识产权尽职调查服务、知识产权诉讼与仲裁代理服务、知识产权合同服务和知识产权评估服务。

知识产权尽职调查是指企业上市或产品上市之前对知识产权状况进行检索分析，对知识产权侵权或可能发生的知识产权侵权纠纷和其他资产状况进行调查和取得相应证据，出具法律论证意见，以及受委托向知识产权侵权人发出警告等的活动。知识产权诉讼、行政调处、海关备案与仲裁代理是指针对知识产权权属案件、侵权案件、复审无效案件、海关备案案件，以及合同纠纷案件、行政诉讼案件、反不正当竞争案件等受客户委托代为起诉、应诉、反诉、和解、上诉，以及在仲裁案件中担任代理人等的活动。知识产权合同服务是指为客户起草、审查或修改知识产权转让、许可、投资、实施、合作、服务合同，知识产权保护、保密合同，特许经营合同，劳动合同等各类合同的行为。知识产权评估是指在知识产权转让、许可、出资、企业破产清算，以及在知识产权质押、知识产权侵权损害赔偿等过程中对知识产权的质量效益尤其是价格进行评估的活动。

近年来，我国知识产权法律服务体系依托于律师事务所和专利事务所建立并发展起来，但法律服务机构分布还很不平衡，而且多数知识产权服务机构的业务主要集中于知识产权诉讼和技术转移合同服务，在知识产权尽职调查和知识产权法律及评估服务方面还存在许多短板。

推进知识产权法律服务体系建设，关键是要面向区域创新体系建设布局统筹引导法律服务机构建设。还要加强法律服务机构能力建设，尤其是能进行海外维权的国际化能力建设。

六、知识产权咨询服务体系

知识产权咨询服务是重要的知识产权服务类型之一。知识产权咨询服务主要包括制定知识产权发展战略规划、知识产权政策研究评估、知识产权检索分析、知识产权管理咨询、标准必要专利评估等。

制定知识产权发展战略规划的目的主要是为政府或企事业单位明确知识产权发展的思路和任务措施，主要包括厘清知识产权发展的机遇挑战和优势与劣势，选择知识产权战略和战略重点，设计战略任务和保障措施。如国家知识产权局制定的《国家知识产权事业发展“十二五”规划》和《“十三五”国家知识产权保护和运用规划》《“十四五”国家知识产权保护和适用规划》。

知识产权政策研究与评估主要是为政府部门和企事业单位出台相应知识产权政策提供研究和咨询的活动，也包括对即将出台的知识产权政策和战略规划进行第三方前置评估的活动。我国有关部门每年出台大量的知识产权政策，企事业单位也需要制定知识产权指南、手册、流程、收益分配办法等政策。知识产权政策评估主要是对政策的合法性、合规性、系统性和有效性进行评估。

知识产权检索分析是指受客户委托对国内外知识产权状况进行有效的检索，利用各种分析工具进行分析，用于掌握知识产权资源状况，防范知识产权风险，指导研究开发、投资和贸易的活动。我国大多数咨询服务机构开展的是知识产权检索分析服务，而能够将知识产权分析结果用于指导研发投入、战略布局、产业政策制定、投融资和贸易的还较少。

知识产权管理咨询主要包括企事业单位知识产权人力资源招聘、培训、使用和激励，知识产权管理机构组织结构与职能设计，知识产权收益分配政策设计，知识产权信息系统建设，知识产权资产与财务管理，科研生产采购贸易活动的知识产权管理流程设计等。这是我国目前知识产权咨询服务业中最需要加强的部分。

标准必要专利评估是在制定技术标准过程中对标准涉及的专利是不是必要专利进行评估，以及对入池企业表决权和收益权进行设计的活动。目前，我国知识产权咨询服务机构在标准必要专利评估上还存在较多不足。

发展知识产权咨询服务最重要的是要明确知识产权咨询服务的内容和流程，培育和发展知识产权咨询服务机构。因此，需要制定知识产权咨询服务发展的规划和政策，加强知识产权咨询服务的培训，培养知识产权咨询服务人才队伍。

七、知识产权投融资服务体系

知识产权投融资体系是知识产权社会化服务体系的重要组成部分。构建支撑知识产权创造运用的投融资体系，需要发展和完善政府知识产权运营引导基金、创业投资机构、银行、保险公司和担保机构等构成的体系。

2015 年，我国以股权投资方式支持了 20 家知识产权运营机构的建设，财政性知识产权运营引导基金一般采取政府委托和基金管理公司代持的管理方式。如北京 7 只股权投资基金由北京亦庄国际投资公司代持，年管理费 200 万元。在支持知识产权运营上，我国积极支持创业投资公司发展，2014 年第一批科技型中小企业创业投资引导基金阶段参股立项项目的有 13 家创业投资机构。

从 2008 年开始，我国积极发展专利质押贷款业务。多家银行已经开展知识产权质押贷款业务，拓宽了科技型中小企业的融资渠道，为中小企业的持续发展注入了活力。如北京银行“展业通”为中小企业发展开发知识产权质押贷款；武汉光谷银行开展了多项知识产权质押贷款业务；民生银行 2011 年授信 1 亿元“伊利诺依”商标质押贷款业务，其中商标作价超过 9119 万元。

2011 年，国家知识产权局与中国人民财产保险公司签订了《知识产权资产评估工程促进项目》合作协议，由该公司开发知识产权保险险种。2013 年初，国家知识产权局再次授权该公司开发专利侵权责任保险和海外展会专利侵权责任保险，以及服务机制建设和交流指导工作。2014 年 4 月，中国人民财产保险公司推出了专利执行保险险种。近年来，中国平安保险公司等商业化保险公司也开始研究和试水知识产权评估和转化保险。

知识产权社会化投融资体系的发展最重要的是投融资人才团队的建设。我国知识产权和技术投融资发展水平不高的主要原因在于，专业化高水平的知识产权投融资人才还比较欠缺，在现有一些技术转移机构的投资机构中，很多人员缺乏基本的投融资能力和经历，对知识产权投资的知识和技能非常缺乏。

促进知识产权投融资服务发展，需要构建面向产业发展需求，以金融机构、创业投资机构为主，民间资本广泛参与的知识产权投融资体系，形成包含质押贷款、风险投资、上市、证券化等多层次的知识产权投融资渠道。要培育一批在区域和行业发展中发挥重要作用的知识产权投融资机构。完善知识产权价值评估、统计和资产核算制度及方法。还要制定知识产权抵押担保与质押担保后知识产权的处置权、使用权和收益权的相关政策。

高水平创造和运用知识产权创造必须依靠完善的知识产权服务体系，知识产权服务体系建设在国家知识产权战略实施中处于战略性重要地位。目前，我国知识产权公共服务体系建设还不是很完善，社会化服务体系发展还比较滞后。尤其是知识产权公共服务的广度和深度有待提升，社会化服务体系的能力建设亟待加强。

推动知识产权服务体系建设，必须不断增强知识产权服务能力。为此需要系统谋划和制定有效的知识产权服务体系发展政策，重点加强知识产权公共服务体系的建设，形成知识产权强国建设的主要抓手和政策工具。同时，要规范知识产权代理服务，提升知识产权运营服务水平，大力培育和发展知识产权集成开发服务机构、法律服务机构、咨询服务机构和投融资服务机构，提升知识产权社会化服务机构的整体能力。

第九章

知识产权高质量保护体系评价

知识产权保护是国家司法机关和行政机关根据法律规定对知识产权权利人的合法权利进行的保护。知识产权司法保护和行政执法保护两个途径是我国知识产权保护的特色。实行严格的知识产权保护制度，除了要加强知识产权法律制度建设外，还要加强一系列知识产权司法和行政执法中知识产权保护政策的制定和实施。

第一节　知识产权保护法律体系

2016 年 11 月 4 日，中共中央、国务院发布《关于完善产权保护制度依法保护产权的意见》，要求“加大知识产权保护力度”，建立惩罚性赔偿制度，将故意侵犯知识产权行为情况纳入企业和个人信用记录，推进知识产权民事、刑事、行政案件审判“三审合一”等，为我国知识产权保护的法律法规建设指明了方向。

知识产权法规是稳定的知识产权政策，也是知识产权政策的核心，知识产权保护政策是知识产权法规的实施措施，也是知识产权法规的来源。目前，我国知识产权保护的法律法规主要包括知识产权保护法规、知识产权保护司法解释和知识产权行政执法规章。

一、知识产权保护法规

我国于 1986 年 4 月 12 日颁布了《中华人民共和国民法通则》，在民法通则第五章第三节规定了知识产权类民事权利。我国于 2017 年 3 月 15 日又修正并通过民法总则。2017 年 10 月 1 日起实施的民法总则第一百二十三条规定，民事主体依法享有知识产权。知识产权是权利人依法就下列客体享有的专有的权利：（1）作品；（2）发明、实用新型、外观设计；（3）商标；（4）地理标志；（5）商业秘密；（6）集成电路布图设计；（7）植物新品种；（8）法律规定的其他客体。

我国于 1982 年制定了商标法，1984 年制定了专利法，1990 年制定了著作权法，这些法律奠定了我国知识产权法律制度的基本框架。随着改革开放，尤其是加入世界贸易组织（WTO），我国不断完善知识产权法律制度。我国先后加入了世界贸易组织、世界知识产权组织等国际知识产权组织，加入了《保护工业产权巴黎公约》《专利合作条约》《商标注册马德里协定》《保护文学艺术作品伯尔尼公约》《与贸易有关的知识产权协议（TRIPs）》等主要的国际知识产权公约，并对知识产权法规进行了完善。我国主要的知识产权保护法规有专利法及其实施细则、商标法及其实施条例、著作权法及其实施细则和《计算机软件保护条例》《知识产权海关保护条例》等。

（一）专利法规

《中华人民共和国专利法》及实施细则主要在以下四个方面规定了对专利权的保护。

一是规定了专利侵权行为及救济途径。专利法第六十五条规定："未经专利权人许可，实施其专利，即侵犯其专利权，引起纠纷的，由当事人协商解决；不愿协商或者协商不成的，专利权人或者利害关系人可以向人民法院起诉，也可以请求管理专利工作的部门处理。"并且规定了行政执法保护和司法保护措施："管理专利工作的部门处理时，认定侵权行为成立的，可以责令侵权人立即停止侵权行为，当事人不服的，可以自收到处理通知之日起十五日内依照《中华人民共和国行政诉讼法》向人民法院起诉；侵权人期满不起诉又不停止侵权行为的，管理专利工作的部门可以申请人民法院强制执行。"

二是查处假冒专利行为。专利法第六十八条规定："假冒专利的，除依法承担民事责任外，由负责专利执法的部门责令改正并予公告，没收违法所得，可以处违法所得五倍以下的罚款；没有违法所得或者违法在五万元以下的，可以处二十五万元以下的罚款；构成犯罪的，依法追究刑事责任。”《中华人民共和国专利法实施细则》规定假冒他人专利行为包括：未经许可，在其制造或者销售的产品、产品的包装上标注他人的专利号；在广告或者其他宣传材料中使用他人的专利号，使人将所涉及的技术误认为是他人的专利技术；在合同中使用他人的专利号，使人将合同涉及的技术误认为是他人的专利技术三种行为；以及伪造或者变造他人的专利证书、专利文件或者专利申请文件的行为。专利法实施细则规定了冒充专利行为：制造或者销售标有专利标记的非专利产品；专利权被宣告无效后，继续在制造或者销售的产品上标注专利标记；在广告或者其他宣传材料中将非专利技术称为专利技术；在合同中将非专利技术称为专利技术；伪造或者变造专利证书、专利文件或者专利申请文件。

三是规定了专利行政执法职能。我国专利法第六十九条规定，负责专利执法的部门根据已经取得的证据，对涉嫌假冒专利行为进行查处时，有权采取下列措施：（一）询问有关当事人，调查与涉嫌违法行为有关的情况；（二）对当事人涉嫌违法行为的场所实施现场检查；（三）查阅、复制与涉嫌违法行为有关的合同、发票、账簿以及其他有关资料；（四）检查与涉嫌违法行为有关的产品；（五）对有证据证明是假冒专利的产品，可以查封或者扣押。管理专利工作的部门应专利权人或者利害关系人的请求处理专利侵权纠纷时，可以采取前款第（一）项、第（二）项、第（四）项所列措施。负责专利执法的部门、管理专利工作的部门依法行使前两款规定的职权时，当事人应当予以协助、配合，不得拒绝、阻挠。

四是规定了专利侵权赔偿责任。我国专利法第七十一条规定，侵犯专利权的赔偿数额按照权利人因被侵权所受到的实际损失或者侵权人因侵权所获得的利益确定；权利人的损失或者侵权人获得的利益难以确定的，参照该专利许可使用费的倍数合理确定。对故意侵犯专利权，情节严重的，可以在按照上述方法确定数额的一倍以上五倍以下确定赔偿数额。权利人的损失、侵权人获得的利益和专利许可使用费均难以确定的，人民法院可以根据专利权的类型、侵权行为的性质和情节等因素，确定给予三万元以上五百万元以下的赔偿。赔偿数额还应当包括权利人为制止侵权行为所支付的合理开支。人民法院为确定赔偿数额，在权利人已经尽力举证，而与侵权行为相关的账簿、资料主要由侵权人掌握的情况下，可以责令侵权人提供与侵权行为相关的账簿、资料；侵权人不提供或者提供虚假的账簿、资料的，人民法院可以参考权利人的主张和提供的证据判定赔偿数额。

（二）《中华人民共和国商标法》及其实施条例

《中华人民共和国商标法》和《中华人民共和国商标法实施条例》在保护商标专用权上作出明确规定。

一是规定了不得作为商标使用标志的标志：（1）同中华人民共和国的国家名称、国旗、国徽、国歌、军旗、军徽、军歌、勋章等相同或者近似的，以及同中央国家机关的名称、标志、所在地特定地点的名称或者标志性建筑物的名称、图形相同的；（2）同外国的国家名称、国旗、国徽、军旗等相同或者近似的，但经该国政府同意的除外；（3）同政府间国际组织的名称、旗帜、徽记等相同或者近似的，但经该组织同意或者不易误导公众的除外；（4）与表明实施控制、予以保证的官方标志、检验印记相同或者近似的，但经授权的除外；（5）同“红十字”“红新月”的名称、标志相同或者近似的；（6）带有民族歧视性的；（7）带有欺骗性，容易使公众对商品的质量等特点或者产地产生误认的；（8）有害于社会主义道德风尚或者有其他不良影响的。县级以上行政区划的地名或者公众知晓的外国地名，不得作为商标。但是，地名具有其他含义或者作为集体商标、证明商标组成部分的除外；已经注册的使用地名的商标继续有效。

二是规定了侵犯注册商标专用权的行为。商标法规定的侵权行为有：（1）未经商标注册人的许可，在同一种商品上使用与其注册商标相同的商标的；（2）未经商标注册人的许可，在同一种商品上使用与其注册商标近似的商标，或者在类似商品上使用与其注册商标相同或者近似的商标，容易导致混淆的；（3）销售侵犯注册商标专用权的商品的；（4）伪造、擅自制造他人注册商标标识或者销售伪造、擅自制造的注册商标标识的；（5）未经商标注册人同意，更换其注册商标并将该更换商标的商品又投入市场的；（6）故意为侵犯他人商标专用权行为提供便利条件，帮助他人实施侵犯商标专用权行为的；（7）给他人的注册商标专用权造成其他损害的。

三是规定了侵犯商标专用权的赔偿数额。商标法规定：（1）按照权利人因被侵权所受到的实际损失确定；（2）实际损失难以确定的，可以按照侵权人因侵权所获得的利益确定；（3）权利人的损失或者侵权人获得的利益难以确定的，参照该商标许可使用费的倍数合理确定。对恶意侵犯商标专用权，情节严重的，可以在按照上述方法确定数额的一倍以上五倍以下确定赔偿数额。赔偿数额应当包括权利人为制止侵权行为所支付的合理开支；（4）权利人因被侵权所受到的实际损失、侵权人因侵权所获得的利益、注册商标许可使用费难以确定的，由人民法院根据侵权行为的情节判决给予五百万元以下的赔偿。

四是规定了商标专有权保护措施。商标法第六十条第二款规定：工商行政管理部门处理时，认定侵权行为成立的，责令立即停止侵权行为，没收、销毁侵权商品和主要用于制造侵权商品、伪造注册商标标识的工具，违法经营额五万元以上的，可以处违法经营额五倍以下的罚款，没有违法经营额或者违法经营额不足五万元的，可以处二十五万元以下的罚款。对五年内实施两次以上商标侵权行为或者有其他严重情节的，应当从重处罚。销售不知道是侵犯注册商标专用权的商品，能证明该商品是自己合法取得并说明提供者的，由工商行政管理部门责令停止销售。商标法第六十一条规定：对侵犯注册商标专用权的行为，工商行政管理部门有权依法查处；涉嫌犯罪的，应当及时移送司法机关依法处理。

五是保护先用权。我国商标法第十五条规定，就同一种商品或者类似商品申请注册的商标与他人在先使用的未注册商标相同或者近似，申请人与该他人具有前款规定以外的合同、业务往来关系或者其他关系而明知该他人商标存在，该他人提出异议的，不予注册。第五十八条规定，将他人注册商标、未注册的驰名商标作为企业名称中的字号使用，误导公众，构成不正当竞争行为的，依照《中华人民共和国反不正当竞争法》处理。

（三）著作权法规

《中华人民共和国著作权法》首先规定了下列人身权（1~4）和财产权（5~17）：（1）发表权；（2）署名权；（3）修改权；（4）保护作品完整权；（5）复制权；（6）发行权；（7）出租权；（8）展览权；（9）表演权；（10）放映权；（11）广播权；（12）信息网络传播权；（13）摄制权；（14）改编权；（15）翻译权；（16）汇编权；（17）应当由著作权人享有

的其他权利。著作权人可以转让或许可他人行使第（5）项至第（17）项规定的权利，并依照约定或者本法有关规定获得报酬。

其次规定了著作权保护的客体和期限。作者的署名权、修改权、保护作品完整权的保护期不受限制。公民作品的发表权、著作权法规定的财产权利的保护期为作者终生及其死亡后50年；法人或者其他组织的作品、著作权（署名权除外）由法人或者其他组织享有的职务作品，其发表权、该法规定的财产权利保护期为50年，但作品自创作完成后50年内未发表的，著作权法不再保护；电影作品和以类似摄制电影的方法创作的作品、摄影作品，其发表权、著作权法规定的财产权利的保护期为50年，但作品自创作完成后50年内未发表的，著作权法不再保护。

最后规定了保护措施。我国著作权法第五十二条规定，有下列侵权行为的，应当根据情况，承担停止侵害、消除影响、赔礼道歉、赔偿损失等民事责任：（一）未经著作权人许可，发表其作品的；（二）未经合作作者许可，将与他人合作创作的作品当作自己单独创作的作品发表的；（三）没有参加创作，为谋取个人名利，在他人作品上署名的；（四）歪曲、篡改他人作品的；（五）剽窃他人作品的；（六）未经著作权人许可，以展览、摄制视听作品的方法使用作品，或者以改编、翻译、注释等方式使用作品的，本法另有规定的除外；（七）使用他人作品，应当支付报酬而未支付的；（八）未经视听作品、计算机软件、录音录像制品的著作权人、表演者或者录音录像制作者许可，出租其作品或者录音录像制品的原件或者复制件的，本法另有规定的除外；（九）未经出版者许可，使用其出版的图书、期刊的版式设计的；（十）未经表演者许可，从现场直播或者公开传送其现场表演，或者录制其表演的；（十一）其他侵犯著作权以及与著作权有关的权利的行为。

（四）《中华人民共和国海关保护条例》

一是规定了知识产权保护内容。进口货物的收货人或者其代理人、出口货物的发货人或者其代理人应当按照国家规定，向海关如实申报与进出口货物有关的知识产权状况，并提交有关证明文件。

二是知识产权的备案。知识产权权利人可以将其知识产权向海关总署申请备案；申请备案的，应当提交申请书。海关总署应当自收到全部申请文件之日起30个工作日内作出是否准予备案的决定，并书面通知申请人；不予备案的，应当说明理由。知识产权海关保护备案自海关总署准予备案之日起生效，有效期为10年。每次续展备案的有效期为10年。

三是扣留侵权嫌疑货物的申请及其处理。知识产权权利人发现侵权嫌疑货物即将进出口的，可以向货物进出境地海关提出扣留侵权嫌疑货物的申请。申请人请求海关扣留侵权嫌疑货物的，应当向海关提交与进口货物到岸价格或者出口货物离岸价格等值的担保金。

四是调查和处理。海关应知识产权权利人申请，决定扣留侵权嫌疑货物的，应当制作海关扣留凭单，送达收货人或者发货人，并书面通知申请人。海关发现进出境货物有侵犯在海关备案的知识产权嫌疑的，海关有权予以扣留。收货人或者发货人认为，其进出口货物未侵犯申请人知识产权的，在向海关提交相当于进口货物到岸价格或者出口货物离岸价格两倍的担保金后，可以请求海关放行有关货物。

五是法律责任。被扣留的侵权嫌疑货物，经海关调查后认定侵犯知识产权的，由海关予以没收。

（五）知识产权法规存在的问题

从上述主要知识产权法规来看，我国知识产权立法较为分散。除边境保护外，我国的专利权、商标权、著作权等知识产权法律是分散立法的。由于缺少一部知识产权基本法，我国一直没有建立包括商标权、专利权、著作权以及商业秘密等知识产权的统一立法保护体制和行政执法保护体制。进一步推动知识产权统一立法理论研究与立法实践将是我国知识产权法治建设中的重要任务之一。

二、知识产权保护司法解释

司法解释是知识产权重要的保护政策。最高人民法院关于知识产权保护的司法解释主要包括专利、商标和著作权三大类。

2004年12月8日，最高人民法院发布了《关于办理侵犯知识产权刑事案件具体应用法律若干问题的解释》。为支撑国家知识产权战略实施，最高人民法院于2009年3月30日发布了《关于贯彻实施国家知识产权战略若干问题的意见》，2009年4月21日发布了《关于当前经济形势下知识产权审判服务大局若干问题的意见》，2010 年 6 月 29 日发布了《关于为加快经济发展方式转变提供司法保障和服务的若干意见》。在保护专利权方面，2016 年 3 月 22 日，最高人民法院发布《最高人民法院关于审理侵犯专利权纠纷案件应用法律若干问题的解释（二）》，并于 2020 年 12 月进行了修正，对 9 个方面进行了解释。包括间接侵权认定、赔偿数额的举证规则、先行裁决另行起诉、增强权利要求确定性、封闭式组合物、善意使用排除、判令停止侵权与支付费用、功能性特征、标准专利，共 31 条。

上述司法解释的规定对于加强知识产权尤其是对专利保护具有重要的意义，以下问题还需要进一步思考：第一，关于侵权赔偿数额问题。我国专利侵权赔偿额较低的主要原因在于专利侵权证据获得难。大部分案件实行法定赔偿，由于证据不充分，无法对权利人的实际损失或侵权人的实际非法获利进行准确计算。而实际损失或侵权人的实际非法获利需要通过评估得到。第二，功能性特征撰写的权利要求的技术特征很难判断，用“基本相同的手段，实现相同的功能，达到相同的效果”作为“等同”判断标准存在一定的不确定性，而且“普通技术人员在被诉侵权行为发生时无须经过创造性劳动就能够联想到”不符合普通技术人员的定义，普通技术人员应当是本技术领域具有一般技术常识而不用花费创造性劳动就能够实现发明技术方案的人。第三，标准必要专利只有在明示所涉必要专利的信息的情况下才能被人民法院认定为侵权的解释不符合国际标准专利的一般规则，这对标准化管理组织也是一个较大的负担。

三、知识产权行政执法规章

知识产权行政执法规章主要是《专利行政执法办法》《驰名商标认定和保护规定》《商标印制管理办法》《著作权行政处罚实施办法》等。

《专利行政执法办法》规定了五个方面的内容。

一是专利侵权纠纷处理的条件：（1）请求人是专利权人或者利害关系人；（2）有明确的被请求人；（3）有明确的请求事项和具体事实、理由；（4）属于受案管理专利工作的部门的受案范围和管辖；（5）当事人没有就该专利侵权纠纷向人民法院起诉。利害关系人包括专利实施许可合同的被许可人、专利权的合法继承人。独占实施许可合同的被许可人可以单独提出请求；排他实施许可合同的被许可人在专利权人不请求的情况下，可以单独提出请求；除合同另有约定外，普通实施许可合同的被许可人不能单独提出请求。

二是专利纠纷的调解。请求管理专利工作的部门调解专利纠纷的，应当提交请求书。请求书内容：（1）请求人的姓名或者名称、地址，法定代表人或主要负责人的姓名、职务；有委托专利代理人的，需写清专利代理人的姓名和专利代理机构的名称、地址。（2）被请求人的姓名或名称、地址。（3）请求调解的具体事项和理由。单独请求调解侵犯专利权赔偿数额的，应当提交有关管理专利工作的部门作出的认定侵权行为成立的处理决定书副本。

三是对假冒他人专利和冒充专利行为的查处。管理专利工作的部门发现或者接受举报发现假冒他人专利和冒充专利行为的，应当及时立案，并指定两名或者两名以上案件承办人员进行查处。查处假冒他人专利和冒充专利行为由行为发生地的管理专利工作的部门管辖。管辖权发生争议的，由其共同的上级人民政府管理专利工作的部门指定管辖；无共同上级人民政府管理专利工作的部门的，由国家知识产权局指定管辖。管理专利工作的部门作出行政处罚决定前，应当告知当事人作出处罚决定的事实、理由和依据，并告知当事人依法享有的权利。当事人有权进行陈述和申辩，管理专利工作的部门对当事人提出的事实、理由和证据应当进行核实。经调查，假冒他人专利和冒充专利行为成立的，管理专利工作的部门应当制作处罚决定书。经调查，假冒他人专利和冒充专利行为不成立的，管理专利工作的部门以撤销案件的方式结案。

四是调查取证。管理专利工作的部门可以根据需要依职权调查收集有关证据。管理专利工作的部门调查收集证据可以查阅、复制与案件有关的合同、账册等有关文件；询问当事人和证人；采用测量、拍照、摄像等方式进行现场勘验。涉嫌侵犯制造方法专利权的，管理专利工作的部门可以要求被调查人进行现场演示。管理专利工作的部门调查收集证据应当制作笔录。笔录应当由案件承办人员、被调查的单位或者个人签名或者盖章。被调查的单位或者个人拒绝签名或者盖章的，应当在笔录上注明。管理专利工作的部门调查收集证据可以采取抽样取证的方式。被抽取样品的数量应当以能够证明事实为限。管理专利工作的部门进行抽样取证应当制作笔录，写明被抽取样品的名称、特征和数量。笔录由案件承办人员、被调查的单位或个人签字或盖章。在证据可能灭失或者以后难以取得，但又无法进行抽样取证的情况下，管理专利工作的部门可以进行登记保存，并在7日内作出决定。经登记保存的证据，被调查的单位或个人不得销毁或转移。管理专利工作的部门进行登记保存应当制作笔录。

五是处理决定。专利侵权行为成立，作出处理决定的，应当责令侵权人立即停止侵权行为，采取下列措施：（1）侵权人制造专利产品的，责令其立即停止制造行为，销毁制造侵权产品的专用设备和模具，并且不得销售、使用尚未售出的侵权产品或者以任何其他形式将其投放市场；侵权产品难以保存的，责令侵权人销毁该产品。（2）侵权人使用专利方法的，责令其立即停止使用行为，销毁实施专利方法的专用设备、模具，并且不得销售、使用尚未售出的依照专利方法所直接获得的产品或者以任何其他形式将其投放市场；侵权产品难以保存的，责令侵权人销毁该产品。（3）侵权人销售专利产品或者依照专利方法直接获得产品的，责令其立即停止销售行为，并且不得使用尚未售出的侵权产品或者以任何其他形式将其投放市场；尚未售出的侵权产品难以保存的，责令侵权人销毁该产品。（4）侵权人许诺销售专利产品或者依照专利方法直接获得产品的，责令其立即停止许诺销售行为，消除影响，并且不得进行任何实际销售行为。（5）侵权人进口专利产品或者依照专利方法直接获得产品的，还责令侵权人立即停止进口行为；侵权产品已经入境的，不得销售、使用该侵权产品或者以任何其他形式将其投放市场；侵权产品难以保存的，应责令侵权人销毁该产品；侵权产品尚未入境的，可以将处理决定通知有关海关。（6）停止侵权行为的其他必要措施。

为加强专利行政执法，国家知识产权局还发布了《专利行政执法操作指南》《专利行政执法文书表格》《专利侵权判定和假冒专利行为认定指南》《专利侵权行为认定指南（征求意见稿）》《专利行政执法证据规则指引（征求意见稿）》《其他专利纠纷行政调解指南（征求意见稿）》《关于公开有关专利行政执法案件信息具体事项的通知》等。国家知识产权局于2014年7月17日发布的《专利侵权判定和假冒专利行为认定指南

（试行）》，明确了专利侵权判定方式："在判断被控侵权技术方案是否落入专利权的保护范围时，首先要对权利要求和被控侵权技术方案进行特征划分，将相应的技术特征进行特征对比，然后再判断被控侵权技术方案是否构成相同侵权，在二者存在区别的情况下，还需判断是否构成等同侵权。"国家知识产权局于2016年5月5日发布的《专利侵权行为认定指南（试行）》明确了专利法关于实施专利的侵权行为和不侵犯专利权的行为的认定。

上述知识产权行政执法保护政策仍然存在一些不足。第一，行政执法保护只有对制造、销售、许诺销售和进口行为查扣和销毁侵权产品的处罚权，而缺乏调查权、询问权、罚款权，造成执法手段不配套，保护力度小。第二，行政执法保护的对象主要是知识产权侵权和假冒行为，而没有针对侵害公共利益的侵权行为和假冒行为，尤其是故意侵权，这是行政执法保护正当性的依据，现有规定则会造成对本为民事行为的知识产权侵权纠纷干预不当。第三，随着我国司法体制改革的深化，法律将建立对故意侵权行为的惩罚性赔偿制度，现行行政执法保护法规政策缺乏对涉及公共利益的侵权行为的惩罚性处罚制度。第四，我国司法与行政保护两条途径是中国特色，但也会造成不必要的资源浪费。减少浪费，不是仅仅建立以谁为主导的知识产权保护体系的问题，而是如何充分发挥两条途径的优势，建立有机衔接尤其是全面衔接和结果互认的制度，但现有知识产权保护的法规和政策在这方面规定不足。

第二节　知识产权高质量发展与反知识产权滥用

反垄断与知识产权制度具有共同的目标，即促进竞争和创新，提高经济运行效率，维护消费者利益，增进社会福祉。2007年8月30日颁布的《中华人民共和国反垄断法》主要包括总则、垄断协议、滥用市场支配地位、经营者集中、滥用行政权力排除、限制竞争、对涉嫌垄断行为的调查、法律责任和附则，共8章57条。反垄断法通过维护市场竞争，推动创新，促进技术传播和利用，而知识产权制度以保护和激励创新作为直接目标，促进市场竞争。因此，反垄断法不适用于经营者依照法律法规行使知识产权的行为。但是，知识产权行使行为有可能背离知识产权制度的初衷，排除、限制竞争，阻碍创新。因此，反垄断法第五十五条规定："经营者依照有关知识产权的法律、行政法规规定行使知识产权的行为，不适用本法；但是，经营者滥用知识产权，排除、限制竞争的行为，适用本法。"

一、反知识产权滥用

2015 年 4 月 7 日，为实施反垄断法，规制知识产权滥用，国家工商行政管理总局发布了《关于禁止滥用知识产权排除、限制竞争行为的规定》。

一是界定了相关概念。第三条规定，滥用知识产权排除、限制竞争的行为"是指经营者违反《反垄断法》的规定行使知识产权，实施垄断协议、滥用市场支配地位等垄断行为（价格垄断行为除外）"。

二是规定禁止达成垄断协议和不被认定的情形。第四条规定："经营者之间不得利用行使知识产权的方式达成《反垄断法》第十三条、第十四条所禁止的垄断协议。"第五条规定可以不被认定为反垄断法所禁止的垄断协议的情形有："（一）具有竞争关系的经营者在受其行为影响的相关市场上的市场份额合计不超过百分之二十，或者在相关市场上存在至少四个可以以合理成本得到的其他独立控制的替代性技术；（二）经营者与交易相对人在相关市场上的市场份额均不超过百分之三十，或者在相关市场上存在至少两个可以以合理成本得到的其他独立控制的替代性技术。"

三是规定不得滥用市场支配地位排除、限制竞争。第六条规定："具有市场支配地位的经营者不得在行使知识产权的过程中滥用市场支配地位，排除、限制竞争。"第七条规定："具有市场支配地位的经营者没有正当理由，不得在其知识产权构成生产经营活动必需设施的情况下，拒绝许可其他经营者以合理条件使用该知识产权，排除、限制竞争。"认定排除限制竞争行为需要同时考虑下列因素："（一）该项知识产权在相关市场上不能被合理替代，为其他经营者参与相关市场的竞争所必需；（二）拒绝许可该知识产权将会导致相关市场上的竞争或者创新受到不利影响，损害消费者利益或者公共利益；（三）许可该知识产权对该经营者不会造成不合理的损害。"

四是规定行使知识产权的过程中不得限定交易行为排除、限制竞争。第八条规定："具有市场支配地位的经营者没有正当理由，不得实施下列限定交易行为，排除、限制竞争：（一）限定交易相对人只能与其进行交易；（二）限定交易相对人只能与其指定的经营者进行交易。"第九条规定，不得实施同时符合下列条件的搭售行为，排除、限制竞争："（一）违背交易惯例、消费习惯等或者无视商品的功能，将不同商品强制捆绑销售或者组合销售；（二）实施搭售行为使该经营者将其在搭售品市场的支配地位延伸到被搭售品市场，排除、限制了其他经营者在搭售品或者被搭售品市场上的竞争。"第十条规定，不得实施下列附加不合理限制条件的行为，排除、限制竞争："（一）要求交易相对人将其改进的技术进行独占性的回授；（二）禁止交易相对人对其知识产权的有效性提出质疑；（三）限制交易相对人在许可协议期限届满后，在不侵犯知识产权的情况下利用竞争性的商品或者技术；（四）对保护期已经届满或者被认定无效的知识产权继续行使权利；（五）禁止交易相对人与第三方进行交易；（六）对交易相对人附加其他不合理的限制条件。"第十一条规定，不得对条件相同的交易相对人实行差别待遇，排除、限制竞争。

五是规定行使知识产权的过程中不得利用专利联营从事排除、限制竞争。第十二条规定，经营者不得利用专利联营从事排除、限制竞争的行为。专利联营是指两个或者两个以上的专利权人通过某种形式将各自拥有的专利共同许可给第三方的协议安排。专利联营的成员不得利用专利联营交换产量、市场划分等有关竞争的敏感信息，达成反垄断法所禁止的垄断协议。具有市场支配地位的专利联营管理组织没有正当理由，不得利用专利联营实施下列滥用市场支配地位的行为，排除、限制竞争："（一）限制联营成员在联营之外作为独立许可人许可专利；（二）限制联营成员或者被许可人独立或者与第三方联合研发与联营专利相竞争的技术；（三）强迫被许可人将其改进或者研发的技术独占性地回授给专利联营管理组织或者联营成员；（四）禁止被许可人质疑联营专利的有效性；（五）对条件相同的联营成员或者同一相关市场的被许可人在交易条件上实行差别待遇；（六）其他滥用市场支配地位行为。"

六是规定不得利用标准排除限制竞争的行为。第十三条规定："具有市场支配地位的经营者没有正当理由，不得在标准的制定和实施过程中实施下列排除、限制竞争行为：（一）在参与标准制定的过程中，故意不向标准制定组织披露其权利信息，或者明确放弃其权利，但是在某项标准涉及该专利后却对该标准的实施者主张其专利权。（二）在其专利成为标准必要专利后，违背公平、合理和无歧视原则，实施拒绝许可、搭售商品或者在交易时附加其他的不合理交易条件等排除、限制竞争的行为。”

七是规定了对滥用知识产权排除、限制竞争行为的调查和处罚。第十四条规定，经营者涉嫌滥用知识产权排除、限制竞争行为的，工商行政管理机关应依法进行调查。第十七条规定：“经营者滥用知识产权排除、限制竞争的行为构成垄断协议的，由工商行政管理机关责令其停止违法行为，没收其违法所得，并处上一年度销售额百分之一以上百分之十以下的罚款；尚未实施所达成的垄断协议的，可以处五十万元以下的罚款。经营者滥用知识产权排除、限制竞争的行为构成滥用市场支配地位的，由工商行政管理机关责令停止违法行为，没收违法所得，并处上一年度销售额百分之一以上百分之十以下的罚款。工商行政管理机关确定具体罚款数额时，应当考虑违法行为的性质、情节、程度、持续的时间等因素。”

八是规定了分析认定经营者涉嫌滥用知识产权排除、限制竞争行为可以采取的步骤和考虑因素。

2015 年 12 月 18 日，国务院发布《关于新形势下加快知识产权强国建设的若干意见》，提出“实行严格的知识产权保护”，要求规制知识产权滥用行为；完善规制知识产权滥用行为的法律制度，制定相关反垄断执法指南；完善知识产权反垄断监管机制，依法查处滥用知识产权排除和限制竞争等垄断行为；完善标准必要专利的公平、合理、无歧视许可政策和停止侵权适用规则。党的十九届四中全会提出，强化竞争政策基础地位，加强和改进反垄断执法。党的十九大强调，倡导创新文化，强化知识产权创造、保护、运用。反垄断与保护知识产权具有共同的目标，即保护竞争和激励创新，提高经济运行效率，维护消费者利益和社会公共利益。知识产权的行使不能突破反垄断法的边界和底线，经营者滥用知识产权排除、限制竞争的行为应受到反垄断法的规制。把握好反垄断法与知识产权保护制度之间的平衡与协调，既有效保护知识产权，促进创新，又预防和制止滥用知识产权排除、限制竞争的行为，具有十分重要的现实意义。

国务院反垄断委员会于 2019 年 1 月 4 日印发《关于知识产权领域的反垄断指南》（以下简称《指南》）。《指南》分为五章，包括总则，可能排除、限制竞争的知识产权协议，涉及知识产权的滥用市场支配地位行为，涉及知识产权的经营者集中，涉及知识产权的其他情形。结合行使知识产权行为的表现形式，对类型化行为进行描述，明确判定其合法与违法的分析思路、考量因素，为经营者合规经营提供指引。《指南》强调了反垄断与保护知识产权具有保护竞争和鼓励创新的共同目标，阐明了对滥用知识产权排除、限制竞争行为适用《反垄断法》的总体原则、分析思路、考量因素等共性问题。阐明知识产权领域相关市场界定问题。由于知识产权本身的属性，其在性质上属于技术市场，但也可构成商品市场、开发创新市场。知识产权相关市场界定要考虑哪些交易活动会受到知识产权行为的影响，通常需要界定相关商品市场和相关地域市场，特殊情况下可能还需要界定相关技术市场。分析行为对市场竞争产生的排除、限制影响，通常先分析相关市场竞争状况，再对具体行为的影响进行分析。指南详细列举了 6 项市场竞争状况评估的考量因素和 7 项分析行为竞争影响的考虑因素，为评估竞争影响提供指引。认定行为对创新和效率具有积极影响，需要同时满足因果关系、最小损害、不会严重损害竞争和创新、消费者能够分享利益等 5 个方面的要件。《指南》对联合研发、交叉许可、排他性回授和独占性回授、不质疑条款、标准制定等内容进行阐述，对可能影响竞争的知识产权协议行为进行了明确界定，详细列举了对这五种涉及知识产权的协议进行竞争分析时可以考虑的因素。《指南》对涉及知识产权的滥用市场支配地位行为进行了阐述，进一步澄清了知识产权与市场支配地位的关系，明确提出经营者拥有知识产权不意味着其必然具有市场支配地位，应当依据反垄断法有关规定进行分析，同时结合知识产权的特点，对知识产权相关的市场支配地位认定的其他考虑因素进行了阐述。《指南》对涉及知识产权的经营者集中的特殊性进行了深入阐述，阐明涉及知识产权的经营者集中的特殊性主要体现在构成集中的情形、审查考虑因素和附加限制性条件等方面，明确涉及知识产权的交易取得对其他经营者的控制权或者能够对其他经营者施加决定性影响的，可能构成经营者集中，并列举了是否构成集中可能考虑的3个因素。《指南》对经营者滥用知识产权行为适用反垄断法提供了明确指引和具体要求，进一步规范了执法程序、提高了反垄断执法的透明度。市场监管总局将严格依据《指南》各项指引，不断加强和改进反垄断执法，营造公平竞争的市场环境，促进建设创新型国家，推动经济高质量发展。

二、知识产权保护行动计划

知识产权保护专项行动计划也是重要的知识产权保护政策，我国知识产权保护行动计划主要有：2008年至2013年的《中国保护知识产权行动计划》《国家知识产权战略实施推进计划》《全国专利事业发展战略推进计划》。

2014年，国务院办公厅《关于转发知识产权局等单位深入实施国家知识产权战略行动计划（2014—2020年）的通知》首次明确提出“努力建设知识产权强国”的新目标，并在加强知识产权行政执法信息公开、加强重点领域知识产权行政执法、推进软件正版化工作、加强知识产权刑事执法和司法保护、推进知识产权纠纷社会预防与调解工作5个方面提出加强知识产权保护工作。

国家知识产权局等部门每年发布的《国家知识产权战略实施推进计划》对知识产权保护都提出了要求。2014年推进计划的目标任务是完善知识产权立法，加强知识产权保护长效机制建设。提出了推进知识产权审判体系建设；针对重点领域、重点区域、重点环节开展专项执法行动和维权援助工作；推进知识产权纠纷调解工作开展，健全多元化纠纷解决机制；强化网络环境下的知识产权保护等24项工作措施。2015年的推进计划提出了18项工作措施。2016年，推进计划改为《深入实施国家知识产权战略，加快建设知识产权强国推进计划》，提出严格知识产权保护，制定加强专利执法维权工作的指导意见等24项工作措施。

2015年《全国专利事业发展战略推进计划》主要从两个方面提出加强专利的执法保护。一是创新专利执法体制机制。研究制订关于加强和完善知识产权系统执法办案的工作方案，在不同层面培育若干知识产权执法强局；健全电商领域和展会专利执法维权机制；建立网上专利纠纷案件办理机制；建立健全维权中心对执法办案的支持协助机制。探索建立国家层面的重大专利侵权案件协作调度与侵权判定机制。探索推进知识产权系统社会信用体系建设，研究制订信用体系建设方案，将与专利侵权、假冒专利、执行失信及专利代理失信等信用信息纳入社会诚信体系。二是加强重点领域专利行政执法。以食品、药品、医疗器械、环境保护等涉及民生领域和高新技术领域为重点，组织开展知识产权执法维权专项行动。强化执法办案督导巡查机制，加大对跨地区且影响重大案件的督办力度，定期通报各地方局执法办案情况。进一步加大重点领域执法办案工作力度，加快专利纠纷行政调解，加大对侵权假冒行为的打击力度。

2016 年的推进计划也从两个方面加强执法保护。一是全面加大专利行政执法力度。制定加强知识产权执法维权工作指导意见，修订《专利行政执法操作指南》，构建执法办案质量评价体系。加大对专利侵权假冒行为的打击力度，继续组织开展“护航”专项行动，进一步提高执法办案的效率和水平。在“双 11”等重要时间节点，组织开展打击网络专利侵权假冒“闪电”专项行动。制订知识产权系统社会信用体系建设方案。各地进一步加大执法办案工作力度，加快专利纠纷行政调解，加大对侵权假冒行为的打击力度。二是加快推进快速维权援助中心的建设。出台加强知识产权快速维权工作政策文件，推进在重点产业、海外展会、电商领域建立一批知识产权快速维权中心。各地按照建设要求，加快推进知识产权快速维权中心建设，持续创新快速维权机制，充分发挥中心快速确权、快速审查、快速调解的优势，为地方经济发展提供服务和支撑。

国务院于 2015 年发布的《关于新形势下加快知识产权强国建设的若干意见》要求，从加大知识产权侵权行为惩治力度、加大知识产权犯罪打击力度、建立健全知识产权保护预警防范机制三个方面加强知识产权保护。我国知识产权保护行动计划主要有：知识产权“雷电行动”，知识产权“天网行动”，知识产权“反盗版天天行动”，打击假冒、保护名优活动，以及打击利用互联网侵犯知识产权专项行动，但每年的专项行动名称和内容都有所不同。

国家知识产权局制定的《2016 年深入实施国家知识产权战略加快建设知识产权强国推进计划》提出的专项行动包括四类。第一类是第 12 次打击网络侵权盗版专项治理“剑网行动”，突出对网络（手机）文学、音乐、影视、游戏、动漫、软件等重点领域的专项整治，加强对 App、网络云存储空间、微博、微信等新型传播方式的版权监管。第二类是“红盾网剑”专项行动，重点监管网络交易平台，坚决打击网络商标侵权和销售假冒伪劣商品等违法行为。第三类是“清风”行动。加强邮递、快件渠道专项执法，打击互联网销售侵权商品的跨境运输。强化电商平台责任，打击互联网领域侵权假冒工作。第四类是电子商务领域专利执法维权“闪电”专项行动，加大对电商专利侵权行为的惩治力度。

第三节　高质量发展与最优知识产权保护强度

一、知识产权保护强度

我国知识产权保护的水平或强度一直是很多国家关注的一个重要问题，也是学者们近年来研究的一个热点。国家知识产权局的调查显示，我国知识产权保护社会满意度不断提高。国家知识产权局强国研究课题组构建了一套知识产权保护水平指标体系，该体系主要包括发明专利授权量、知识产权保护力度（来自世界经济论坛调查）、知识产权诉讼案件数量、知识产权保护社会满意度、知识产权案件平均赔偿额 5 个指标。经过测度，我国知识产权保护水平指数排名从 2008 年的第 23 位提高到 2012 年的第 3 位，仅落后于日本和美国，而高于芬兰和新加坡，法国、英国、德国排名仅为第 9 位、第 10 位、第 11 位。世界经济论坛的《全球竞争力报告》调查显示，我国知识产权保护水平在过去不断提高，从 2008 年的 3. 9 分提高到 2016 年的 4. 3 分。虽然我国知识产权保护水平在不断提高，但在全球主要国家的创新排名却在持续下降，我国在 130 多个国家中排名从 2008 年的第 53 位下降到 2016 年的第 63 位。

二、知识产权保护与创新

知识产权保护与创新的关系极为紧密。知识产权制度提供了知识产权专属性的方法。目前，很多人认为促进创新必须加强知识产权保护，但仍然有一些人甚至法学家和法官认为加强专利保护会阻碍创新。虽然专利制度在运行过程中还存在这样或那样的问题，但总体上有利于激励创新。大量的国内外案例已经证明，专利制度是创新的主要制度保障，加强专利保护有利于创新。研究表明，专利保护与研发投入及创新产出具有正相关性。加强专利保护有利于创新。但是，也有许多学术研究证明，过度的专利保护反而会抑制创新。还有一些学者则提出了折中的观点，他们认为在不同的收入阶段，需要的专利保护水平可能不同，专利保护水平与实际人均国民收入之间呈 U 形关系。各国关于知识产权制度废立和学者的争议证明，知识产权是一种垄断权，正是这种垄断权才促进技术创新，但过度的垄断也会影响创新。自主创新能力建设存在最优的专利保护水平，最优的保护水平随着自主创新投入、自主创新基础设施和技术引进规模的变化而变化。

加强专利保护到底是促进创新还是阻碍创新？我国的专利保护水平是高还是低？我国需要强知识产权保护还是弱知识产权保护？有没有最优的专利保护水平？这些问题是影响我国创新驱动发展和知识产权强国建设决策的重要理论问题，必须加以解决。

实际上，现有研究并没有深入把握知识产权保护与创新的内涵特征，以及它们之间的关系。加强知识产权保护是指未经知识产权权利人许可的制造、销售、进口行为要付出的代价更高，从而使侵权行为发生得更少。创新是发明的首次商业化，既包括权利人自行实施的商业化，也包括将知识产权转移给他人并由他人实施的商业化。对权利人来说，加强知识产权保护，权利人为维护知识产权权利的成本降低，获得侵权赔偿会提高，这会降低侵权行为的发生，从而使权利人能够获得超出平均利润更高的利润。从这一点看，加强知识产权保护有利于权利人自行实施的创新。从他人实施的角度看，加强知识产权保护，权利人可能会提高知识产权转让许可或作价投资的价格，但权利人提高价格反而会降低知识产权转让许可和入股的可能性。在知识产权转移过程中，只有买卖双方达成一致才能将知识产权转移出去。在不完全竞争甚至垄断竞争和存在严重信息不对称的知识产权交易市场中，加强知识产权保护，即使权利人有意愿提高知识产权的价格，但他也不可能将知识产权转移出去。他人实施的创新主要是知识产权的转让许可或技术扩散过程，而转让许可和扩散过程主要是由市场供求关系决定的。因此，从这点来看，在有知识产权保护的情况下，加强知识产权保护对限制或降低知识产权转移数量的作用有限。

实行低水平的知识产权保护虽然有利于学习，但有利于的是简单化的模仿和重复，而模仿和重复并不是创新。长期实行低水平的知识产权保护会助长模仿和重复行为，不但会打击权利人自行实施的创新积极性，也会造成模仿者和重复者产生路径依赖而失去创新能力。严格知识产权保护，就会降低他人模仿和重复的可能性，权利人自行实施的创新活动就会得到充分保障和激励，他人模仿和重复的成本提高，就会通过市场转让或许可获得知识产权，在保护权利人知识产权的同时，也有利于知识产权的合理流动。

实行严格的知识产权保护制度，提高知识产权保护水平，可能影响或阻碍创新的是知识产权权利人滥用知识产权。这种滥用主要表现为，在具有市场优势地位的情况下，权利人谋取知识产权的高价，签订搭售、回授等不合理的许可条款，在这种滥用知识产权的情况下会阻碍创新，需要用竞争法进行规制。

三、最优专利保护强度

20 世纪 60 年代以来，许多学者运用经济学理论研究了最优的专利制度设计，研究了专利最优保护长度即保护期限问题，研究了最优专利宽度即专利权利要求的覆盖范围问题。现在，专利制度在发达国家跨国公司对商业利益的追逐中呈现工具化的特征，专利在权利人手中开始演变成压制竞争、从事垄断与恐吓对手的手段，专利制度的设计不能仅仅考虑社会福利的最大化，还应当考虑如何在较短的时间内促进本国自主创新能力的提升。在我国建设创新型国家的过程中，知识产权保护水平应当以促进我国自主创新能力建设为目标，促进自主创新能力的快速提升。

为促进我国高新技术产业自主创新能力建设，我国需要不断提高专利保护水平。当前，我国知识产权保护最大的问题是知识产权保护水平不能适应自主创新和创新驱动发展战略实施的要求。主要表现在专利法等主要知识产权法律坚持知识产权侵权“填平原则”而没有建立惩罚性赔偿制度。在实际司法审判中，由于没有建立惩罚性赔偿制度，侵权赔偿额度一直较低。据统计，我国法定案件占比很高，高达90%以上，在法定专利侵权赔偿额方面，2008—2012年平均赔偿额只有8.36万元。我国近几年知识产权侵权赔偿额已有大幅度提高，如2016年北京知识产权法院公布的2015年和2016年平均专利侵权赔偿额提高到46万元和138万元，商标权侵权赔偿额提高到62万元和233万元，著作权侵权赔偿额提高到24万元和46万元。

为深入实施创新驱动发展战略，建设知识产权强国，我国必须实行严格的知识产权保护制度，应逐步提高知识产权保护水平。

第一，完善知识产权法基本制度。除了应明确规定知识产权民事权利外，还要明确规定知识产权保护的基本原则和程序。最好能制定知识产权基本法，统一知识产权保护的客体、程序，以及司法保护和行政执法保护的职能等。还应在专利法、商标法中明确行政执法的职能和维护公共利益的职能，增加行政执法政策对故意侵权的惩罚性处罚规定。要制定中国的商业秘密保护法，完善商业秘密保护的法律制度。

第二，建立健全以司法体系为主导的知识产权保护体制，形成司法保护与行政执法有机衔接、社会保护同步运行的保护格局。要建立省级知识产权中级人民法院或知识产权法庭，建立知识产权高级法院，受理知识产权二审案件、复审无效案件和上诉案件，统一知识产权侵权审判标准。全面推行知识产权行政、民事、刑事案件“三审合一”，还要建立跨区域知识产权案件异地审理机制。

第三，加强知识产权行政执法。应建立统一的知识产权审查机构，并与产业发展、贸易职能结合。整合专利、商标等现有行政执法，建立统一的知识产权综合行政执法体系，明确执法权限，统一执法标准，完善执法程序，加强知识产权行政执法能力建设，加快执法工作制度建设，完善执法办案规范，提高执法办案水平与效率。加强执法条件建设，通过建立执法案件报送系统、执法人员信息管理系统、维权援助举报投诉系统，提高执法工作信息化水平。严格行政执法人员资格管理，健全执法目标责任制，落实执法激励措施，规范开展行政执法。完善执法维权绩效考核评价制度、举报投诉奖励与维权援助制度、执法管理监督制度、执法办案电话公开和接听值班制度，提高执法工作规范化水平。加快完善行政执法与司法衔接和互认机制。

知识产权保护法规和政策是激励和保障创新的重要工具，必须破除加强知识产权保护会阻碍创新的落后观念和政策制定思维。加强知识产权保护必须不断完善我国知识产权相关法律制度和各项知识产权保护政策。完善知识产权保护制度，改革完善知识产权保护政策，重要的是要制定知识产权基本法，完善专利法、商标法、著作权法等部门法，建立与创新驱动发展战略和知识产权强国建设相适应的惩罚性赔偿制度和行政执法制度，统一知识产权保护的基本制度和规则。

作为最大的发展中国家，我国知识产权部门肩负着艰巨的知识产权激励科技创新、支撑产业发展和营造公平竞争营商环境的重任。但知识产权工作不是简单的市场监管，不是简单的行政执法，国家层面知识产权审查工作应当符合产业创新发展的需要；地方知识产权行政管理应为促进地方产业的创新发展服务，为经济社会发展服务。知识产权行政执法与行政管理需要有机融合，通过严格保护促进公平贸易和产业创新发展。因此，我国要建立司法主导制度规则和重大案件审理，行政执法快速高效维权与司法有机衔接，社会积极参与保护的大保护体系。要把加强知识产权保护与规制知识产权滥用有机结合，有效发挥知识产权保护对技术创新、产业发展、公平竞争的激励和保障作用。

第十章

知识产权高质量管理评价

知识产权保护和管理贯穿于创造和运用2个环节，而知识产权管理则贯穿知识产权创造、运用和保护3个环节。知识产权管理在整体知识产权工作中处于桥梁、纽带和联系互动的关键地位。提升管理效率，支撑创新驱动发展，需要不断完善知识产权管理政策，需要不断完善知识产权发展战略规划政策，不同创新主体和中介机构的管理政策，科技、贸易、人才等重大事项知识产权政策和区域知识产权政策。

第一节　知识产权高质量管理体系

从知识产权管理环节看，知识产权创造、运用、保护和管理是既相互独立又相互衔接的4个环节，但知识产权的创造、运用和保护离不开对知识产权的有效管理。有效的知识产权管理对于促进知识产权创造、运用和保护都具有极为重要的作用。

根据管理主体的不同，知识产权管理可分为知识产权工商管理与知识产权公共管理2个板块；可分为政府行政部门知识产权管理、企业知识产权管理、事业单位知识产权管理、行业知识产权管理；可分为以政府为主体的知识产权行政管理、以企业为主体的企业知识产权管理，以及以高等学校、科研院所为主体的知识产权管理。知识产权管理可分为政府行政部门的知识产权管理、企业知识产权管理、事业单位知识产权管理、行业知识产权管理、中介机构的知识产权管理、个人知识产权管理6种类型。

由于各类主体的相似性，从主体出发划分知识产权管理，很难制定有效的知识产权管理政策。知识产权管理政策应当主要面向提高效率和解决问题，知识产权管理政策以混合分类为宜。根据现有关于知识产权管理分类的研究，本书作者认为，知识产权管理政策应主要包括国家和地方政府的知识产权发展规划管理政策、知识产权中介机构管理政策、知识产权人才管理政策、企事业单位知识产权管理政策、行业知识产权管理政策、区域知识产权管理政策，以及科研、贸易领域知识产权管理政策等。

一、知识产权发展规划管理

知识产权发展规划管理指国家知识产权行政管理政策中涉及知识产权发展战略和规划制定实施的政策。既包括政府发布的各类知识产权战略、发展规划、年度计划、行动计划，也包括科技、创新、产业、贸易等国家和地方重要战略规划计划中的知识产权发展战略、规划和计划。

自2008年6月5日国务院发布《国家知识产权战略纲要（2008—2020年）》（以下简称《纲要》）以来，我国制定并实施了一大批知识产权战略、规划和计划。《纲要》首次明确了我国知识产权事业发展的方针是“激励创造、有效运用、依法保护、科学管理”，提出了我国知识产权事业发展的目标是“到2020年，把我国建设成为知识产权创造、运用、保护和管理水平较高的国家”。为实现上述目标，《纲要》提出了完善知识产权制度、促进知识产权创造和运用、加强知识产权保护、防止知识产权滥用、培育知识产权文化五大战略任务，提出了专利、商标、版权、商业秘密、植物新品种、国防知识产权六大专项任务，提出了提升知识产权创造能力、鼓励知识产权转化运用、加快知识产权法制建设、提高知识产权执法水平、加强知识产权行政管理、发展知识产权中介服务、加强知识产权人才队伍建设、扩大知识产权对外交流合作等九大战略措施。

为深入落实《国家知识产权战略纲要（2008—2020年）》，我国又先后发布了《全国专利事业发展战略（2011—2020年）》《关于贯彻落实〈国家知识产权战略纲要〉大力推进商标战略实施的意见》《国家知识产权事业发展“十二五”规划》《“十三五”国家知识产权保护和运用规划》，以及年度《知识产权战略推进计划》《知识产权保护行动计划》《全国专利事业发展战略推进计划》等重要的知识产权发展战略、规划和计划。

2015年12月22日，深入实施创新驱动发展战略，深化知识产权领域改革，加快知识产权强国建设，国务院发布《关于新形势下加快知识产权强国建设的若干意见》，提出了建设知识产权强国的指导思想，提出了“坚持战略引领，坚持改革创新，坚持市场主导，坚持统筹兼顾”的知识产权强国建设基本原则，还提出了推进知识产权管理体制机制改革，实行严格的知识产权保护，促进知识产权创造运用，加强重点产业知识产权海外布局和风险防控，提升知识产权对外合作水平和加强组织实施与政策保障6个方面共29项举措。

进入“十三五”以来，随着我国成为世界第一知识产权大国，知识产权保护和运用不适应创新驱动发展需要的问题日益突出。2016年12月30日，国务院发布《“十三五”国家知识产权保护和运用规划》，第一次将知识产权发展规划上升为国家重点专项规划。该规划提出了知识产权发展环境显著优化、知识产权效益充分显现、知识产权综合能力大幅提升三大发展目标，尤其是明确了到2020年每万人口发明专利拥有量达到12件、PCT专利申请量达到6万件的指标。该规划提出了深化知识产权领域改革、实行严格知识产权保护、促进知识产权高效运用3个方面的任务，并提出了完善知识产权法律制度、提升知识产权保护水平、提高知识产权质量效益、加快知识产权强省强市建设、加强知识产权强企建设、推动产业升级发展、统筹区域知识产权发展、促进知识产权开放合作8个方面共27项重点工作，以及加强知识产权交易运营体系建设、加强知识产权公共服务体系建设、加强知识产权人才培育体系建设、加强知识产权文化建设四大重大专项，还提出了知识产权法律完善、知识产权保护、专利质量提升、知识产权强企、知识产权评议、知识产权海外维权、知识产权投融资服务、知识产权信息公共服务平台建设、知识产权文化建设共9个专项工程。国务院于2021年10月9日印发了《“十四五”国家知识产权保护和运用规划》（下称《规划》），《规划》明确了“十四五”时期开展知识产权工作的指导思想、基本原则、主要目标、重点任务和实施保障措施，对未来五年的知识产权工作进行了全面部署。坚持质量优先、强化保护、开放合作、系统协同，到2025年，知识产权强国建设阶段性目标任务如期完成，知识产权领域治理能力和治理水平显著提高，知识产权事业实现高质量发展，有效支撑创新驱动发展和高标准市场体系建设，有力促进经济社会高质量发展。《规划》提出知识产权保护迈上新台阶、知识产权运用取得新成效、知识产权服务达到新水平、知识产权国际合作取得新突破四个主要目标，设立“每万人口高价值发明专利拥有量”等八个主要预期性指标。《规划》围绕五个方面部署了重点任务，一是全面加强知识产权保护激发全社会创新活力，完善知识产权法律政策体系，加强知识产权司法保护、行政保护、协同保护和源头保护。二是提高知识产权转移转化成效支撑实体经济创新发展，完善知识产权转移转化体制机制，提升知识产权转移转化效益。三是构建便民利民知识产权服务体系促进创新成果更好惠及人民，提高知识产权公共服务能力，促进知识产权服务业健康发展。四是推进知识产权国际合作服务开放型经济发展，主动参与知识产权全球治理，提升知识产权国际合作水平，加强知识产权保护国际合作。五是推进知识产权人才和文化建设夯实事业发展基础。围绕五大任务，《规划》还设立了商业秘密保护工程等十五个专项工程。按照《规划》明确的主要目标，“十四五”时期，我国每万人口高价值发明专利拥有量达到 12 件，海外发明专利授权量达到 9 万件，知识产权质押融资登记金额达到 3200 亿元，知识产权使用费年进出口总额达到 3500 亿元，专利密集型产业增加值占 GDP 比重达到 13%，版权产业增加值占 GDP 比重达到 7.5%，知识产权保护社会满意度达到 82 分，知识产权民事一审案件服判息诉率达到 85%，以确保知识产权强国建设阶段性目标任务如期完成。

除了上述知识产权发展战略和规划外，我国涉及知识产权发展的重要规划主要有《国民经济和社会发展第十三个五年规划纲要》《国家中长期科学和技术发展规划纲要（2006—2020 年）》《国家创新驱动发展战略纲要》《中国制造 2025》等。2016 年 3 月 18 日发布的《国民经济和社会发展第十三个五年规划纲要》共有 19 个方面涉及知识产权工作。《国民经济和社会发展第十三个五年规划纲要》继续将“每万人口发明专利拥有量”列入考核评价指标体系，并将该指标的目标确定为 12 件，要求深化知识产权领域改革，强化知识产权司法保护；实施严格的知识产权保护制度，完善有利于激励创新的知识产权归属制度，建设知识产权运营交易和服务平台，建设知识产权强国；加强知识产权保护和反垄断执法，深化执法国际合作；强化涉外法律服务，建立知识产权跨境维权援助机制。

我国于2006年2月9日发布的《国家中长期科学和技术发展规划纲要（2006—2020年）》提出实施知识产权战略和技术标准战略，要求加强知识产权保护，建立重大经济活动知识产权特别审查机制，防止知识产权滥用，将知识产权管理纳入科技管理全过程，强化知识产权意识，加强知识产权管理，发挥行业协会重要作用，建立健全从业资格制度和社会信用制度。以及产生一批具有重大意义的发明创造，组织产学研联合攻关，将形成技术标准作为国家科技计划的重要目标，推动技术法规和技术标准体系建设，积极参与国际标准的制定，推动我国技术标准成为国际标准等。

2016年5月19日，为落实党的十八大提出的实施创新驱动发展战略要求，中共中央、国务院发布了《国家创新驱动发展战略纲要》，提出了到2020年进入创新型国家行列，2030年跻身创新型国家前列，2050年建成世界科技创新强国的目标，提出了坚持双轮驱动、建设一个体系、推动六大转变的三大战略部署，提出了包括产业创新、原始创新、区域创新、军民融合创新、企业创新、重大工程项目、创新人才队伍、创新创业八大任务和六大保障措施。该文件在措施中特别强调“实施知识产权、标准、质量和品牌战略”，要求加快建设知识产权强国，提升中国标准水平，推动质量强国和中国品牌建设。

2015年5月20日，国务院印发《中国制造2025》，部署全面推进实施制造强国战略。《中国制造2025》提出了通过“三步走”实现制造强国的战略目标，2025年迈入制造强国行列，2035年达到世界制造强国阵营中等水平，到新中国成立一百年时进入世界制造强国前列，尤其是提出了2025年规模以上制造业每亿元主营业务收入有效发明专利数达到1.1件的指标，并明确了提高国家制造业创新能力等9项战略任务和重点。在提升制造业创新能力中重点要求“强化知识产权运用”，尤其是“加强制造业重点领域关键核心技术知识产权储备，构建产业化导向的专利组合和战略布局”；“培育一批具备知识产权综合实力的优势企业”；“推动市场主体开展知识产权协同运用”；“稳妥推进国防知识产权解密和市场化应用”；“建立健全知识产权评议机制”；“构建知识产权综合运用公共服务平台”；“鼓励开展跨国知识产权许可”；“降低中小企业知识产权申请、保护及维权成本的政策措施”；“加快发展知识产权服务业”；“加快发展技术市场，健全知识产权创造、运用、管理、保护机制”。

近年来，国家和地方政府制定了很多知识产权战略、规划和计划，对于明确知识产权事业发展的目标、任务和措施具有重要作用。但这些战略、规划和计划很多是方向性政策、号召性政策，可操作性还不强，而且缺乏具体的财政税政策工具，在一定程度上影响实施效果。

二、企事业单位知识产权管理政策

企事业单位是我国知识产权创造和运用的主体，企事业单位的知识产权管理是我国知识产权管理的重点。企事业单位知识产权管理政策对于加强企事业单位的知识产权管理能力，提升创新能力和竞争力具有极为重要的作用。企事业单位的知识产权管理政策可以是政府出台的指导性管理政策，也可以是企事业单位自己制定的知识产权管理政策。因此，企事业单位知识产权管理政策主要包括支持和引导企事业单位制定知识产权管理战略规划的政策，建设知识产权组织机构与人员配置的政策，开展科技创新活动的知识产权管理政策，以及企事业单位关于知识产权管理体系、知识产权资源管理、科研活动知识产权管理、生产经营知识产权等方面的政策。

在中国专利局 1990 年印发的《企业专利工作办法（试行）》，以及于 1994 年印发、2000 年修改的《企业专利工作管理办法（试行）》、2004 年印发的《关于进一步加强高校知识产权工作的若干意见》、2007 年印发的《企业专利工作交流试行办法》等政策的基础上，国家知识产权局近年来又制定了一系列涉及企事业单位知识产权管理的政策，如 2010 年印发的《关于加强知识产权质押融资与评估管理，支持中小企业发展的通知》、2012 年印发的《企业专利信息利用工作指南（试行）》、2009 年印发的《关于实施中小企业知识产权战略推进工程的通知》、2014 年印发的《关于知识产权支持小微企业发展的若干意见》，形成了企事业单位知识产权管理政策体系的基础。

为进一步加强知识产权管理，2014 年 7 月 15 日，国家知识产权局等 8 个部门联合印发了《关于深入实施国家知识产权战略，加强和改进知识产权管理的若干意见》（以下简称《意见》）。《意见》提出："鼓励有条件的高等院校和科研院所设立集知识产权管理、转化运用为一体的机构，统筹知识产权管理工作。"国家知识产权局和国家标准委于 2013 年发布了《企业知识产权管理规范》，2015 年发布了高校和科研组织《知识产权管理规范》。为培育国家知识产权优势企业和国家知识产权示范企业，国家知识产权局印发了《国家知识产权优势企业培育工作方案》《国家知识产权优势企业知识产权评价指标体系（试行）》《国家知识产权示范企业培育工作方案》《国家知识产权示范企业知识产权评价指标体系（试行）》。上述政策构建了我国企事业单位知识产权管理的政策体系基本框架。

总结我国企事业单位的知识产权管理政策，可以发现有以下三个特点。一是企事业单位知识产权管理政策大多具有宏观性、指导性特点，我国知识产权管理政策在引导和支持企事业单位构建现代知识产权管理机构的作用有待进一步充分发挥。二是我国现有知识产权管理政策大多数是号召性政策和事务性政策，现有知识产权管理需要强化支撑性政策工具。三是现有知识产权管理政策需要进一步完善。无论是政府政策还是企事业单位自身的知识产权管理政策还没有完全涵盖企事业单位知识产权管理机构与职责、知识产权管理流程、知识产权管理人员、知识产权专项资金、知识产权信息系统、知识产权获取运用与保护、知识产权合同、知识产权保密、知识产权与技术转移、科研生产销售活动知识产权管理等内容。

知识产权示范和优势培育企业是近几年国家知识产权局重点推动的工作。2013 年，国家知识产权局开始启动国家知识产权示范企亚和优势企业培育工作，截至 2016 年底共确定 286 家企业为国家级知识产权示范企业，2003 家企业为国家级知识产权优势企业。《国家知识产权示范企业培育工作方案》要求着力强化企业知识产权战略管理能力、企业知识产权产出能力、企业知识产权国际运营能力、企业知识产权风险管控能力。其中在战略管理能力上，要求企业建立与其战略目标相匹配的知识产权管理体系与管理模式，但并没有提出有效的组织管理体系和模式是什么和有哪些。在产出能力上要求加强国内外知识产权战略布局，但并没有提出有效的布局方法。在国际运营能力中，要求促进知识产权与资本市场的高效对接，但并没有提出对接的方法和具体要求。在风险管控能力上，要求企业建立贯穿立项、研发、采购、生产、销售全过程的知识产权侵权预警机制和风险监控机制，但并没有要求实行知识产权全过程管理。还要求企业开展专利与标准前瞻研究，积极参与标准化工作，但并没有提出标准与专利实质性结合的具体方法。

完善企事业单位知识产权管理政策，需要发布系列宏观的指导政策，但也需要制定一些具体的可实施的政策，还需要企事业单位制定自己的包括知识产权归属、技术许可协议、利益冲突等知识产权管理政策。如马普学会制定的政策主要有《发明人指南》《发明披露表格》《知识和技术转移指南》《秘密公开协议》《材料转移协议》《衍生公司指南》《创办企业的办法》。美国斯坦福大学制定的知识产权政策和各种许可协议有四类：一是知识产权政策，包括《理事会政策》《知识产权手册》《关于许可大学技术的九个要点》；二是与院系相关企业许可的政策，包括《院系关于承诺和利益冲突的政策》《学术理事会成员的外部咨询活动》《院系咨询政策》《院系咨询活动要求和协议概要》《学术理事会成员外部咨询活动》《设立与斯坦福大学相关创业企业的大学投资规定》；三是《材料转移协议》；四是《医疗技术评估协议》。

三、知识产权中介机构管理

加强知识产权中介服务机构管理是知识产权管理政策的重要内容。《国家知识产权战略纲要（2008—2020年）》提出发展知识产权中介服务，要求完善知识产权中介服务管理。国务院《关于新形势下加快知识产权强国建设的若干意见》提出，要优化知识产权公共服务；改善知识产权服务业及社会组织管理；加强知识产权交易平台建设；完善海外知识产权风险预警体系。《“十三五”国家知识产权保护和运用规划》也提出，构建知识产权运营公共服务平台体系，建成便民利民的知识产权信息公共服务平台；深化知识产权领域改革，放宽知识产权服务业准入。

《专利代理条例》（2018年修订）规定了专利代理机构的组织形式，设立专利代理机构的条件，专利代理师的资格，专利代理执业范围，专利代理机构变更名称、经营场所、合伙人或者股东、法定代表人或者执行事务合伙人事项和专利代理机构与专利代理师的法律责任等内容。

专利代理机构的组织形式有合伙企业、有限责任公司两种类型。合伙企业、有限责任公司形式的专利代理机构从事专利代理业务应当具备下列条件：（一）有符合法律、行政法规规定的专利代理机构名称；（二）有书面合伙协议或者公司章程；（三）有独立的经营场所；（四）合伙人、股东符合国家有关规定。从事专利代理业务，应当向国务院专利行政部门提出申请，提交有关材料，取得专利代理机构执业许可证。国务院专利行政部门应当自受理申请之日起 20 日内作出是否颁发专利代理机构执业许可证的决定。专利代理机构合伙人、股东或者法定代表人等事项发生变化的，应当办理变更手续。具有高等院校理工科专业专科以上学历的中国公民可以参加全国专利代理师资格考试；考试合格的，由国务院专利行政部门颁发专利代理师资格证。专利代理师资格考试办法由国务院专利行政部门制定。专利代理师执业应当取得专利代理师资格证，在专利代理机构实习满 1 年，并在一家专利代理机构从业。专利代理师首次执业，应当自执业之日起 30 日内向专利代理机构所在地省、自治区、直辖市人民政府管理专利工作的部门备案。

专利代理机构可以接受委托，代理专利申请、宣告专利权无效、转让专利申请权或者专利权以及订立专利实施许可合同等专利事务，也可以应当事人要求提供专利事务方面的咨询。专利代理机构接受委托，应当与委托人订立书面委托合同。专利代理机构接受委托后，不得就同一专利申请或者专利权的事务接受有利益冲突的其他当事人的委托。专利代理机构应当指派在本机构执业的专利代理师承办专利代理业务，指派的专利代理师本人及其近亲属不得与其承办的专利代理业务有利益冲突。专利代理机构解散或者被撤销、吊销执业许可证的，应当妥善处理各种尚未办结的专利代理业务。专利代理师应当根据专利代理机构的指派承办专利代理业务，不得自行接受委托。专利代理师不得同时在两个以上专利代理机构从事专利代理业务。专利代理师对其签名办理的专利代理业务负责。专利代理机构和专利代理师对其在执业过程中了解的发明创造的内容，除专利申请已经公布或者公告的以外，负有保守秘密的义务。专利代理机构和专利代理师不得以自己的名义申请专利或者请求宣告专利权无效。国务院专利行政部门和地方人民政府管理专利工作的部门的工作人员离职后，在法律、行政法规规定的期限内不得从事专利代理工作。曾在国务院专利行政部门或者地方人民政府管理专利工作的部门任职的专利代理师，不得对其审查、审理或者处理过的专利申请或专利案件进行代理。

专利代理机构与专利代理师违反有关规定应承担相应法律责任。专利代理机构有下列行为之一的，由省、自治区、直辖市人民政府管理专利工作的部门责令限期改正，予以警告，可以处10万元以下的罚款；情节严重或者逾期未改正的，由国务院专利行政部门责令停止承接新的专利代理业务6个月至12个月，直至吊销专利代理机构执业许可证：（一）合伙人、股东或者法定代表人等事项发生变化未办理变更手续；（二）就同一专利申请或者专利权的事务接受有利益冲突的其他当事人的委托；（三）指派专利代理师承办与其本人或者其近亲属有利益冲突的专利代理业务；（四）泄露委托人的发明创造内容，或者以自己的名义申请专利或请求宣告专利权无效；（五）疏于管理，造成严重后果。专业代理机构在执业过程中泄露委托人的发明创造内容，涉及泄露国家秘密、侵犯商业秘密的，或者向有关行政、司法机关的工作人员行贿，提供虚假证据的，依照有关法律、行政法规的规定承担法律责任；由国务院专利行政部门吊销专利代理机构执业许可证。专利代理师有下列行为之一的，由省、自治区、直辖市人民政府管理专利工作的部门责令限期改正，予以警告，可以处5万元以下的罚款；情节严重或者逾期未改正的，由国务院专利行政部门责令停止承办新的专利代理业务6个月至12个月，直至吊销专利代理师资格证：（一）未依照本条例规定进行备案；（二）自行接受委托办理专利代理业务；（三）同时在两个以上专利代理机构从事专利代理业务；（四）违反本条例规定对其审查、审理或者处理过的专利申请或专利案件进行代理；（五）泄露委托人的发明创造内容，或者以自己的名义申请专利或请求宣告专利权无效。

2002年12月12日，国家知识产权局发布《专利代理惩戒规则（试行）》，规定了对专利代理机构的惩戒类型和情形，以及惩戒委员会的组织、职责和惩戒程序等事项。对专利代理机构的惩戒类型有4种：（1）警告；（2）通报批评；（3）停止承接新代理业务3~6个月；（4）撤销专利代理机构。对代理机构惩戒的情形有9种：（1）申请设立时隐瞒真实情况，弄虚作假的；（2）擅自改变主要登记事项的；（3）擅自设立分支机构的；（4）年检逾期又不主动补报的；（5）以不正当手段招揽业务的；（6）接受委托后，无正当理由拒绝进行代理的；（7）就同一专利申请或者专利案件接受有利害关系的其他委托人的委托的；（8）因过错给当事人造成重大损失的；（9）从事其他违法业务活动，或者违反国务院有关规定的。对于违反专利法规定，泄露委托人发明创造的内容的；剽窃委托人的发明创造的；向专利行政部门的工作人员行贿的，或者指使、诱导当事人行贿的；提供虚假证据、隐瞒重要事实的，或者指使、引诱他人提供虚假证据、隐瞒重要事实的；受刑事处罚的（过失犯罪除外）；从事其他违法业务活动后果严重的，应当给予专利代理机构第（3）项或者第（4）项规定的惩戒。

我国已经明确知识产权咨询服务业包括信息、法律、代理、咨询、商用化、培训等多种类型，专利代理事务不只是代理服务，其他服务类型也是我国代理机构应当努力的方向，因此，“代理专利申请、宣告专利权无效、转让专利申请权或者专利权以及订立专利实施许可合同等专利事务，也可以应当事人要求提供专利事务方面的咨询”的代理范围仍然可以进一步扩充。可以考虑增加“专利申请权、专利权转让许可，专利组合或专利池开发，以及专利实施与许可合同订立”等内容。《专利代理条例》规定，专利代理行业组织应当加强对会员的自律管理，组织开展专利代理师业务培训和职业道德、执业纪律教育，对违反行业自律规范的会员实行惩戒。国务院专利行政部门和省、自治区、直辖市人民政府管理专利工作的部门应当采取随机抽查等方式，对专利代理机构和专利代理师的执业活动进行检查、监督，发现违反本条例规定的，及时依法予以处理，并向社会公布检查、处理结果。检查不得收取任何费用。现实中确实存在一些代理机构接受委托和收取费用后不履行或怠于履行代理义务，出现给委托人造成损失的情况，应进一步明确内容，允许客户向有关政府部门进行投诉。因此，应增加一条“不履行或者怠于履行专利代理义务的，受到委托人多次投诉，或者给委托人造成损失的”情形。

四、区域知识产权管理

区域创新体系是国家创新体系的子体系，区域知识产权管理是知识产权管理工作的主要抓手。加强知识产权科学管理需要进一步加强知识产权的区域管理。我国目前的知识产权区域管理工作主要是知识产权全面创新改革试验、知识产权强省强市建设和知识产权区域布局试点三个方面。

为深入实施创新驱动发展战略，2015 年 3 月 13 日，中共中央、国务院发布了《关于深化体制机制改革，加快实施创新驱动发展战略的若干意见》，提出“推进全面创新改革试验”，要求“遵循创新区域高度集聚的规律，在有条件的省（自治区、直辖市）系统推进全面创新改革试验，授权开展知识产权、科研院所、高等教育、人才流动、国际合作、金融创新、激励机制、市场准入等改革试验，努力在重要领域和关键环节取得新突破，及时总结推广经验，发挥示范和带动作用，促进创新驱动发展战略的深入实施”。

2015 年 9 月 7 日，中共中央办公厅、国务院办公厅印发了《关于在部分区域系统推进全面创新改革试验的总体方案》，选择京津冀 1 个跨省级行政区域、上海、广东、安徽、四川共 4 个省级行政区域和武汉、西安、沈阳共 3 个省级行政区域核心区进行系统部署，重点促进经济、社会和科技等领域改革的相互衔接和协调，探索系统改革的有效机制、模式和经验。8 个全面创新改革试验区涉及知识产权试验的主要有：（1）实行严格的知识产权保护制度，营造公平、竞争的良好市场环境；（2）研究建立科技创新、知识产权与产业发展相结合的创新驱动发展评价指标，强化创新政策与相关政策的统筹协调；（3）推进构建以企业为主体、政产学研用相结合的技术创新体系，加强知识产权运用和服务，促进创新资源向企业集聚，充分激发企业创新的内生动力；（4）完善知识产权归属和利益分享机制，探索充分体现智力劳动价值的分配机制。

目前，8 个全面创新改革试验区涉及知识产权的主要是知识产权审判模式的试验和地方知识产权综合管理改革的试验。审判试验的主要内容是“三审合一”审判模式，下一步进行试验的内容应包括知识产权中级人民法院和知识产权高级法院设置、惩罚性赔偿制度、无效与诉讼程序有效衔接等。

2004 年 11 月 12 日，国家知识产权局印发《关于知识产权试点示范工作的指导意见》（以下简称《指导意见》），启动了知识产权试点和示范城市的创建工作。《指导意见》提出了知识产权试点示范工作的主要目的、指导方针、基本思路、工作原则和总体要求，知识产权试点示范工作应具备的基本条件和申报程序，知识产权试点示范工作的实施和管理。截至2017年上半年，全国共有64个试点和示范城市。其中副省级14个，地市级41个，县（区）9个。为加强知识产权试点和示范城市的管理，2011年12月21日，国家知识产权局下发《关于印发〈国家知识产权试点和示范城市（城区）评定办法〉的通知》，评价指标包括政府投入、知识产权产出、知识产权运用、知识产权保护、知识产权环境指标，以及加分项等指标、工作特色指标。2012年12月27日，国家知识产权局印发的《关于加强试点城市分类指导工作的通知》提出了试点主体的选取，主要包括知识产权制度创新、知识产权执法能力提升、知识产权运用能力提高、知识产权服务业发展、知识产权文化传播，以及试点方案的制订、评定和批复等。2014年6月13日，国家知识产权局印发《国家知识产权试点、示范城市（城区）评定和管理办法》，明确了试点和示范城市的评定条件、程序与管理方式等，并于2016年11月18日发布了修订后的办法。

知识产权强国建设是我国当前和今后一段时期知识产权工作的重点。国务院于2015年发布的《关于新形势下加快知识产权强国建设的若干意见》，标志着我国知识产权强国建设的序幕正式开启，国家知识产权局采取点线面结合、局省市联动的方式调动各方面的积极性，致力于建设中国特色世界水平的知识产权强国。点包括区域、产业，行政机关、司法机关，企业、科研院所、高校、自然人、行业协会、中介组织；线包括知识产权的获取、运用、保护和管理4条主线；面是指经济、科技、政治、贸易、外交、文化、法律等多个层面。

为落实国务院发布的《关于新形势下加快知识产权强国建设的若干意见》，国家知识产权局于2015年10月21日印发《加快推进知识产权强省建设工作方案（试行）》，提出了知识产权强省建设的远期目标和2030年目标。到2030年，基本形成布局合理、科学发展、支撑有力的知识产权强省建设战略格局。为此，提出了“试点探索、分类推进、分步实施、动态调整、整体升级”的工作方针，明确了引领型、支撑型、特色型知识产权强省建设的主要试点任务，并按照知识产权强省建设的总体思路和目标要求，制定了知识产权强省建设路线图和时间表。该方案还对知识产权试点示范城市建设提出了要求，引领型、支撑型强省试点省行政区域内60%和40%以上的地级市应成为知识产权示范城市，特色型强省试点省要建设2～3个知识产权示范城市。

2016年3月18日，国家知识产权局确定了13个知识产权强省试点省份的名单，批准上海、广东、江苏、四川4个省份建设引领型知识产权强省试点省份，全面提升知识产权综合实力，率先达到国际一流水平；批准河南、湖南、重庆等省份建设支撑型知识产权强省试点省份，推进知识产权重点环节突破发展，带动知识产权综合实力显著增强；批准甘肃、江西等省份建设特色型知识产权强省，聚焦区域特色领域，培育形成知识产权新优势。引领型强省试点省份任务有5项：一是构建知识产权驱动型创新生态体系；二是推进中国特色知识产权制度的地方实践；三是全面深化知识产权领域综合改革；四是培育发展知识产权密集型产业；五是提升区域知识产权国际竞争力。支撑型强省试点省份任务主要有4项：一是提升知识产权支撑创新驱动发展能力；二是健全知识产权制度实施体系；三是推进知识产权重点环节专项改革试验；四是支撑优势产业转型升级。特色型知识产权强省建设试点省份主要任务有4项：一是营造激发创新活力的知识产权环境；二是强化知识产权基础能力建设；三是培育知识产权特色优势；四是助推特色产业做大做强。知识产权强省建设分三个阶段推进：2015—2020年为第一阶段，分批布局知识产权强省建设试点省份，着力探索路径，总结经验；2020—2025年为第二阶段，对试点省份进行考核评价，确定一批知识产权强省建设示范省份，着力推广经验，深化发展；2025—2030年为第三阶段，确定一批知识产权强省，着力引领带动，全面推进。

2016年11月9日，国家知识产权局印发《关于加快建设知识产权强市的指导意见》，提出到2020年，在长三角、珠三角、环渤海及其他国家重点发展区域建成20个左右知识产权引领型创新驱动发展之城；到2030年，在国家主要城市群中全面形成特色鲜明、体制顺畅、集聚融合、充满活力、更加开放的知识产权强市建设发展格局。知识产权强市建设包括五大工程：一是知识产权管理能力提升工程。推进知识产权管理体制机制改革，建立专利导航城市创新发展决策机制，建立知识产权促进创新创业服务机制，完善知识产权公共服务和政策体系。二是实施知识产权大保护工程。完善知识产权执法维权体系，拓宽知识产权纠纷多元解决渠道，建立知识产权保护社会监督网络体系，提升创新主体知识产权保护能力。三是实施知识产权运用促进工程。完善城市知识产权投融资服务体系，完善城市专利导航产业创新发展工作体系，构建城市知识产权运营生态体系。四是实施知识产权质量提升工程。建立城市知识产权创造质量提升体系，完善城市知识产权强企建设体系，建立城市产业集聚高端发展体系。五是实施知识产权发展环境建设工程。健全城市知识产权人才支撑体系，构建城市知识产权文化环境体系，提升城市知识产权对外合作水平。到目前为止，已启动18个知识产权强市试点市建设工作。

2015年6月8日，国家知识产权局办公室印发《关于开展知识产权区域布局试点申报工作的通知》，开始启动知识产权布局区域试点申报工作。2015年8月13日，国家知识产权局办公室发布《关于确定知识产权区域布局第一批试点地区的通知》，批准江苏省、广西壮族自治区、重庆市，浙江省宁波市、山东省潍坊市、广东省广州市和深圳市七省、区、市为知识产权区域布局第一批试点地区。2016年1月12日，国家知识产权局办公室又印发了《知识产权区域布局试点工作管理办法》。知识产权区域布局试点工作是指由国家知识产权局为推动知识产权区域布局而选择一批有条件的地方开展的系列工作，具体包括知识产权资源分析、与创新资源和产业发展的匹配度分析、形成指导和加强区域知识产权布局的政策文件、建设知识产权区域布局信息支撑与服务平台等工作。试点分为省级试点和市级试点。试点省（自治区、直辖市）知识产权局或试点城市人民政府是完成当地试点任务的责任主体，负责试点申报、组织实施、落实配套条件等工作。试点期限为3年。

2016年2月17日，国家知识产权局发布《知识产权区域布局试点工作方案》，明确了区域布局的5项主要任务：开展知识产权资源分析、开展知识产权区域布局综合评价、探索区域知识产权分类指导工作模式、建设知识产权资源布局信息平台、建立知识产权布局支撑服务体系。其中知识产权资源分析是指摸清知识产权资源在区域和产业层面的分布现状；研究知识产权资源与创新资源的匹配度，了解知识产权资源对地方产业发展和经济、社会的支撑情况；梳理区域内知识产权政策，以及与科技、经济、产业等政策间的衔接性。知识产权区域布局综合评价是指探索知识产权区域布局评价模型和指标体系，探索综合评价工具、空间分析方法和可视化表达方法等，绘制知识产权布局地图，确定知识产权发展区域类型和发展导向。

实际上，知识产权区域布局的基础是知识产权资源分析，目前提出的资源分析主要包括资源现状、产业匹配度、政策衔接性 3 个方面，尚缺乏知识产权资源在区域和产业层面分布的分析要求，知识产权资源与创新资源的匹配度及知识产权资源对地方产业发展和经济社会的支撑情况分析方法，以及知识产权政策与科技、经济、产业等政策间的衔接性分析方法。

第二节　科研创新与知识产权管理

一、知识产权管理与科技管理

在科研活动中，加强知识产权管理有利于提升科技创新的产出和效率，为此，我国 2006 年初颁布的《国家中长期科学和技术发展规划纲要（2006—2020 年）》提出："将知识产权管理纳入科技管理全过程，充分利用知识产权制度提高我国科技创新水平。"国务院于 2008 年发布的《国家知识产权战略纲要（2008—2020 年）》提出："建立重大科技项目的知识产权工作机制，以知识产权的获取和保护为重点开展全程跟踪服务。"国务院 2014 年转发国家知识产权局等 8 个部门的《关于深入实施国家知识产权战略，加强和改进知识产权管理的若干意见》提出："将知识产权管理全面纳入科技重大专项和国家科技计划全流程管理。在高技术产业化项目、重大技术改造项目、国家科技重大专项等项目中，探索建立知识产权专员制度，加强科研项目立项、执行、验收、评估及成果转化、运营等各环节的知识产权管理。"

虽然我国很多科研活动的知识产权管理政策提出实行科研活动的知识产权全过程管理，但一直没有制定知识产权全过程管理的方法、流程和支持政策。科研项目知识产权全过程管理的主要环节和任务不明确，科研项目知识产权全过程管理的方法和手段不清楚，科研项目知识产权全过程管理的政策措施不知道。由于这些问题，科研项目知识产权全过程管理并没有得到有效开展。

实际上，科研活动知识产权全过程管理是运用项目管理与知识产权的理论、方法和技术，将知识产权管理融入科研项目的立项审批、项目实施、项目验收、成果转化与推广全过程，在科研和创新过程中充分发挥知识产权的引导、支撑和服务作用，以知识产权促进科技创新和成果转化，提高科研和创新活动的效率。科研活动知识产权全过程管理的任务主要分为 3 个阶段。一是立项阶段，主要的管理任务有 4 项，包括知识产权检索分析管理、科研项目创新性管理、知识产权预警预测管理和知识产权战略布局管理。二是在验收阶段，管理任务共有 10 项，除了立项阶段的 4 项任务外，还包括知识产权申请获取管理、知识产权维持管理、技术标准管理、专利池管理、知识产权合同管理、知识产权转移在转化管理。三是验收后 3 年阶段，主要包括 5 项任务，主要是知识产权维持管理、技术标准管理、专利池管理、知识产权合同管理、知识产权转移转化管理。

为提高科技创新的效率，需要加强科研活动尤其是科研项目的知识产权全过程管理，需要制定科研活动知识产权全过程管理的政策。一是制定《重大科技项目知识产权全过程管理办法》。政府应建立科技计划项目知识产权全过程管理专项资金，支持一批科研项目开展知识产权全过程管理。要开展科研项目知识产权全过程管理试点示范，总结经验，发现问题，不断完善知识产权全过程管理的方法和管理模式，通过试点示范引导更多的企事业单位开展科研项目知识产权全过程管理。要开展科研项目知识产权全过程管理培训，培养一批面向科研项目开展知识产权全过程管理的人才队伍和机构，重点培养科研项目知识产权分析报告撰写能力和发明披露评估能力。要明确对重大科技专项和国家重大科技计划项目开展知识产权全过程管理情况进行考核。二是规定课题组必须聘用内部知识产权管理人员或外部服务机构开展知识产权全过程管理，知识产权管理人员必须服务于课题组开展科研项目知识产权全过程管理工作，为科研项目提供知识产权分析报告。课题组必须支付知识产权管理人员工作经费和合理报酬，课题组可以对其开展知识产权全过程情况进行评价，可以解聘服务不合格的内部知识产权管理人员或外部知识产权服务机构，聘用其他人员或机构，必要的时候可以采取一定的处罚措施，如不支付工作经费和报酬、收回相关经费等。三是企事业单位要安排专项工作经费用于聘用知识产权分析人员，支付工作津贴，可以参照现有科研人员绩效管理政策向提供独立知识产权分析报告、开展了知识产权全过程管理的知识产权管理人员或外部服务机构支付合理的绩效报酬。

二、技术标准知识产权管理

技术标准知识产权政策关系着产业的竞争力。技术标准是经过协商同意并经公认组织批准的为了共同和重复使用而提供规则、指南、活动及其结果之特征的文件，其目的是达到现有秩序的最佳状态。

国务院于2015年颁布的《关于新形势下加快知识产权强国建设的若干意见》提出："推动形成标准研制与专利布局有效衔接机制。研究制定标准必要专利布局指南。"国务院于2016年发布的《"十三五"国家知识产权保护和运用规划》也提出"支持联盟构筑和运营产业专利池，推动形成标准必要专利"。中共中央、国务院于2016年发布的《国家创新驱动发展战略纲要》更是特别要求"实施知识产权、标准、质量和品牌战略"，要求"提升中国标准水平。强化基础通用标准研制，健全技术创新、专利保护与标准化互动支撑机制，及时将先进技术转化为标准。推动我国产业采用国际先进标准，强化强制性标准制定与实施，形成支撑产业升级的标准群，全面提高行业技术标准和产业准入水平。支持我国企业、联盟和社团参与或主导国际标准研制，推动我国优势技术与标准成为国际标准"。

我国技术标准中的知识产权政策主要体现在国家标准化管理委员会、国家知识产权局于2013年发布的《国家标准涉及专利的管理规定（暂行）》，本文件规定了国家标准制定和修订过程中专利问题的处置要求和程序。其主要内容包括专利信息的披露、有关部门专利信息披露、专利许可和专利处置程序四部分。我国一些标准也规定了知识产权政策，如2006年《IT标准起草组织知识产权政策模板》。我国技术标准的知识产权政策主要有两个方面。一是标准专利披露政策。《国家标准涉及专利处置规则》要求知识产权权利人、标准参与人和有关机构披露专利信息，并规定了在标准制定的不同阶段专利信息披露的要求。还要披露专利许可条件：（1）合理无歧视免费许可；（2）合理无歧视许可；（3）不同意按照以上两种方式进行许可。二是标准专利许可政策。包括三种方式：（1）合理无歧视免费许可；（2）合理无歧视许可；（3）不同意按照以上两种方式进行许可。还规定了专利不许可的政策。AVS 等技术标准还规定了专利池许可政策。

我国一些企业已认识到技术标准知识产权的重要性。华为技术公司通过研发掌握技术标准自主知识产权、购买知识产权许可、知识产权交叉许可，加入专利池提升企业国际竞争力。华为每年会将其销售收入的 10%投入研发中，2016 年申请中国专利 4906 件，申请 PCT 专利 3692 件。每年会拿出销售收入的 1%即超过 1 亿美元的费用购买其他企业等重要知识产权的许可，减轻了其进军国际市场面临的知识产权压力。华为不断与苹果、爱立信等公司达成专利交叉许可协议。2016 年 11 月 17 日，华为参与 5G 通信标准制定，Polar Code 技术方案获得国际认可。大唐电信科技股份有限公司参与制定了众多通信领域国际标准，加入了 TD-SCDMA 专利池、AVS 专利池、闪联专利池等众多专利池，积极参加 SISVEL 公司 2012 年发起组建的 4GLTE 专利池，成为必要专利权人，拥有 678 项必要专利的 55 项，还加入了 SISVEL 建立的 Wi-Fi 专利池，在 267 项专利中拥有 108 项国内外专利，还参与了 SISVEL 发起的欧洲数字电视 DVB-T2 专利池的构建。

但是，我国技术标准知识产权规定总体上还过于宏观。《国家标准涉及专利的管理规定（暂行）》没有提出关于专利许可收益和分配的相关政策。另外，一些专利池实行免许可费政策，免费政策会导致必要专利权人加入技术标准专利池的积极性不高，重要成员会选择退出，造成专利池不稳定，覆盖面小。由于免许可费政策会导致一些拥有大量专利成员参加标准的积极性不高，专利许可收费政策缺乏合理性标准，RAND 原则实际操作存在困难，现有专利许可收益分配政策可操作性不强。

为此，我国必须制定有效的技术标准和知识产权战略，以自主知识产权尤其是专利为基础制定技术标准，并以标准为目标研发形成新的专利，在此基础上构建专利池实现相互许可和对第三方联合许可。要在有关技术标准政策和知识产权政策中进一步明确技术在标准的专利许可收益和分配的相关政策。要引导现有知识产权联盟构建基于技术标准的专利池，引导现有专利池制定科学、合理的收费和收益分配政策。

第三节　知识产权高质量人才培养与国际交流体系

一、知识产权高质量人才培养

目前，我国已初步形成了知识产权人才培养教育的宏观政策体系。国务院于2008年发布的《国家知识产权战略纲要（2008—2020年）》中要求加强知识产权人才队伍建设，并从人才队伍建设、人才库、培训、专业技术评价、高校课程、中小学知识产权教育等几个方面提出了要求。国务院《关于新形势下加快知识产权强国建设的若干意见》也提出“加强知识产权专业人才队伍建设”，要求“加强知识产权相关学科建设，完善产学研联合培养模式，在管理学和经济学中增设知识产权专业，加强知识产权专业学位教育。加大对各类创新人才的知识产权培训力度。鼓励我国知识产权人才获得海外相应资格证书。鼓励各地引进高端知识产权人才，并参照有关人才引进计划给予相关待遇。探索建立知识产权国际化人才储备库和利用知识产权发现人才的信息平台。进一步完善知识产权职业水平评价制度，稳定和壮大知识产权专业人才队伍。选拔培训一批知识产权创业导师，加强青年创业指导”。国务院于2016年12月30日发布的《“十三五”国家知识产权保护和运用规划》在重大专项中提出加强知识产权人才培育体系建设，在加强知识产权人才培养、优化知识产权人才成长体系、建立人才发现与评价机制方面开展工作。我国还出台了知识产权人才规划，如国家知识产权局于2010年11月22日印发的《知识产权人才“十二五”规划（2011—2015年）》。

我国知识产权人才管理主要体现在上述一些战略和规划中，虽然包括了人才队伍建设、人才教育培养、人才引进等内容，但缺乏知识产权人才使用的具体政策，虽然各类战略规划都对知识产权人才发展提出了要求，但大多是政策方向，而非具体的可实施的政策措施，尤其是缺乏具体的具有可操作性的知识产权人才教育培养政策，我国知识产权人才发展受到一定影响。

结合《关于新形势下加快知识产权强国建设的若干意见》和《"十三五"国家知识产权保护和运用规划》，为促进我国知识产权人才教育培养管理，我国需要制定落实上述两个文件的具体实施政策或实施细则。主要的政策或实施细则应如全国高校知识产权专业设置政策，进一步加强和规范知识产权培训的政策，知识产权高端人才引进与使用政策，领导干部知识产权读本，知识产权管理、信息分析、运营人才知识产权知识和能力手册，知识产权创业导师知识产权知识与能力要点，知识产权人才专业技术职称管理办法等政策。从长远来看，我国应面向知识产权强国建设目标，制定新的中长期国家知识产权战略纲要，制定包括知识产权人才政策在内的知识产权战略纲要各项配套政策，并出台落实配套政策的具体实施措施或实施文件。

二、知识产权高质量国际交流与合作

国际交流合作管理是知识产权管理政策的重点之一。国务院于 2008 年发布的《国家知识产权战略纲要（2008—2020 年）》就提出扩大知识产权对外交流合作。国务院于 2015 年发布的《关于新形势下加快知识产权强国建设的若干意见》也提出提升知识产权对外合作水平，要求"推动构建更加公平合理的国际知识产权规则"，"加强知识产权对外合作机制建设"，"加大对发展中国家知识产权援助力度"，"拓宽知识产权公共外交渠道"。为了落实该指导意见，国务院办公厅于 2016 年 7 月 8 日印发《国务院关于新形势下加快知识产权强国建设的若干意见》重点任务分工方案，对上述 4 项工作进行了明确分工。国务院 2017 年发布的《"十三五"国家知识产权保护和运用规划》也提出"促进知识产权开放合作"，并从加强知识产权国际交流合作、积极支持创新企业"走出去"两个方面进行了规划，还设置了知识产权海外维权工程，健全风险预警机制，提出建立海外维权援助机制。

我国还参加了重要的多边和双边知识产权协议，以促进知识产权的国际交流与合作。主要有《中美知识产权合作项目框架协议》《中欧知识产权合作协议》《中欧合作 2020 战略规划》《关于深化互利共赢的中欧全面战略伙伴关系的联合声明》。我国积极参与中韩、中日韩自贸区知识产权章节谈判，参与中美、中欧、中瑞等知识产权工作组会议等。

知识产权交流合作管理政策涉及国内和国外两个方面。交流合作涉及参与国际知识产权组织工作、参与国际知识产权规则制定、参加国外政府与学术论坛、海外知识产权风险防范与维权援助、开展国内外知识产权学术交流等。上述政策比较多地关注参与国外知识产权组织工作、参与国际知识产权规则制定、海外知识产权风险防范与维权援助，而较少关注参加国际政府与学术论坛、知识产权人员交流访问。知识产权学术和人员交流方面缺乏必要的资金支持，也缺乏必要的支持手段。我国知识产权交流不充分，分布也极为不平衡。上述三个政策都提出了政策方向，但缺乏具体的可实施的措施。

为深化知识产权交流与合作，我国应进一步加强政府和民间知识产权交流的管理政策制定，并制定具体的政策措施。要制定提升国际知识产权组织话语权的具体议题，如专利信息 18 个月公开、不丧失新颖性宽限期制度改革、专利文献机器互译系统、生物多样性保护、防御性公开等。牵头制定“一带一路”国家知识产权最低保护共识。制定加入《工业品外观设计国际注册海牙协定》和《马拉喀什条约》进程的时间表。制定企业海外知识产权维权援助具体办法和措施，如在重要国际展会设立知识产权援助办公室和派驻海外知识产权专员等。

“一带一路”是我国首倡和积极推动的战略性倡议，是我国新时期加快对外开放，维护全球自由贸易体系的重大决策，是促进沿线各国经济繁荣与区域经济合作，加强不同文明交流学习，促进世界和平发展，造福世界各国人民的伟大事业。2013 年 9 月和 10 月，国家主席习近平在出访中亚和东南亚国家期间先后提出共建“丝绸之路经济带”和“21 世纪海上丝绸之路”的重大倡议，得到国际社会的高度关注。

2015 年 3 月，国家发展和改革委员会与外交部、商务部联合发布《推动共建丝绸之路经济带和 21 世纪海上丝绸之路的愿景与行动》，明确了“一带一路”建设的规划与行动方案，要求抓住机遇，在知识产权工作上先行先试，努力在“一带一路”建设中有所作为。在第四部分“合作重点”中提出，要拓宽贸易领域、拓展相互投资领域、推动新兴产业合作、加强科技合作等。还提出要“加强科技合作，共建联合实验室（研究中心）、国际技术转移中心、海上合作中心，促进科技人员交流，合作开展重大科技攻关，共同提升科技创新能力”，这些都需要知识产权的支撑。

为此，国家知识产权局于 2016 年 7 月 18 日至 22 日举办了“一带一路”知识产权高级别活动，举行了“一带一路”知识产权高级别会议全体会议和知识产权圆桌会，通过了《加强“一带一路”国家知识产权领域合作的共同倡议》，发布了《“一带一路”知识产权高级别会议中方主办单位加强“一带一路”知识产权合作的措施》。

“一带一路”沿线国家是我国重要的贸易合作区域，2015 年我国在“一带一路”国家建立了 59 个产业园区，投资达 150 多亿美元。但是这些国家大多数基础设施不完善，科技创新能力弱，知识产权保护不充分。我国企业对在这些国家尤其是中亚国家的知识产权保护重视也不够。据统计，我国在哈萨克斯坦申请的专利最多，但 2015 年也只有 1000 件左右，在俄罗斯、乌兹别克斯坦、吉尔吉斯斯坦等国专利申请量普遍在 200 件左右。随着“一带一路”倡议的深入实施，随着这些国家制造能力的提升，我国知识产权被侵权现象会时常发生，我国制造业缺乏知识产权保护将难以保持竞争优势。

为保障“一带一路”倡议的有效实施，我国应研究“一带一路”沿线国家的知识产权保护与合作问题，制订“一带一路”沿线国家知识产权保护和运用工作方案，引导“一带一路”沿线国家签署知识产权保护协定，探索建立“一带一路”区域知识产权组织，推动落后国家完善知识产权制度，加强知识产权保护。要引导和鼓励企业积极到中亚国家申请专利、注册商标，开展知识产权布局，提升企业海外知识产权保护与管理能力，为强化国际经贸活动赢得先机，为企业赢得国际市场竞争优势，掌握主动权奠定基础。

加强知识产权管理，必须进一步完善知识产权管理政策。完善知识产权管理政策，一是要构建知识产权管理政策体系，将知识产权管理活动与创造、运用和保护活动进行区分，明确知识产权管理政策体系应当包括的政策内容。二是要制定知识产权管理政策的政策，规范各类知识产权政策的制定和发布，提高知识产权管理政策的针对性、可操作性和有效性。三是要完善知识产权管理政策研究、起草和发布的程序。要充分发挥专家和社会公众在政策制定中的作用，充分征求外部专家和社会的意见和建议，达成专家共识和社会共识，提高政策制定的科学性。四是要将知识产权管理与知识产权政策工具进行结合，不断提高知识产权管理政策的有效性。

参考文献

[1]［美］多恩布什．新制度经济学前沿：从新制度经济学角度透视［M］．刘刚等，译．北京：经济科学出版社，2003.

[2]［美］迈克尔·波特．国家竞争优势［M］．李明轩，邱如美，译．北京：华夏出版社，2002.

[3]［美］诺姆·乔姆斯基．新自由主义与全球秩序［M］．徐海铭，季海宏，译．南京：江苏人民出版社，2000.

[4]［美］平狄克鲁，宾费尔德．微观经济学［M］．王世磊等，译．北京：中国人民大学出版社，1996.

[5]［美］斯蒂格利茨，沃尔什．宏观经济学（第四版）［M］．黄险峰，张帆，译．北京：中国人民大学出版社，2010.

[6]［日］大岳秀夫．政策过程［M］．傅禄永，译．北京：经济日报出版社，1992.

[7]［匈］安东尼德·雅赛．重申自由主义［M］．陈茅，徐力源，刘春瑞，译．北京：中国社会科学院出版社，1997.

[8]［英］安德森．公共政策［M］．唐亮，译．北京：华夏出版社，1990.

[9] 吴汉东，等．中国知识产权蓝皮书（2019—2020）［M］．北京：知识产权出版社，2021.

[10] 许倞，等．2021 全国技术市场统计年报［M］．北京：科学技术出版社，2021.

[11] 易昌良．中国高质量发展指数报告［M］．北京：中国出版集团研究出版社，2020.

[12] 任保平．新时代中国经济高质量发展研究［M］．北京：人民出版社，2020.

［13］来小鹏．知识产权法学［M］．北京：中国政法大学出版社，2019.
［14］戚湧，董新凯．知识产权保护与高质量发展［M］．北京：知识产权出版社，2019.
［15］鲍新中，张羽．知识产权质押融资：运营机制［M］．北京：知识产权出版社，2019.
［16］中国社会科学院知识产权中心，中国知识产权培训中心．创新与竞争：网络时代的知识产权［M］．北京：知识产权出版社，2018.
［17］宋河发．面向创新驱动发展与知识产权强国建设的知识产权政策研究［M］．北京：知识产权出版社，2018.
［18］申长雨．知识产权强国之路——知识产权强国建设实施问题研究［M］．北京：知识产权出版社，2017.
［19］彭衡，李扬．知识产权保护与中国绿色全要素生产率［J］．经济体制改革，2019（3）.
［20］任平，刘经伟．高质量绿色发展的理论内涵、评价标准与实现路径［J］．内蒙古社会科学（汉文版），2019（6）.
［21］张涛，姚慧芹．新发展理念助推中国经济向高质量发展转型［J］．河北学刊，2019（3）.
［22］张治栋，廖常文．全要素生产率与经济高质量发展——基于政府干预视角［J］．软科学，2019（12）.
［23］余泳泽，杨晓章，张少辉．中国经济由高速增长向高质量发展的时空转换特征研究［J］．数量经济技术经济研究，2019（6）.
［24］张以标．知识产权滥用概念的反思与重构［J］．科技与法律，2019（2）.
［25］冯晓青．中国70年知识产权制度回顾及理论思考［J］．社会科学战线，2019（6）.
［26］马一德．中国知识产权治理四十年［J］．法学评论，2019（6）.
［27］袁晓玲，李彩娟，李朝鹏．中国经济高质量发展研究现状、困惑与展望［J］．西安交通大学学报（社会科学版），2019（6）.
［28］鲁邦克，邢茂源，杨青龙．中国经济高质量发展水平的测度与时空差异分析［J］．统计与决策，2019（21）.

[29] 韩文秀．建设更高水平开放型经济新体制［J］．宏观经济管理，2019（12）．

[30] 焦翠红，陈钰芬．R&D补贴、寻租与全要素生产率提升［J］．统计研究，2018（12）．

[31] 任保平，李禹墨．新时代中国高质量发展评判体系的构建及其转型路径［J］．陕西师范大学学报（哲学社会科学版），2018（3）．

[32] 黄速建，肖红军，王欣．论国有企业高质量发展［J］．中国工业经济，2018（10）．

[33] 魏敏，李书昊．新时代中国经济高质量发展水平的测度研究［J］．数量经济技术经济研究，2018（11）．

[34] 师博，张冰瑶．新时代、新动能、新经济——当前中国经济高质量发展解析［J］．上海经济研究，2018（5）．

[35] 李平，付一夫，张艳芳．生产性服务业能成为中国经济高质量增长新动能吗［J］．中国工业经济，2017（12）．

[36] 曾鹏，赵聪．知识产权对经济增长的影响——以专利和版权为例［J］．统计与信息论坛，2016（4）．

[37] 陈琼娣，余翔．若干国家绿色专利加速审查的实践及启示［J］．中国科技论坛，2013（2）．

[38] 陈振明．政策科学——公共政策分析导论［M］．北京：中国人民大学出版社，1998．

[39] 晓光．如何迈向知识产权强国［N］．文汇报，2014-07-17．

[40] 杜晓君，马大明，宋宝全．专利联盟的序贯创新效应研究［J］．科学学与科学技术管理，2011（2）．

[41] 范柏乃．面向自主创新的财税激励政策研究［M］．北京：科学出版社，2010．

[42] 范晓波．中国知识产权管理报告［M］．北京：中国时代经济出版社，2009．

[43] 冯晓青．企业知识产权运营及其法律规制研究［J］．南京社会科学，2013（6）．

[44] 付广军，刘洋．关于拉弗曲线的理论思考与例证——兼论税收和税

基相容原理［J］．经济与管理评论，2013（6）．
［45］付明星．韩国知识产权政策及管理新动向研究［J］．知识产权，2010（3）．
［46］龚江南，李瑛珊，潘琦华．财政金融基础［M］．北京：北京大学出版社，2008．
［47］顾玉民，伍山林．保守的理念——新自由主义经济学［M］．北京：当代中国出版社，2002．
［48］国家知识产权局发展规划司．中国专利调查数据［R］．2015．
［49］国家知识产权局规划发展司．战略性新兴产业发明专利统计分析总报告［R］．2014．
［50］国家知识产权局规划发展司．中国有效专利年度报告［R］．2014—2015．
［51］国家知识产权局规划发展司．知识产权产品与我国 GDP 核算体系调整［R］．专利统计简报，2014：5．
［52］国家知识产权局规划发展司，等．2012 年我国规模以上工业企业专利活动与经济效益状况报告［R］．2013：12．
［53］国家知识产权局条法司．外国专利法选译［M］．北京：知识产权出版社，2015．
［54］国家知识产权局知识产权发展研究中心．规制知识产权的权利行使［M］．北京：知识产权出版社，2004．
［55］国家知识产权局知识产权发展研究中心．知识产权强国基本特征与实现路径研究报告［R］．2015，3．
［56］韩志华．核心专利判别的综合指标体系研究［J］．中国外资，2010（2）．
［57］何耀琴．北京市知识产权运营模式分析［J］．北京市经济管理干部学院学报，2013（3）．
［58］黄宁燕，王培德．实施创新驱动发展战略的制度设计思考［J］．中国软科学，2013（4）．
［59］霍翠婷．企业核心专利判定的方法研究［J］．情报杂志，2012（11）．

[60] 刘长庚，张磊．中国经济增长的动力：研究新进展和转换路径［J］．财经科学，2017（1）．
[61] 贾康，刘军民．建设创新型国家的财税政策与体制变革［M］．北京：中国社会科学出版社，2011.
[62] 江家耐．我国消费税功能创新与征税范围研究［D］．大连：东北财经大学，2010.
[63] 姜江．知识产权强国政策体系中的产业政策研究［J］．知识产权，2015（12）．
[64] 蒋建科，赵展慧．加快建设知识产权强国［N］．人民日报，2014-07-28.
[65] 金泽俭．从无效程序审视发明专利的质量研究报告［R］．编号Y110702，2012.
[66] 经济合作与发展组织．技术创新调查手册［M］．北京：新华出版社，2000.
[67] 康琳．简论电子商务专利问题［J］．现代情报，2004（5）．
[68] 赖利．商业价值评估与知识产权分析手册［M］．北京：中国人民大学出版社，2006.
[69] 李娟，杨文静．知识产权强国［J］．纺织科学研究，2015（2）．

图书在版编目（CIP）数据

知识产权高质量发展研究 / 张振亮编著 .-- 北京：中国社会出版社，2021.12
（高质量发展与评价研究系列丛书）
ISBN 978-7-5087-6667-6

Ⅰ.①知… Ⅱ.①张… Ⅲ.①知识产权－工作－研究－中国 Ⅳ.①D923.404

中国版本图书馆 CIP 数据核字（2021）第 265091 号

出 版 人：程 伟　　**终 审 人**：李 浩
责任编辑：杨春岩　　**责任校对**：朱永玲
封面设计：时 捷

出版发行：中国社会出版社　　**地　　址**：北京市西城区二龙路甲 33 号
邮政编码：100032　　**编 辑 部**：(010)58124829
网　　址：shcbs.mca.gov.cn　　**发 行 部**：(010)58124864；58124848
经　　销：新华书店

印刷装订：北京九州迅驰传媒文化有限公司
开　　本：170 mm×240 mm 1/16
印　　张：17.75　　**字　　数**：270 千字
版　　次：2021 年 12 月第 1 版　　**印　　次**：2021 年 12 月第 1 次印刷
定　　价：80.00 元

中国社会出版社微信公众号　　中国社会出版社天猫旗舰店